北京市人文面上项目基金
北京市教委人才强教项目和教育部“国际金融危机应对研究”应急课题
英国首相行动计划（PMI2）项目基金资助

人力资源管理系列丛书

雇主对普通员工和大学毕业生的就业能力评价

刘丽玲 ◎ 著

首都经济贸易大学出版社
Capital University of Economics and Business Press
·北 京·

图书在版编目(CIP)数据

雇主对普通员工和大学毕业生的就业能力评价/刘丽玲著.—北京:首都经济贸易大学出版社,2012.4

ISBN 978-7-5638-1957-7

Ⅰ.①雇… Ⅱ.①刘… Ⅲ.①就业—研究—中国 Ⅳ.①D669.2

中国版本图书馆 CIP 数据核字(2011)第 228438 号

雇主对普通员工和大学毕业生的就业能力评价
刘丽玲 著

出版发行 首都经济贸易大学出版社
地　　址 北京市朝阳区红庙(邮编 100026)
电　　话 (010)65976483 65065761 65071505(传真)
网　　址 http://www.sjmcb.com
E-mail publish@cueb.edu.cn
经　　销 全国新华书店
照　　排 首都经济贸易大学出版社激光照排服务部
印　　刷 北京市泰锐印刷有限责任公司
开　　本 710 毫米×1000 毫米 1/16
字　　数 215 千字
印　　张 12.25
版　　次 2012 年 4 月第 1 版第 1 次印刷
书　　号 ISBN 978-7-5638-1957-7/D·126
定　　价 25.00 元

前言

谈起就业能力，要从2000年我和我的博士导师作终身教育的研究开始。那个时候，老师让我和他一起给政协委员做一个关于终身教育的报告。当我打开google网页，键入lifelong learning这个术语的时候，映入我眼帘的是一些我从来就不知道的术语：lifelong learning（终身学习），deschooling（去学校化），learn to learn（学会学习），employability（就业能力），critical thinking（批判思维）。这些术语曾让我手足无措，不知从何开始，我为自己的浅薄、自己的无知、自己的无能感到无地自容。

在没有办法的情况下，我告诉自己，我必须从零开始，从学习"是什么"开始。于是我仔细钻研每个术语的含义、历史、相关的理论流派、相关的实践。那个时候，我陶醉在自己的google世界里。博士三年，我就是在这种状态下工作和学习着。在不断的学习中，我逐渐将兴趣放在批判思维理论的研究中。因为我发现这在国外的大学本科课程中是基础必修课，而且对人的成长有着极为重要的作用。这实际是关于"问题解决与决策"能力的课程。上过这门课的人都会发现自己的实际问题解决与决策能力会有不一样的提高。

2003年我博士毕业，直接去了英国做博士后，在那里，我发现我对批判思维的研究是对的。更大的收获是，我发现批判思维能力实际是很多国家一直在强调的一项国策——就业能力政策中的一部分。自那个时候开始，我开始疯狂地喜欢上研究就业能力。

什么是就业能力？就业能力有20多种定义。我在本书中所使用的定义可能是最实用的一个定义：就业能力也叫可雇佣能力，是一个人获得最初就业、维持就业和必要时获取新的就业机会所需要的能力。这种能力分为三个层次：基础能力层次、高级就业能力层次、素质与品质层次。

在大量的研究中，我还发现，就业能力是对于基础员工来界定的，在企业里，到了中层以上，实际就是领导力。就业能力的培养与开发已经成为很多西方国家的一项重要国策，其战略意义和价值基本与GDP一样。

就是看到这一点，我于2006年独自申请了北京市的人文面上课题，专门来研究这个命题。后来从2008年起，我又参加了我所在学院的老院长所主持的一项国家课题和一项国际课题，这两项课题中的很重要一部分都是研究就业能力。

本书的研究成果实际是受以上三个课题资助和支持的结果。

书中以440家企业的调查数据为蓝本，调查和研究了不同行业、不同单位类型的用人单位对就业能力的重视程度，以及对今日企业中的员工和大学毕业生的就业能力的看法。很多数据分析结果出来后，作为项目负责人的我都感到吃惊和惊叹。

在实际的项目管理中，由于团队中有大量的大学毕业生，因而发现仅一个确认能力，这些孩子就要经历无数次的错误后才能够学会。更发现，一个时间规划的甘特图，他们要用两三天的研究才能够做出来。大学的课程是那样严重地与社会就业能力需要脱节。什么时候我们的课程能够交给孩子确认能力、说服能力、倾听能力；什么时候我们的课程能够教会他们作出很好的工作规划……

基于以上考虑，本书的读者定位有以下几类。

1. 社会待就业人员和大学生：他们可以从此书中的研究结果找到各行各业对员工或大学生就业能力的看法，尤其可以看到这些企业在招聘选拔中注重哪些能力，然后可以有的放矢地有意识提高自己的这些能力。

2. 大学教务部门和大学学院：他们可以依据此书的研究结果来改革自己学校的课程，适当加入企业需要和重视的能力教学内容。

3. 企业员工：他们可以从此书中看到缺乏哪些能力容易遭到淘汰，从而也能有的放矢地提高自己的这些能力，避免遭到淘汰。

4. 政府负责就业的部门：他们可以依据此书的研究结果，有的放矢地制定就业政策和教育培训政策。

就业能力这项研究，我做了12年，期间也有若干学术文章发表，但是今日将著作出版，心中仍几多惶恐，因为样本的充足性问题，也因为研究的持续性问题。期待本书出版后，能有更多的人士加入到这项工作中来，更希望能引起有关部门的注意，将就业能力这一专题列入国策，也出台我国的国民就业能力框架。

刘丽玲

2012年3月于北京家中

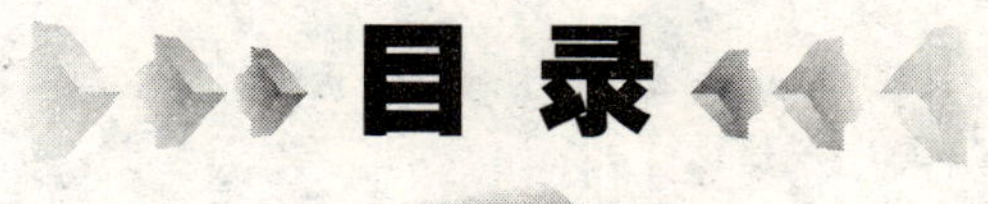
目 录

CONTENTS

第一部分

理论框架部分

一、就业能力:概念与理论

就业能力(employability)这一概念最早由贝维瑞治(Beveridge[①])在1909年提出(Mansfield,2001;Andries de GRIP, Jasper van LOO, Jos SANDERS,2004;Erik Bernston,2008)。当时的情况和现在不太一样,劳动力市场是求大于供,很多行业都出现人员短缺,引入这一概念是为了保证国家工业发展,培养合格的工人。贝维瑞治当时的建议是,对那些不合格的失业人群进行培训,使其再次进入劳动力市场,以此来保障对各工业行业的劳动力供应(Beveridge,1909,转引自 Andries de GRIP,Jasper van LOO,Jos SANDERS,2004)。

贝维瑞治之后,就业能力的概念被引入美国,用来区分有劳动能力可以雇用(employable)的人和因年龄等因素无法雇用(unemployable)的人。后来随着时代的发展,人们研究就业能力的目的和对可就业能力的研究视角开始呈现多样化的特点。在20世纪50年代中期,研究者主要关注下层民众(生理或心理有残疾的人群)的就业能力,政府干预这类人的就业能力,仍然是为解决劳动力短缺。50年代至60年代之间,有些国家政府,例如美国,关注就业能力的目的开始有所转移,开始将此作为实现社会全员就业的手段,但是这一时期,一些国家政府主要做的是帮助失业者改变人生态度,找回重新就业的自信。到70年代,进行就业能力研究的目的仍然是关注在政策上如何实现全员就业,不过这一时期的研究开始关注在微观上如何增加劳动者的知识和技能,以使劳动者尽可能地具有就业能力。80年代以后,各国就业能力的研究开始转移到公司或组织层面,研究者主要关注如何在员工管理上增强组织的弹性并使人力资源得到最优化的使用。90年代以后,就业能力的研究集中到了如何将就业能力融合到具体的培训和学校课程中。而在国家政府层面,这一时期以后就业能力研究的最大特点是,很多国家政府不再仅仅关注失业者和低技能者的可就业技能,而是涉及所有的劳动者,将可就业技能置于国家战略层面来重视,要求个体、雇主与国家一起努力提高个体的就业能力。一些国家甚至将国民就业能力作为继GDP之后,另一项衡量本国国际综合竞争力的最重要指

① 贝维瑞治在英国历史上是一位很受政府尊重和纪念的人士,他是英国失业保险研究者的鼻祖,英国历史上有名的1911年保险法就是他起草的。后来,他被授予骑士爵位,任国家粮食部终身秘书,做过伦敦政治经济学院的院长,最后他做到了上议院议长的职位。他对英国社会保险和社会福利政府的建立作出了极为重要的贡献。

标。出于这一目的,很多国家的政府一方面大力宣传就业能力和技能的重要性,一方面出台各种政策,建立有效的就业能力框架,并要求所有培训模块都涵纳可就业技能内容。本研究也正是在这种背景下展开的。

从就业能力的概念来看,根据本课题组的统计,目前学术界的学者个人、研究机构、各国政府和国际组织对"就业能力"的界定不尽相同,常用的几种定义或描述有近20种之多(见附录1)。这些概念虽然各不相同,但总的来说都是与职业相关的综合能力。在众多概念中,从国家人力资本政策研究意义角度看,我们比较认同海勒治和波拉德(Hillage 和 Pollard,1998)的界定。他们认为可雇佣性是获得最初就业、维持就业和必要时获取新的就业机会所需要的能力。这个概念也强调就业能力可以划分为上述三个层级。

在其二人看来,一个社会个体能否获得或者提高就业能力取决于以下四种因素:

第一,其拥有的知识、技能和人生态度。

第二,其使用和开发以上财富的方式。

第三,其向雇主展示这些财富的方式。

第四,其寻找就业机会的背景(个人环境和劳动力市场环境)。

一个人要获得和提高就业能力,就要掌握和习得一系列的可就业技能(employability skills)。可就业技能指的是提高一个人就业能力所需要的技能。从人力资本政策角度看,目前很多国家建立了自己的国家就业能力框架,这些框架之间的区别在于可就业技能的内容。下文将会重点探讨澳大利亚、英国、加拿大和美国的就业能力国家框架中的可就业技能及其对我国相关政策研究的意义。

二、就业能力培养的重要性——来自雇主的看法

澳大利亚的 ACNIELSEN 研究机构 2000 年所作的调查发现,很多用人机构认为雇员至少应该具有以下能力,即创造力、工作热情以及独立进行批判思维的能力,而员工最需要具备的技能有学业成就、文字工作能力、数理能力、计算机操作、时间管理、书面商务沟通、口头交流、人际互动、团队合作、问题解决、商务运作过程了解(AC Nielsen Research Services,2000)。

Gregson 和 Bettis (1991)调查发现,缺乏重要的就业技能,对于在职员工会有很多职业风险。Beach 的研究(Beard,1989,转引自 John M. Glynn,2003)则有数据

表明87%左右的人失去工作或升迁机会是因为其工作习惯失当，而工作习惯失当是因为这些人的就业能力低下。

Herr 和 Johnson(1989)的研究结果更强调以上可就业技能实际为就业资格要求内容，“它们是工作满意度的衡量指标的一部分，大部分员工被解聘都是因为他们缺乏这些技能，甚至有人因为缺乏这些技能而在工作中给自己和公司带来巨大损失”。

还有的研究发现实行高绩效管理的企业尤其要求员工具备较高的可就业技能。例如，Field 和 Mawer (1996)经过大量个案调查发现高绩效企业有以下几个特点：有明确的发展目标；对质量和服务有着明确定位；倾向于采用扁平结构；公司决策权多下放。要在这样的企业生存，员工必须有明确的自我定位，必须具备重要的就业能力应对高绩效的管理情境。

澳大利亚工业界的大型集团公司整体对可就业技能的重要性有着明确的认识，并普遍认为以下技能是所有就业人群，无论事实的还是潜在的就业人群都需要具备的技能(如表1-1所示)。

表1-1 澳大利亚工业界大型集团公司列出的重要可就业技能①

一般的“核心”或基础技能 Generic“core” or basic skills	人际沟通或人际关系处理能力 “Interpersonal”or “relationship”skills	个人特质 Personal attributes
▶文字处理(Literacy) ▶数理(Numeracy) ▶信息技术(Information technology capability) ▶对系统各种关系的理解(Understanding of system relationships)	▶沟通(Communication) ▶团队合作(Team working) ▶对顾客的关注(Customer focus) ▶项目和个人管理(Project and personal management)	▶学习的能力(Capacity to learn) ▶应对变革的能力(Willingness to embrace change) ▶独立解决问题和进行推理的能力(Independent problem solving and reasoning capability) ▶实践和商业定位的能力(Practicality and business orientation)

① The Allen Consulting Group (2000).

三、就业能力培养的重要性
——大学生就业能力与高等教育质量

早在十到二十几年前，贝尔曼和斯比尔（Bhaerman，Spill，1988）；柏恩、康斯坦特和莫尔（ Byrne，Constant，Moore，1992）；凯金克斯和巴顿（Kazis，Barton，1993）；罗瑟夫（Rosove，1982）；文丁（Wentling，1987）；美国的获得必要技能委员会（Commission on Achieving Necessary Skills，1990）等人或机构的研究发现，向年轻人提供就业技能培训有着十分深远的意义。

而美国查纳（Charner，1988）的研究则发现，因为以下原因，尤其因为缺乏一些必要的可就业技能，很多美国500强公司不愿作校园招聘：

第一，没有正确的工作观，缺乏自信。

第二，缺乏目标，自我激励能力差。

第三，缺乏热情，缺乏动力，没有一点领导力素质。

第四，对工作面试没有一点准备意识。

第五，对公司福利过分关心，对薪水有着不切实际的要求。

第六，对工作性质缺乏了解，盲目应聘。

第七，有些学生没有一点课外活动经历。

第八，缺乏必要的基础技能（阅读技能，文案工作技能，数学技能）。

澳大利亚福林德斯大学的大卫·科提斯（David Curtis）在其所承担的澳大利亚商务工业部的课题中则发现，澳大利亚的雇主特别强调大学毕业生要具备以下可就业技能（如表1－2所示）。

表1－2　澳大利亚工商界公认的可就业技能①

技　能	备　注
口头沟通/书面沟通能力	★★★★★
问题解决/推理/战略思想	★★★★★
分析能力	★★★★★
批判思维	★★★★★
逻辑推理	★★★★★

① David Curtis and Philip McKenzie，2001.

续表

技 能	备 注
伦理/公民意识/社会责任感/同理心	
创造力	
人际沟通/团队合作/领导力	★★★★★
有怀疑精神但又具备开放精神	
灵活性/能够忍耐不确定性	
终身学习和独立学习的能力	
数理能力	
文字工作能力	
个人技能/自我管理/反思	★★★★★
自信/自助/有主动性	★★★★★
国际视野/历史视野/跨文化视野	
信息处理/管理/研究性能力	★★★★★

对于高等教育在提高大学毕业生就业能力方面的作用,有国外研究发现,很多企业都认为高等教育应该承担起提高大学毕业生可就业能力的责任。例如,舍阿和艾迪(Sherer,Eadie,1987)在作过100份样本公司的调查后,也曾得出这样的结论:"学校太应该提供就业技能教学和培训课程,这样学生在毕业后的职业生涯乃至生命生涯中能够处理好各种复杂情况。"Lundy(1998)也强调了学校教育在提高学生就业技能方面的作用和责任:"学校应该教会学生养成诚信、守时、不缺勤、有效率和有良知这些品质。"也有研究发现,很多企业都认为大学给了毕业生很强的知识基础,但是却没有教会学生可以把这些知识用于实践的技能(The Australian Chamber of Commerce and Industry,ACCI,2007)。

四、就业能力培养的重要性——与国家经济发展和国民素质提高的关系

2006年英国的Leitch报告,题目即名为《全球经济中所有人的辉煌——世界一流的技能水平》。

在该报告中,Leitch 提出,“英国 21 世纪的资源就是英国国民,认为技能,尤其就业技能培养可以最大限度地发挥人的潜力,而这对国家的回报是巨大的:高产量、财富的增加和社会公正的实现”。该报告还指出,“英国国民的整体技能水平目前还达不到世界一流水平,而这种情况持续下去,将对英国的经济发展造成颠覆性的创伤”。该报告认为要改变这一现状,英国必须努力在国民技能水平方面达到世界水平。

“人口、技术以及全球的变化给英国乃至世界都带来了无限的机遇和挑战。人口在持续老龄化;技术发展之快已经超过我们的想象,正在戏剧性地改变着我们的工作方式;所有经济部门所面临的竞争越来越强;商品、服务都在走向全世界,发达国家越来越依赖其在发展经济方面的创新能力,而这种能力依赖于全体国民的技能和知识水平。”

Leitch 指出,国民技能水平低下是造成很多社会问题的主要原因,而提高国民技能水平对改善社会不平等现状具有很重要的意义,它可以使以上很多问题得到改善和解决。

“我们国家的技能不是世界水平的,如果不重视,长此以往,英国的繁荣将无法延续。而且,英国的儿童贫困、弱势人群低就业率、人民收入不均等社会不平等现状都还存在。提高国民技能水平可以将以上所有问题都解决或改善。”

欧盟委员会十分强调国民就业能力发展对提升其成员国国际竞争力的重要性。欧盟委员会旗下的欧洲工业家圆桌会议(The European Round Table of Industrialists)和欧洲工会与雇主联盟(The Union of Industrial and Employers' Confederations of Europe)在近年来出台了大量的相关报告和政策[①]。欧洲工业家圆桌会议对可就业技能进行了归纳,还对企业和学校教育之间在人员可就业技能培养方面的断沟进行了研究,号召所有欧盟成员国的企业和学校相互合作,为提高国民就业能力多做工作。

国际劳工部 1999～2000 年度(ILO,1999)和 2000 年的报告(ILO,2000)中,都反复强调提高各国国民就业能力和可就业技能的重要性。

国际经济合作与发展组织(OECD,以下简称经合组织)在过去几年中,一直致力于提高其成员国政府对国民可就业技能的重视,通过终身教育提高成员国国民就业能力一直是该组织强调和呼吁的。在该组织的政策框架中,通识性就业技能

① European Round Table of Industrialists (1995,1997,1998);The Union of Industrial and Employers' Confederations of Europe (2000,2001).

一直是各政策文本的核心理念(OECD,1997,1998,1999,2000,2003,2005,2007),从1997年的《从终身教育到维持就业能力》到2007年的《2007就业展望》,经合组织一直呼吁各成员国大力提高国民的就业能力,以面对不断变化的社会环境和就业环境。这里值得提到的是1999年经合组织所支持的DeSeCo(The Definition and Selection of Compentencies,技能的界定和筛选)项目。这个项目所作的可就业技能界定为后来各国的就业能力国家框架研究作出了很大贡献。

五、各国就业能力政策与国家框架

目前,很多发达国家都已经有完善的就业能力政策和就业能力国家框架,并且,这些国家在这些政策执行方面都非常坚决和果断。很多已经要求把就业能力框架内容纳入各级教育和培训体系,并且进行证书管理,将证书的获得与人员职业转入资格连接。这在战略上对该国国民就业能力的培养和提高具有非同寻常的意义。这里主要探讨美国、澳大利亚、加拿大和英国的情况。

(一)美国

美国自20世纪80年代起即开始就业能力研究,美国政府对此十分重视。美国劳工部先是出资支持美国培训与开发协会(ASTD)开展了对所有工作家庭可就业技能包含内容的调查。该协会的项目组在调查后公布了工作家庭公认的16种技能(Carnevale,Gainer,Meltzer,1990)。

后来,又在1990年2月,由当时的劳工部部长伊丽莎白·多尔(Elizabeth Dole)建立了专门的委员会来进行国民可就业技能情况调查。这个委员会被命名为"获得必要技能委员会"(Secretary's Commission on Achieving Necessary Skills,SCANS)。获得必要技能委员会的最大特点是打破以往的官员负责制,其成员呈现多元化特点,来自各个行业,包括专家、学者、政府代表、企业界代表、劳工代表、教育工作者代表,而该委员会的目的不仅是调查今天或明天的职场所需要的技能要求,还调查学校里的高中生在多大程度上达到了这些技能要求。以此目的为指南,该委员会明确了四个任务:①界定职场的必要技能;②提出必要技能的可接受标准;③建议有效评定技能精熟水准的方法;④针对全国学校、企业和家庭,发展一套推广该委员会技能的策略。在明确的目的和目标的指导下,该委员会于1992年完成其调查和研究工作,出版了四份报告:《学会生活:高绩效蓝图》、《职场需要学校创造什么》、《职场所需要的技能和任务》、《教授 SCANS 技能》。在这四份报告中，该委员会公布了的美国职场所需要的技能是 36 种，这 36 种技能后来被视为美国的国家可就业技能框架。

以获得必要技能委员会所提供的可就业技能国家框架为基础，美国劳工部于 1998 年又建立了国家"职业信息网"（the Occupational Information Network, O'NET），这个网络所提供的数据库将员工的就业能力与工作岗位所要求的具体技能联系起来，为美国国民的可就业技能培养作出了很大贡献。

（二）英国

英国是全球最重视国民就业能力发展的国家，就业能力的概念就是英国人首先提出的。从 20 世纪 80 年代开始，英国政府就出台了一系列政府白皮书和国家政策文件，例如：1998 年的《找寻就业能力》（In Search of Employability）、2000 年的《面向所有人的机遇：新经济需要的技能》（Opportunity for All: Skills for the New Economy）、2001 年的《在变化的世界里所有人需要找寻的机遇》（Opportunity for All in a World of Change）和《英国的生产力：地区维度》（Productivity in the UK: The Regional Dimension）、2003 年的《21 世纪技能：开发我们的潜能》（21st Century Skills: Realizing Our Potential）。2006 年英国教育部的一份报告显示，英国的就业能力研究已经开始有按领域分类的做法，"通识技能的内容已经在不同就业部门有了不同的含义。卫生医疗工作者的沟通技能和零售商的沟通技能就不会相同"（DfES, 2006）。此外，2006 年雷奇爵士还发表了《至 2020 年所需要的技能报告》。

英国的国家就业能力框架目前已经取得实际效果。英国政府要求将就业能力纳入职业教育课程，同时要求高等教育机构在课程设计中涵盖就业能力内容。英国高等教育质量理事会（Higher Education Quality Council）为此曾经就"毕业生"的内涵展开讨论。他们认为，毕业生至少需要包括：①评判性（或者分析性）思维能力；②应对复杂问题的普遍能力；③有效的沟通能力，包括言语和书面；④与别人结为伙伴，有效的展开工作；⑤独立完成工作，特别是在执行研究项目和准备终身学习的时候；⑥毕业生应该以本领域的道德意识成为自我评判、具有反思性的实践者，并且能够有效地在更为广泛的社会领域中与别的学科展开互动。

在英国高等教育质量理事会的推动下，英国大学生就业能力已经按专业有明确规定。

(三)澳大利亚

在本文谈到的四个国家中,澳大利亚政府层面的就业能力研究最活跃。澳大利亚的学者、企业家、政府自20世纪80年代起就开始重视国民就业能力和可就业技能的培养和开发,出版和出台了一系列在澳大利亚可就业能力研究和政策发展方面有举足轻重地位的研究报告和政策。主要有:1985年发表的卡麦尔报告(Karmel Report,1985)、1991年的费恩报告(the Finn Report,1991)、1992年的梅尔报告(Meyer Report,1992)和2002年的国家可就业能力框架——未来的就业能力报告(the Employability Skills for the Future,2002)。

从这几份报告的内容可以看出,澳大利亚对可就业技能和就业能力的研究和强调实际最早是从开发中学生的就业能力开始的。卡麦尔报告就是关于将可就业技能开发纳入中学课程的一份研究报告,而费恩报告则是将可就业技能纳入中小学和职业教育课程的一份报告。到了1992年,梅尔报告即开始重视学校教育和企业联合在培养开发可就业技能中的作用和重要性。2002年的报告则将可就业技能的开发提高到全体国民层次。该报告提供了澳大利亚国家可就业技能框架,并明确提出该框架要用在各个教育层次——中小学阶段、职业教育和培训中、高等教育阶段,学校教师和培训者要将其作为教学和培训指南,求职者要依据其进行自我就业能力评价,已就业者要用其作为依据开发自身职业生涯潜力,招聘者和人力资源专家要用来作为招聘时能力考查的依据。

澳大利亚目前的相关工作是将就业能力纳入所有培训包,在职业教育和高等教育层次大力推广国家就业能力框架。

(四)加拿大

加拿大也在很早时候就开始强调提高国民就业能力的重要性。该国的国际著名非政府组织——加拿大会议委员会[①](Conference Board of Canada,CBC)于1992年出版了一份报告名为《就业能力素描:加拿大就业人口的必备能力》(CBC,1992)。该报告将就业能力分为三个维度:学术能力、个人管理能力及团队合作能力,每个维度又有具体的内容。

---

① 加拿大会议委员会是加拿大的一家国际知名的非营利性组织。该组织成立于1954年,最初是美国国家工业委员会的分会,于1981年获得独立法人地位。该组织致力于研究组织发展、公共政策和经济问题,是该国很重要的政治与经济智囊团,给政府的政策制定提出了很多实际的建议。

2000 年，该委员会又提出 21 世纪的可就业技能报告——《可就业技能 2000 +》(CBC,2000a)。这份报告被视为加拿大的国家可就业技能框架。《可就业技能 2000 +》也将可就业技能分为三个维度，但学术能力在此被替换为基本技能，具体包括沟通、管理信息、运用数学、思考和解决问题，而个人管理技能(积极的态度和行为展示、承担责任、适应性强、持续学习和安全工作)和团队技能(与他人工作、参加项目、执行任务)仍是最重要的技能维度。

以《可就业技能 2000 +》为基础，该委员会设计了"自我管理型学习者可就业技能工具包"(Employability Skills Toolkit,2000)(CBC,2000b)。这套工具包包括很多内容，如可就业技能的含义、内容及用途，尤其是习得和提高的方式和方法。会议委员会设计这套工具包的目的即在提高加拿大国民——从学校的中小学生到成人各个年龄阶段的学习者的自我学习和终身学习能力，进而提高自己的职场就业能力。

加拿大会议委员会的很多报告引起了政府和一些民间组织对国民可就业能力发展的重视。2001 年，加拿大教育部递交给国际经济合作与发展组织(OECD)的一份题为《为提高所有人的技能和素质全面投资》(Investing in Competencies for All)的报告表明，该国教育部将致力于提高国民的就业能力。

加拿大社会保障协会 2006 年向该国人力资源和社会保障部部长递交了一份题为《就加拿大残疾人群就业能力现状致人力资源部与社会发展部和人权地位常务委员会书》的建议书。该建议书呼吁政府关注贫困人口、弱势人群(尤其是残疾人)的可就业能力的培养和提高。

2008 年，加拿大议会众议院的人力资源与社会保障和残疾人地位常务委员会出版了一份名为《加拿大的就业能力：为未来作好准备》的报告。这份报告指出，"投资国民教育和培训以此来提高其就业能力的做法不仅给投资人带来巨大收益，更会给整个社会带来收益。为此，国家公共部门在提高国民可就业技能方面起着重要的作用……各级政府必须要协作来做这项工作以便能够确保国民具有未来的加拿大社会发展所需要的技能，凭借这些技能，国民可以胜任得到的工作职位。我们需要制定一套……泛加拿大式的可就业能力策略，以便应对缓慢的劳动力增长和未来几年将要出现的技能型人员短缺……省级、地级政府有着不可推卸的责任，联邦政府尤其起着重要的作用"(Allison,2008)。

澳大利亚、英国、加拿大和美国的可就业技能国家框架内容可见表 1 – 3。

表 1 –3　澳、英、加、美四国的可就业技能框架内容

<table>
<tr><th></th><th>澳大利亚
2002 年的可就业
技能框架</th><th>英国国家职业
资格框架(NVQ)
所强调的核心技能</th><th>加拿大会议委员会
可就业技能
2000 + 框架</th><th>美国(SCANS)1991 年
提出的技能框架</th></tr>
<tr><td>1</td><td>沟通能力</td><td>沟通能力
communication</td><td>沟通能力</td><td>基本技能读、写、几何、数学、倾听、表达</td></tr>
<tr><td>2</td><td>团队合作</td><td>数字应用能力
application of number</td><td>信息管理能力</td><td>思考技能:创造性思维、决策、问题解决、用心观察、懂得如何有效学习、推理</td></tr>
<tr><td>3</td><td>问题解决</td><td>信息技术 IT</td><td>数字使用能力</td><td>个人品质(personal qualities):有责任感、自尊、社交能力强、自我管理、正直/诚实</td></tr>
<tr><td>4</td><td>自我管理</td><td>与他人共事的能力
working with others</td><td>问题思考与解决能力</td><td>各种资源使用能力</td></tr>
<tr><td>5</td><td>规划与组织能力 planning and organizing</td><td>提高知识水平和自身表现 improving own learning and performance</td><td>有积极的态度和行为举止</td><td>信息管理能力</td></tr>
<tr><td>6</td><td>技术能力 technology</td><td rowspan="5">问题解决能力
problem solving</td><td>有责任感</td><td>人际交往能力</td></tr>
<tr><td>7</td><td>学习的能力 learning</td><td>持续学习的能力</td><td rowspan="4">系统管理能力
systems</td></tr>
<tr><td>8</td><td rowspan="3">创新与创业 initiative and enterprise</td><td>了解工作安全常识</td></tr>
<tr><td>9</td><td>与他人共事的能力</td></tr>
<tr><td>10</td><td>项目与任务参与能力</td></tr>
</table>

六、中国构建国民就业能力国家框架的必要性

(一)国际环境分析

Leitch 的报告已经指出,2020 年以后,各国国力的竞争已经不再仅仅是 GDP 产值的竞争,更是各国国民就业能力平均水平的竞争。Leitch 的报告预测,到 2020 年,中国将在 GDP 方面居世界第三。而实际情况是,我国 2008 年在 GDP 方面已经位居世界第三,比国外预测的早了 12 年。但是在另一个有关国家实力比较的指标——国民就业能力方面,我们的整体水平却远远低于德国、法国、美国、澳大利亚和英国。如果国民技能水平处于下游,那么我们的竞争力将大大受到影响。早在近 20 年前,英、美、加、澳等发达国家已经把提高国民技能水平作为国家战略来发展。以英国为例,英国的国民技能水平远远高于我国,但即使如此,Leitch 报告仍强烈呼吁政府要再加大力度,成为技能强国和领头军,甚至断言“技能是我们创造财富、消除社会不平等的最有力武器”(Leitch,2006)。这一点值得我国学习。

(二)国内环境分析

就国内情况来说,我们现有的情况需要国家和政府考虑把提高国民就业能力、建立国家就业能力框架作为国家战略来重视。

1. 就业人员受教育程度和技能普遍低下

根据原劳动保障部 2005 年的统计,全国就业人员中有近 88.2% 为高中以下教育背景(人力资源与社会保障部中国劳动力市场信息网监测中心,2007)。而随着各个用工领域技能化要求的提高,对就业人员的受教育背景要求也在提高,很多工种都要求求职人员至少具有高中以上文化程度。

2. 农民工问题

根据 2008 年 11 月 20 日国务院新闻办公室的数据,中国目前有 2.3 亿农民工(国务院新闻办公室,2008),这是一个巨大的数字。目前关于农民工就业存在的普遍问题是就业机会偏少,就业质量偏低。而对于企业而言,用工需求有时得不到满足的重要原因是符合招工要求的农民工少,虽然工资待遇低也是问题,但工资待遇低实际上也与农民工的受教育水平低下和可就业技能低下有关(原劳动社会保障部专题调研组,2008)。国家和各级政府虽然已经注意到农民工的就业能力问题,

但是完善的农民工就业能力框架并没有建立。

3. 城市贫困人群

我国城市贫困人口在1999年时已经有学者估计在3 100万人以上(中国社会科学院,2000)。这些人的贫困原因与其就业机会和就业能力有着密切的联系,要解决其贫困问题亦需要通过提高其就业能力进而使其提高就业质量来完成。

4. 青年人就业

根据人力资源与社会保障部2007年的统计,在该年度所有求职人员中,失业人员所占比重为54.8%。其中,新成长失业青年占21.6%,而在新成长失业青年中应届高校毕业生占34.3%。与2006年同期相比,新成长失业青年的求职比重上升了2.3个百分点(人力资源与社会保障部中国劳动力市场信息网监测中心,2007)。

另有资料表明,2008年,在我国城镇登记失业人员中,35岁以下的青年人比例为70%。20世纪80年代出生的接受高等教育的青年,以每年300万~400万人的规模进入就业市场。且根据各级学校招生人数的统计预测,2008年以后,高中以上学历的劳动力开始成为劳动力市场的主体。到2011年,大学层次毕业生数量将达到峰值,约758万人,未来相当长的时间内大学生的就业压力都不会减弱(李莉,2008)。

有学者早已明确指出,“就业难的根源不在于大学的不断扩招,而在于企业与毕业生之间产生了巨大的‘就业鸿沟’:毕业生找不到合适的工作,企业招不到合适的人才。而大学生就业能力不足,正是出现‘就业鸿沟’的最主要原因”(范泽瑛,谢超,2006)。媒体的报道也表明,很多大学毕业生可就业技能低下,“……从全国来看,在大学生最常从事的651个职业中,有73%的职业在不同工资段出现雇主‘高薪买低能’的情况……”(丁肇文,2008)。

基于以上对国际环境和国内环境的分析,有必要由国家出面建立可就业技能国家框架,明确各层次人员的可就业技能要求,为不同层次、不同领域人员的可就业技能培养提供政策支持和指导。

七、中国建立国民就业能力国家框架的基本思路

对澳、英、加、美四国的可就业技能国家框架的内容进行比较可以给我们很多启发。四国的可就业技能内容有相似之处,也有不同之处(参见表1-4)。

表 1－4 澳、英、加、美四国的可就业能力国家框架内容比较

基本技能	高层次思维技能	情感技能和人格品质
▶倾听、表达等沟通能力(澳、英、加、美) ▶数字应用能力(英、加) ▶读写、几何、数字(美)	▶问题解决(澳、英、加、美) ▶信息技术管理和使用能力(澳、英、加、美) ▶提高知识水平、持续有效学习的能力(澳、英、加、美) ▶规划与组织(澳) ▶创新与创业(澳) ▶了解工作安全(加) ▶用心观察(美) ▶决策(美) ▶推理(美) ▶各种资源管理和使用能力(美) ▶系统管理(美)	▶人际交往与他人共事或团队合作(澳、英、加、美) ▶自我管理(澳、美) ▶有责任感(加、美) ▶有积极的人生态度和行为举止(加) ▶项目与任务参与的能力(加) ▶自尊(美) ▶正直/诚实(美)

相似之处包括:

•四国的技能都可以作三个维度的归类——基本技能、高层次思维技能、情感技能和人格品质。

•四国都强调沟通、问题解决、信息技术管理和使用能力、学习能力、人际交往与他人共事或团队合作五种技能。

不同之处:除以上相似内容外,各个维度中,各国还有各自不同的技能内容。

参考以上国家的可就业技能框架,结合我国的实际情况,我们设计了我国的可就业技能框架。在这个框架中,我们将我国的可就业技能分为三个维度:基本技能、高层次思维技能、情感技能和人格品质。每个维度各包含具体的技能内容(参见表 1－5)。

表 1－5 可以考虑建立的中国国家可就业技能框架

基本技能	高层次思维技能	情感技能和人格品质
▶沟通能力(包括书面沟通、口头沟通,尤其是倾听、表达、说明的能力) ▶数字应用能力	▶问题解决和决策 ▶信息技术管理和使用能力 ▶学习能力 ▶规划与组织能力 ▶创新与创业 ▶了解工作安全 ▶各种资源管理和使用能力 ▶系统管理	▶人际交往与他人共事或团队合作能力 ▶自我管理能力 ▶时间管理 ▶领导力 ▶有积极的人生态度和行为举止 ▶自尊 ▶正直/诚实

可以看到,这里设计的中国国家可就业技能框架既引入了澳大利亚、英国、加拿大和美国的可就业技能的很多内容,也有很多本土的内容,比如,在基本技能维度,我们将四国的基本技能整合为沟通能力和数字应用能力两种;在高层次思维技能维度,我们将“推理”整合到问题解决和决策技能中;而在情感技能和人格品质维度,我们引入了“时间管理”和“领导力”。

在目前阶段,本框架虽然还需经大量实际调查来验证,但是由于进入知识经济后,各国社会对人员技能的要求已经趋同,所以,我们可以很肯定地说,这里面的出入并不会太大。时下,更需要我们考虑的是,建立中国国家可就业技能框架的思路能否得到有关部门的肯定和支持。

一旦本框架得到通过,我们可以考虑做下一步的工作,这包括:

其一,考虑如何将本框架纳入各级教育体系,尤其是高等教育课程和各级成人职业培训课程体系,并且考虑根据专业和行业以及培训层次对可就业技能的内容和标准进行细化。

其二,考虑如何对可就业技能习得情况进行评估。

其三,考虑如何对各级、各人群的可就业能力培训课程实行证书管理。

其四,考虑如何将就业能力培训证书与行业资格转入接轨。

澳大利亚、英国、加拿大和美国早在数年前就已经做到了这一点,并且取得了很好的成果,如果我们能够借鉴过来,将会有重大意义。总之,可以做的事情有很多,但目的只有一个,那就是提高我国的国民就业能力,增强国家的整体国际竞争力。

第二部分
实证调查部分

一、调查目的和意义

实证调查的目的是通过对我国各行各业的企业进行调查，了解目前我国劳动力的就业能力状况，同时也针对大学应届毕业生开展了专项调查。期望通过我们的调查引起全国及全社会对于提高国民就业能力的关注和认识，也期望通过我们的努力，能够推进政府及社会各界对建立国民就业能力国家框架的重视。

二、基本情况分析

（一）调研目的

进行实证调研，有如下几个目的。

第一，验证国民就业能力国家框架的实用性。

第二，考察不同类型、不同行业企业对员工就业能力的看法。

第三，考察不同类型、不同行业企业对大学毕业生就业能力的看法。

（二）调研数据收集

本调查于2009年年底开始进行，于2011年4月完成。先后经历了预调查和正式调查两个时期。预调查于2009年年底~2010年4月展开，采取随机抽样方式在25个企业进行。这些企业基本覆盖了所要调查的行业和企业单位类型。预调查后，项目组对问卷问题进行了调整。正式调查于2010年6月展开，于2011年4月完成。项目组同样采取随机抽样方法，在400家企业发放正式问卷440份，以企业为单位，面向每个样本企业的人力资源部门发放一份问卷。

按调查对象单位性质、行业性质的不同，以北京为主在全国范围内发放，共回收问卷440份，回收率达100%，其中有效问卷424份，问卷有效率达到96.36%。调查问卷共设24道问题，整体结构分为三个部分。

第一，调查对象的基本情况，包括调查对象的所在单位的单位类型，其单位的行业类型。

第二，调查对象对于就业能力的分析，包括对国家就业能力框架的认同度，其单位员工目前的总体就业能力情况，员工应聘、提职、辞退所依赖的就业能力等。

第三，调查对象对目前应届大学毕业生就业能力情况的分析，包括其对目前应届毕业生就业能力总体情况的评价，应届生应聘所依赖的就业能力，其欠缺的就业能力等。

（三）调查数据分析

为保证调查结果的科学性、客观性、准确性，我们使用 SPSS17.0 对回收的 440 份问卷的数据进行录入处理和校验，同时我们也严格遵循以下原则：

第一，严格按照问卷填写的实际情况进行录入，保证基础数据的客观性。录入完毕后对录入情况作了抽样检查，以保证数据的准确性。

第二，对填写格式有误的问卷，在录入时根据数据处理需要进行了必要的调整，这种调整并不改变原数据。问卷中基本信息不全的问卷与空白卷均视为无效问卷，其他信息不全的问卷仅将其中的有效值纳入数据进行分析。对于界定为无效问卷和无效选项的样本，在数据录入和处理过程中统一标准进行筛除，并在统计中不计入百分比基数。

第三，为了充分保证分析结果的信度和效度，我们对问卷进行了相关的分析和处理。

Alpha 信度系数为 0.885，属于高信度系数，因而本问卷中的数据是可信度比较高的；而在 SPSS 中输出的所有交叉表中的皮尔逊系数（Pearson Chi - Square）均处于 0.01 和 0.05 之间，而当皮尔逊系数小于 0.05 时就是显著的，因此我们的分析也是有效的。

（四）调查对象的单位类型特征与行业分布特征

1. 调查对象的单位类型分布

如图 2 - 1 所示，从单位类型来看，本次调查的被调查者中，在国有企业工作的最多，共有 128 个，占总样本数的 30.19%；其次是中国私营企业 97 个，占总样本数的 22.88%；在事业单位工作的调查对象有 68 个，占总样本数的 16.04%；境外来华跨国企业 45 个，占总样本数的 10.61%；本国股份制企业 38 个，占总样本数的 8.96%；合资企业 24 个，占总样本数的 5.66%；政府部门 16 个，占总样本数的 3.77%；本国合伙制企业 7 个，占总样本数的 1.65%；在其他单位类型的企业工作的调查对象仅有1个，占0.24%。从以上总体情况来看，我们的调查对象以国企、私企和事业单位员工为主，其余各单位类型员工均匀分布，基本上涵盖了中国境内的所有企业类型。

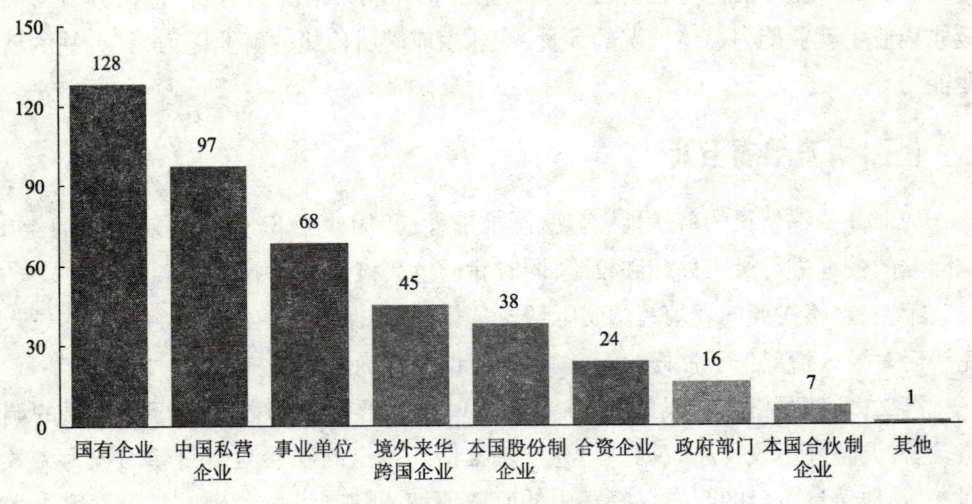

图2-1　单位类型分布

2. 调查对象的行业分布

由图2-2可以看出本次调查的重点行业为信息传输、计算机服务和软件业、制造业以及批发和零售业，调查对象的行业覆盖面是十分广泛的，囊括了21个行业，是能够比较充分地反映出各行各业的整体情况的。其中，信息传输、计算机服务和软件业53个，占总样本数的12.50%；制造业47个，占总样本数的11.08%；批发和零售业37个，占总样本数的8.73%；交通运输、仓储和邮政业及农、林、牧、渔业均为26个，各占总样本数的6.13%；居民服务和其他服务行业24个，占总样本数的5.66%；住宿和餐饮业22个，占总样本数的5.19%；房地产业21个，占总样本数的4.95%；金融业19个，占总样本数的4.48%；教育业及公共管理与社会组织均为17个，占总样本数的4.01%；电力、燃气和水的生产和供应业16个，占总样本数的3.77%；建筑业及文化、体育和娱乐业各14个，各占总样本数的3.30%；科学研究、技术服务和地质勘探业10个，占总样本数的2.36%；水利、环境和公共设施管理业9个，占总样本数的2.12%；租赁和商务服务业以及卫生、社会保障和社会福利业均为8个，占总样本数的1.89%；采矿业2个，占总样本数的0.47%；其他行业34个，占总样本数的8.02%。

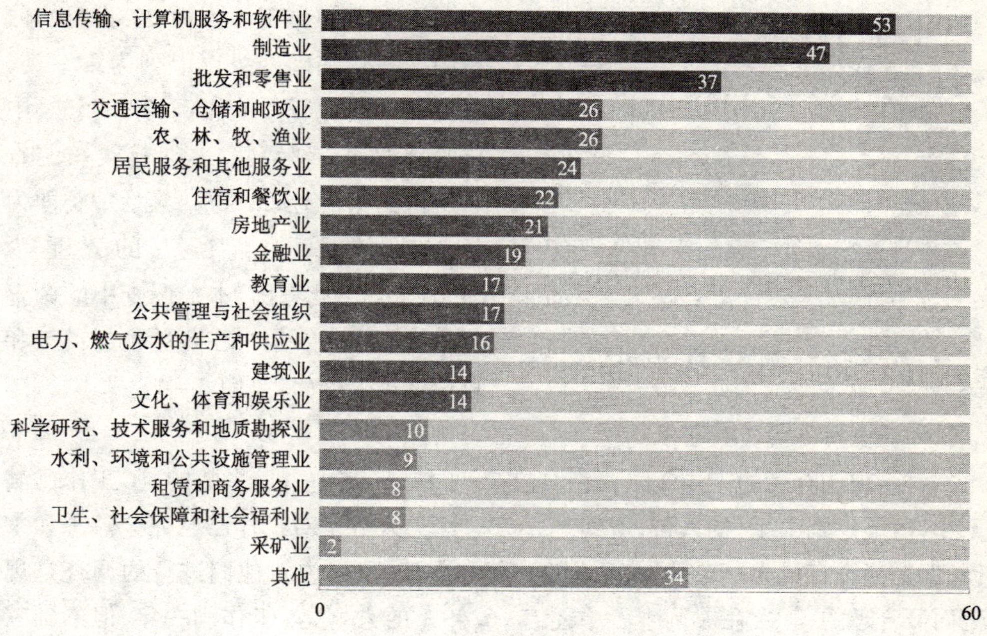

图 2－2 所在行业分布

3. 调查对象的部门分布

图 2－3 显示了调查对象所在部门的分布情况，在人力资源部工作的被调查者仅占 15.69%，而大部分为非人力资源部的员工，其比例占到了 84.31%。

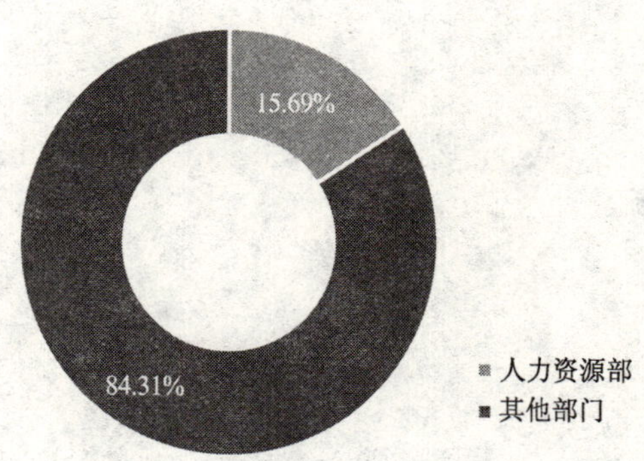

图 2－3 调查对象的部门分布

4. 调查对象的身份或职务分布

本次调查中，被调查对象的身份或职务因其所属单位类型不同而不同，总体上来说共分为三种职别，但是对于政府部门和事业单位来说，这三类职别分别是副处级以上、科级以及科员，而同样的级别对于其他类型的单位来说则分别称为高管、

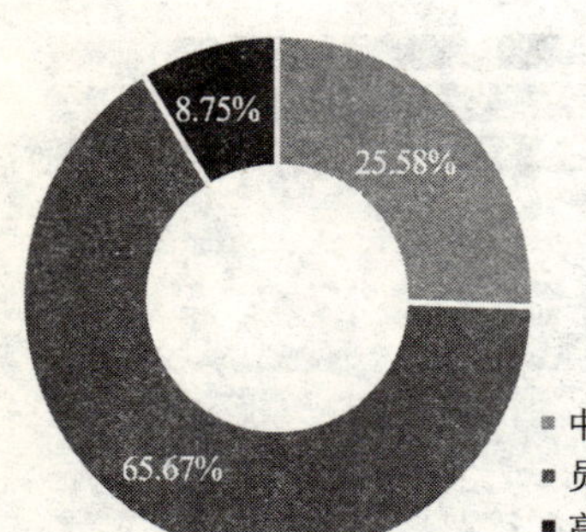

图 2-4 调查对象职务分布

中层管理者和员工。因而,在我们的分析中把高管和副处级以上列为第一类,这类被调查者所占的比例为 8.75%,中层管理者和科级算第二类,这类被调查者所占的比重为 25.58%,最后一类即为员工和科员,他们所占的比重为 65.67%。由此看出,本次调查中的调查对象的职别主要集中在各单位的员工和科员这类人群(参见图 2-4)。

5. 调查对象的工作年限

对于被调查者的工作年限,我们也进行了统计,其中占最多数的是“工作已满三年,但还没到十年”的人群,占到 31.50%,这类人群是对工作已经完全熟悉和掌握,但是却没有成为单位的“老人”的一部分人群,可以说对他们进行的调查是规范而又合理的;其次在被调查者中还有 26.49% 的人群是“工作满一年,但不到三年”的;“工作满十年”的这类人是我们调查中的第三大块人群,占到了 17.9% 的比例;剩下的是 17.42% 的“满三个月,但不到一年”的这类人群,以及占 6.68% 的工作“不到三个月”的职工(参见图 2-5)。

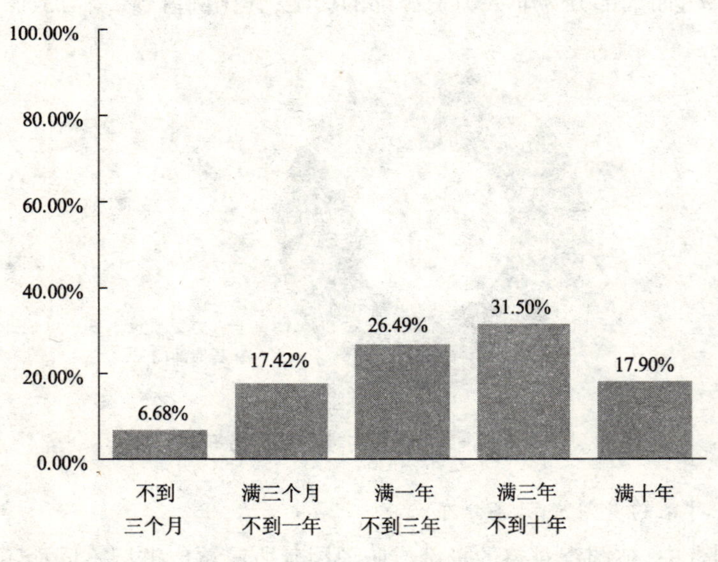

图 2-5 工作时间分布

三、数据分类情况

(一)对就业能力框架的分析

我们所说的就业能力框架主要是将以下技能列为就业能力的重要内容,它们分别是:①沟通能力;②数学思维能力;③问题解决和决策能力;④信息技术管理能力;⑤学习能力;⑥规划和组织能力;⑦创新能力;⑧人际交往能力;⑨团队合作能力;⑩自我管理能力;⑪时间管理能力;⑫领导能力;⑬积极的人生态度;⑭正直、诚实;⑮其他。

1. 企业或单位对就业能力框架的认同度

在我们调查的几百家企业和单位中,他们对可以包括到该就业能力框架内的能力进行了选择,结果如图 2 –6 所示,单位和企业普遍认为,沟通能力应该是最需要包含在就业能力框架中的,选择该能力的单位占 85. 16% ,第二位需要被包含的就是团队合作能力,它占 75. 41% ,然后是占 73. 52% 的问题解决与决策能力,与之相近的是

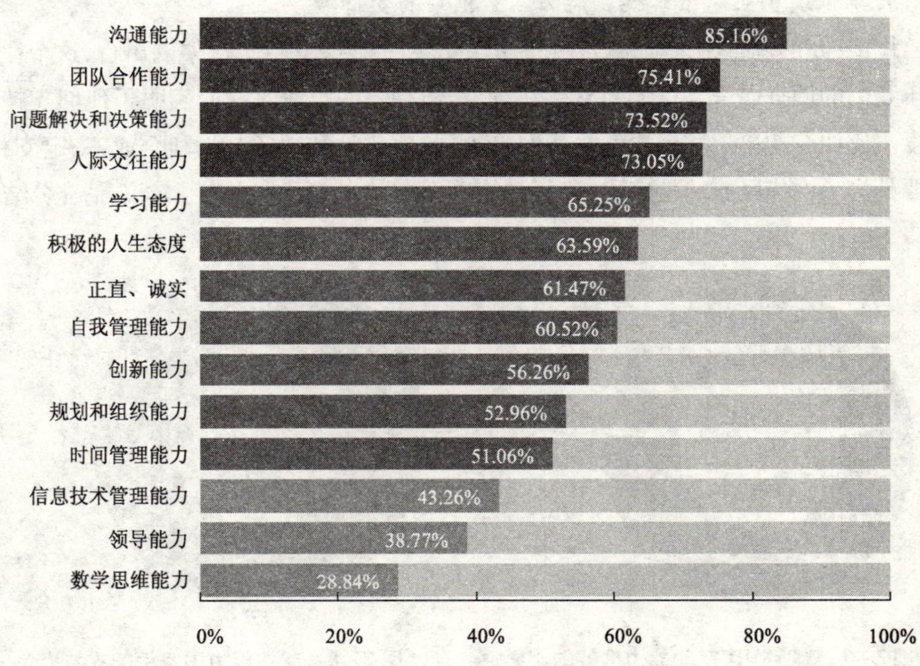

图 2 –6 就业能力框架认同度

占73.05%的人际交往能力,然后分别是占65.25%的学习能力,占63.59%的积极的人生态度,61.47%正直、诚实的人格,60.52%的自我管理能力,56.26%的创新能力,52.96%的规划和组织能力,51.06%的时间管理能力,以及43.26%的信息技术管理能力,38.77%的领导能力和28.84%的数学思维能力。另外,不同的单位也根据各自不同的实际情况提出了许多他们认为需要加入就业能力框架的项目和内容,比如,有的单位认为,优秀的人才是要具备全部能力的,还有一些单位认为还有一些其他的要素,它们有:责任心、实践能力、工作主动性、适应和接受能力、执行力、身体状况、人脉、稳定性、本专业的能力和水平、至少有一技之长、挑战能力、自信、健康(不一定健全)的身体、逻辑分析能力以及项目管理能力和分析能力等。

2. 单位或企业对是否有必要由国家出面制定国家强制框架的认识

图2-7显示了受调查的单位和企业员工对于国家强制的就业能力框架的必要性的判断。54.05%的单位或企业员工认为有必要由国家出面制定就业能力框架,强制性要求就业人群参加就业能力培训,从而提高国民整体就业能力水平,同时也有22.60%的人认为这是很有必要的,但是也有23.35%的单位和企业员工认为没有必要这么做。因此,从调查结果来看,就业能力国家框架的制定还是会得到社会上大部分企业和单位的支持和肯定的。

3. 单位或企业对出台就业能力国家框架的支持率

图2-8的调查结果显示,77.72%的单位和企业会支持本框架的出台,这个比例对于我们的调查而言是很大的支持和肯定,还有一些企业对我们表明了他们支持的态度。比如有的单位和企业就对我们表示:此项政策利国、利民、利企业,一定支持;只要是为了中华民族的昌盛我们都会支持的。还有的向我们提出了建议:请充分结合

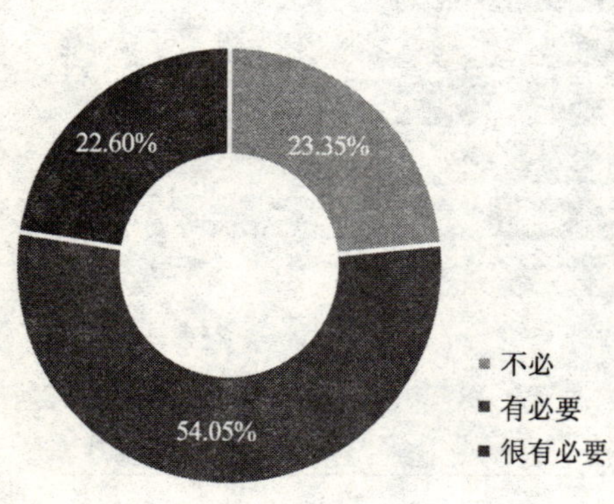

图2-7 制定国家就业能力框架的必要性

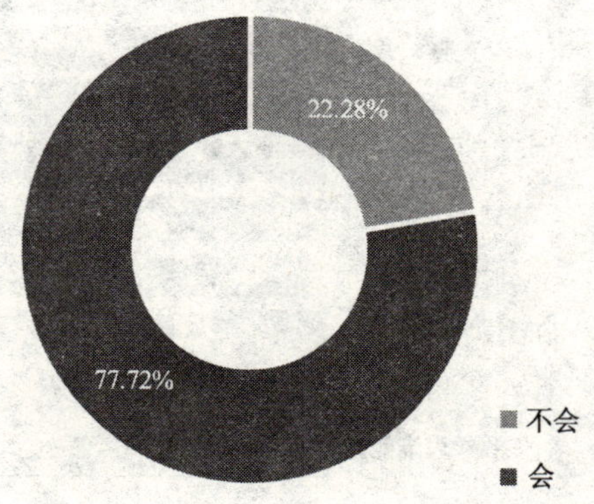

图2-8 就业能力国家框架支持度

社会实践,工作实际需要。但是另外也有22.28%的单位和企业不支持出台此框架,有一些也说明了原因,其中主要的有:如果仅是应对企业招聘的措施,华而不实,虚有其表,必不支持。还有一些单位和企业认为,不能强制,民主与法制社会,在不危害的国家、民族安全的问题上,必须杜绝强制性措施,避免一刀切。

(二)员工就业能力分析

1. 企业和单位在招聘员工时更重视什么条件

在我们的调查问卷中,我们向企业和单位提供了三个在招聘时员工需要具备的条件,这三个条件分别是受教育程度、工作经验、就业能力,要求单位和企业选择他们对这三项能力的重视程度。在排名第一位的条件中,有51.40%的被调查者认为就业能力是他们招聘员工时最重视的条件,有24.90%的被调查者认为工作经验是他们最重视的条件,有23.70%的被调查者认为受教育背景才是最重要的条件。在排名第二位的条件中,有51.00%的被调查者认为工作经验应该是第二重要的条件,26.80%的被调查者认为受教育程度是第二重要的条件,而22.20%的被调查者认为就业能力是第二重要的条件。在排名第三位的条件中,有50.00%的被调查者认为受教育背景是第三重要的条件,25.30%的被调查者认为工作经验是第三重要的条件,24.70%的被调查者认为就业能力是第三重要的条件。从总体上来看,在受教育背景、工作经验、就业能力这三项条件中,单位和企业员工普遍认为就业能力是他们招聘时第一重视的条件,工作经验是他们招聘时第二重视的条件,而受教育背景是他们第三重视的条件。从中可以看出就业能力在招聘时的重要性以及企业对此的重视程度(参见图2-9)。

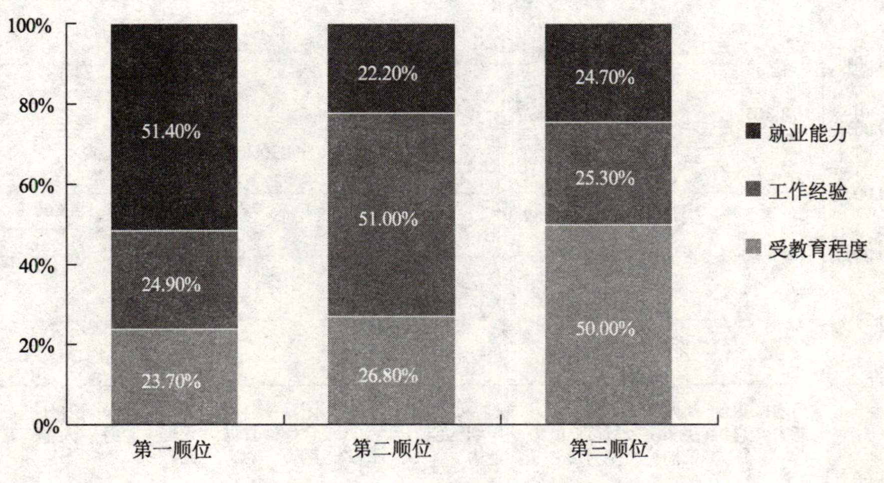

图2-9 企业和单位在招聘员工时更重视的条件

2. 企业和单位是否会在劳动力市场上因招不到就业能力相符的员工而放弃招聘

图 2－10 显示了在一个特定情况下，即劳动力市场上找不到就业能力相符的员工时，各单位和企业是否会选择放弃招聘，50.62% 的单位和企业表示不会因为在劳动力市场上招不到就业能力相符合的员工而放弃招聘，而 49.38% 的单位表示会因此而放弃招聘计划，从调查的结果来看，比例大小是不相上下的。这可能与公司制订的计划和任务不同，以及企业对员工需求意愿的不同有关。

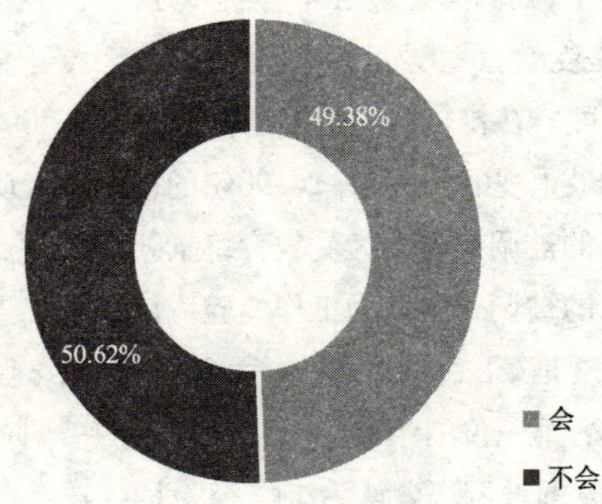

图 2－10　单位和企业是否会因招不到就业能力相符的员工而放弃招聘

3. 员工应聘成功所依赖的能力

图 2－11 显示的是单位和企业认为其单位员工应聘成功所依赖的各项能力占比，其中78.3% 的单位和企业认为沟通能力是应聘成功所依赖的第一重要的能

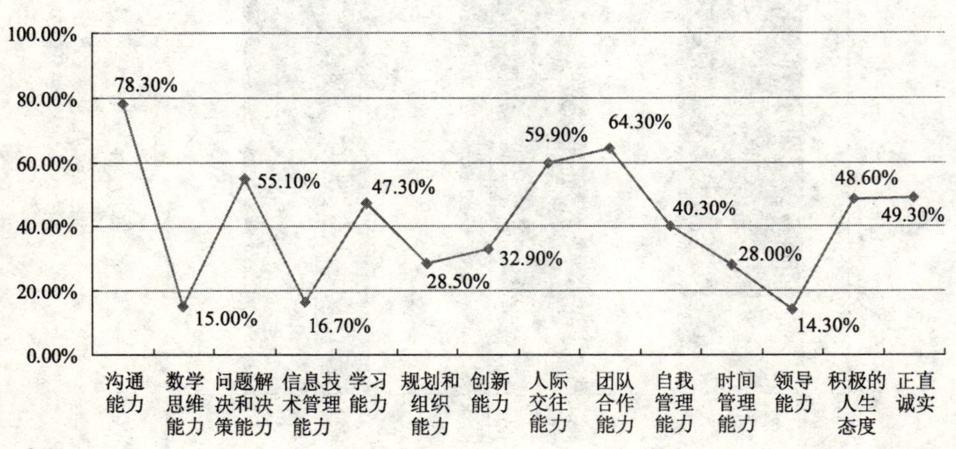

图 2－11　员工应聘成功所依赖的能力

力,64.3%的单位和企业认为团队合作能力很重要,59.9%的单位和企业认为人际交往能力是重要的条件,其他的依次还有:55.1%的单位和企业认为是问题解决和决策能力,49.3%的单位和企业认为是正直、诚实,48.6%的被调查者认为是积极的人生态度,47.3%的认为是学习能力,40.3%的单位和企业认为是自我管理能力,32.9%的认为是创新能力,28.5%的认为是规划和组织能力,28%的认为是时间管理能力,最后是所占比例较少的一些能力,它们是:16.7%的信息技术管理能力、15%的数学思维能力及14.3%的领导能力。

4. 员工提职所依赖的能力

图2-12显示的是单位和企业认为其单位员工升职所依赖的能力。其中,选择问题解决和决策能力的受调查者占65.63%,认为人际交往能力是升职所依赖的能力的占61.3%,沟通能力也占到了61.3%,此外,有57.69%的人选择了团队合作能力,规划和组织能力占54.33%,领导能力占51.44%,然后是学习能力占42.07%,正直、诚实的态度占41.83%,自我管理能力占41.35%,拥有积极的人生态度占了38.94%,创新能力占37.98%,时间管理能力占36.3%,最后是占19.95%的信息技术管理能力和占12.5%的数学思维能力。

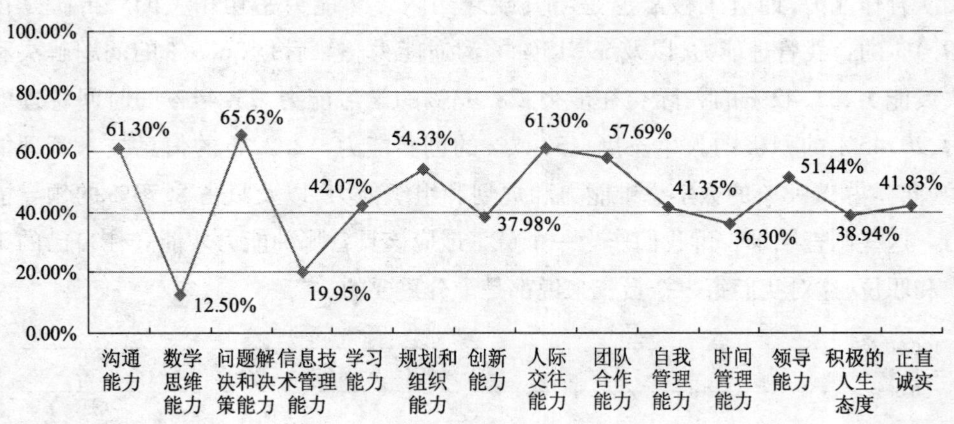

图2-12 员工提职所依赖的能力

5. 辞退员工的原因和其就业能力是否有关

调查结果显示,68.77%的单位和企业在辞退员工时的原因都是和其就业能力有关的,因此员工的就业能力与自身的职业生涯是息息相关的,工作中一定要注意保持和提高自己的某些就业能力。但是,另外还有31.23%的单位和企业辞退员工时的原因和其就业能力是没有关系的(参见图2－13)。

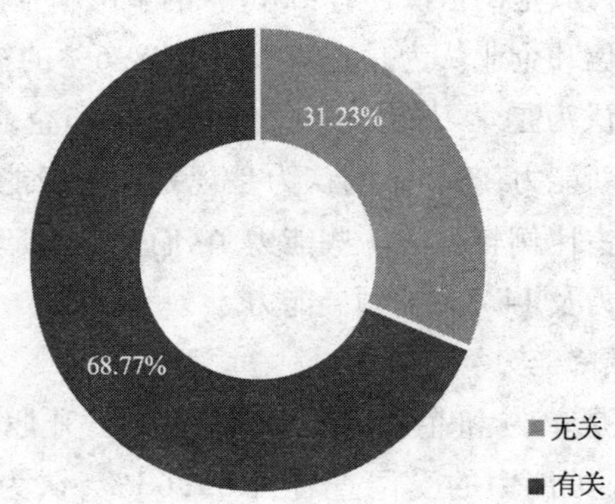

图2－13 辞退员工的原因是否与就业能力有关

6. 员工因缺乏哪些就业能力而被辞退

图2－14显示了员工被辞退是因其缺乏哪些就业能力,41.9%的被调查者认为其员工缺乏正直、诚实的品德,可见,在工作中大多数员工都没能做到最基本的正直和诚实,这是员工被辞退的原因中所在比例最大的一项。其次是占40.9%的团队合作能力,即员工被辞退是与其缺乏团队合作能力密切相关的。再次是占39.4%的自我管理能力,以及39.15%的沟通能力。然后是36.9%的问题解决和决策能力,31.42%的人际交往能力,28.93%的学习能力,23.44%的时间管理能力,20.45%的积极的人生态度,13.47%的创新能力,12.22%的信息技术管理能力,同样占9.98%的数学思维能力和规划和组织能力,以及只占8.73%的领导能力。这些调查结果告诉我们作为一个员工最应该具备哪种能力才能守住自己的工作和职位,这对我们每一个员工来说都是十分重要的。

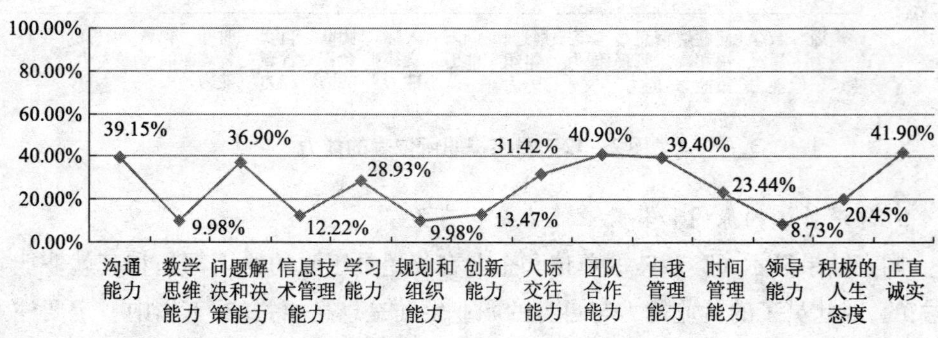

图2－14 员工因缺乏哪些就业能力而被辞退

7. 单位和企业对其员工目前的就业能力评价

图2－15显示了被调查者对于本单位员工就业能力的评价,本次调查采用了简单的五分制评价体系,每个就业能力分成五个程度,分别是“很强”、“强”、“一般”、“差”和“很差”,在进行数据统计和分析时我们把“很强”计算为5分,“强”计算为4分,“一般”计算为3分,“差”计算为2分,“很差”计算为1分。调查显示,对于不同的能力,企业和单位对自己的员工有不同的评价,我们的调查结果是:单位和企业的员工目前在我们提供的14项能力方面的表现是介于“一般”和“强”之间的,因此是处于良好状态的,这其中单位和企业普遍认为的员工比较好的能力是沟通能力、人际交往能力、积极的人生态度以及正直、诚实的品格;相比较而言较弱的能力有:数学思维能力、自我管理能力以及时间管理能力。因此,劳动者在工作中应该加强这三方面能力的培养,从而从整体上提高劳动力市场上劳动者的整体就业能力。

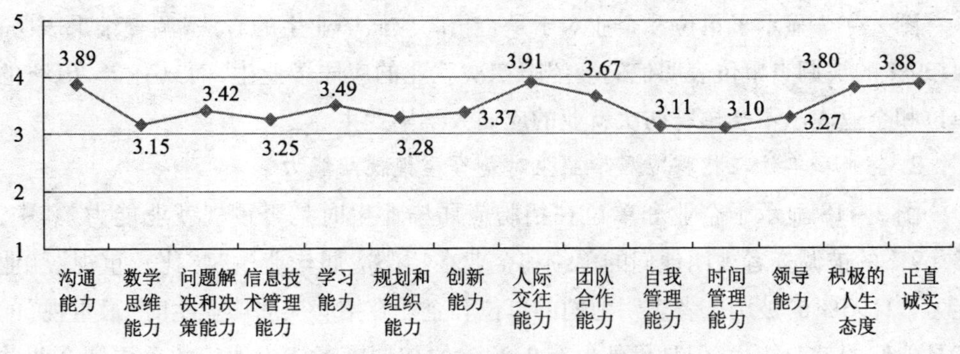

图2－15 员工目前的就业能力情况

8. 员工普遍缺乏的能力

图2－16显示了被调查者对于本单位员工普遍缺乏的就业能力的看法,43.40%的被调查者认为是缺乏创新能力,37.00%认为是缺乏数学思维能力,31.40%认为是缺乏自我管理能力,30.60%认为是缺乏问题解决和决策能力,28.40%认为是缺乏规划和组织能力,此外还有27.70%的被调查者认为员工普遍缺乏时间管理能力,26.00%认为缺乏的是学习能力,23.31%认为缺乏领导能力,22.30%认为是缺乏信息技术管理能力,21.60%认为员工缺乏的是团队合作能力,19.40%认为缺乏的是沟通能力,14.51%认为缺乏人际交往能力,以及13.50%认为缺乏积极的人生态度,最后是13.00%的被调查者认为缺乏的是正直、诚实的态度。

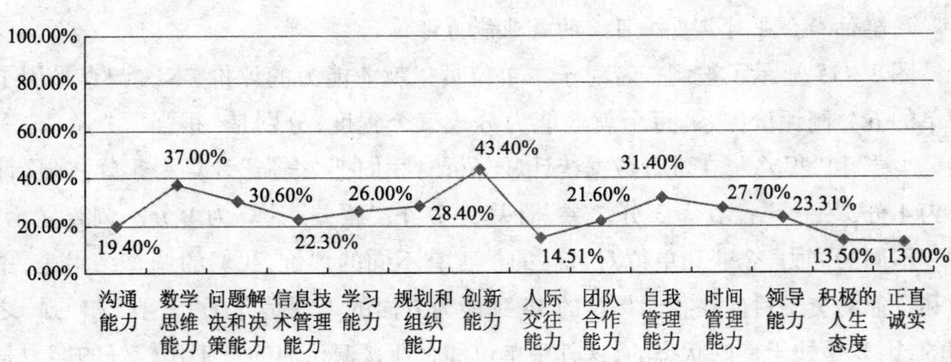

图 2-16　员工普遍缺乏的能力

(三)应届大学毕业生与就业能力

1. 单位和企业是否招聘初次就业的应届大学毕业生

图 2-17 显示了单位和企业对于是否招聘应届毕业生的看法,调查结果表明:74.39% 的被调查单位表明他们会招聘初次就业的应届毕业生,而只有 25.61% 的单位和企业表示不会招聘初次就业的应届大学毕业生。

2. 企业和单位在招聘应届毕业生时是否重视就业能力

图 2-18 显示了企业和单位在招聘应届毕业生时是否重视就业能力,其中,78.69% 的被调查者表明他们的单位和企业在招聘应届毕业生时"比较重视"就业能力,11.93% 的被调查者表明他们的单位和企业在招聘应届毕业生时"最重视"的就是他们的就业能力,但是另外也有 9.38% 的被调查者认为他们的单位和企业并"不重视"大学应届毕业生的就业能力。

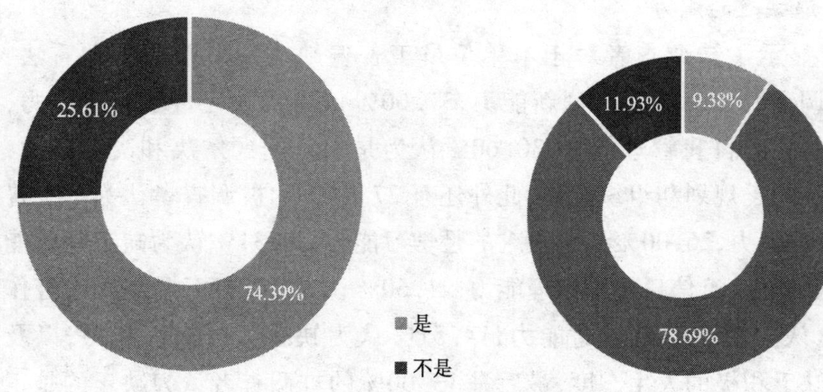

图 2-17　单位和企业是否招聘应届毕业生

图 2-18　单位和企业招聘应届生时对就业能力的重视程度

3. 应届大学毕业生应聘成功所依赖的重要能力

单位和企业的被调查者们对于应届毕业生应聘成功依赖的能力作了选择。应届大学毕业生应聘成功所依赖的重要能力中，有75.99%的被调查者认为沟通能力很重要，其次是占57.52%的学习能力和55.6%的人际交往能力，再次是54.89%的团队合作能力，49.87%的正直、诚实的态度和44.59%的积极的人生态度，然后是所占比例43.54%的问题解决和决策能力，43.01%的自我管理能力，然后是28.23%的被调查者认为是时间管理能力、25.40%的认为是规划和组织能力、25.07%的认为是创新能力，认为数学思维能力、信息技术管理能力以及领导能力是应届生应聘成功所依赖能力的比例比较少（参见图2－19）。

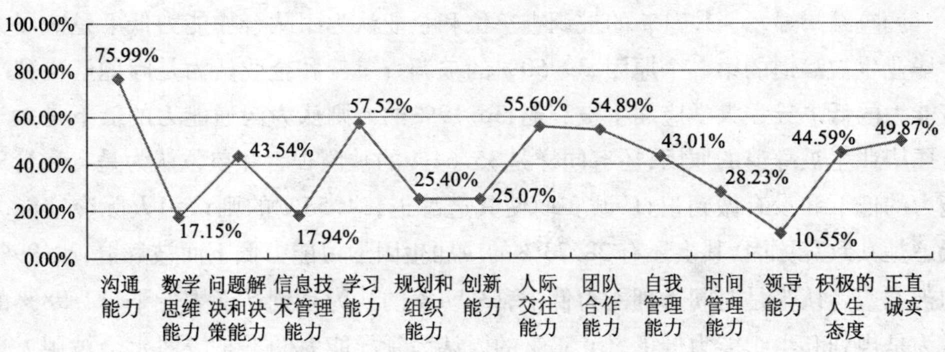

图2－19 应届大学生应聘成功所依赖的能力

与前面分析的员工应聘成功所依赖的能力相比较可以看到，无论是应届生还是普通员工，应聘成功所依赖的最重要的能力都是沟通能力，对于普通员工来说，第二和第三重要的能力分别是团队合作能力以及人际交往能力，而对于应届生来说，第二和第三重要的能力分别是学习能力和人际交往能力，可见两者之间虽然要求不完全相同，但还是比较贴近的。

4. 应届大学毕业生在试用期满后单位和企业是否会因为其就业能力低下而辞退

图2－20显示了试用期满后，单位和企业是否会因就业能力低下辞退应届毕业生。调查结果显示，60.49%的单位和企业表示会因为大学应届毕业生的就业能力低下而在试用期满后辞退他，而只有39.51%的单位和企业不会因为大学应届毕业生的就业能力低下而在试用期满后辞退他。

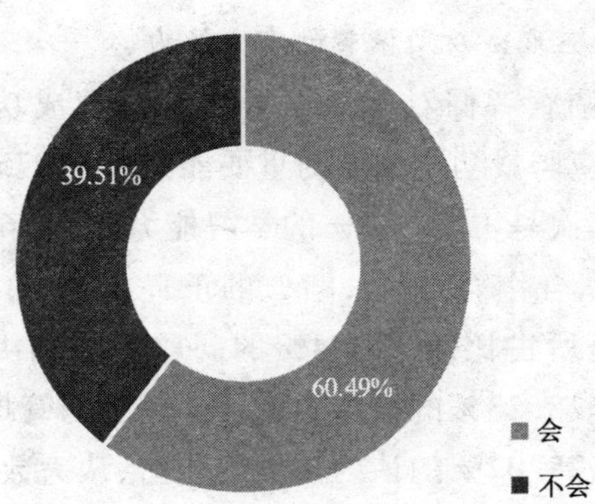

图 2－20　应届生试用期满后是否会因其就业能力低下而被辞退

5. 单位和企业因为哪些就业能力的低下而辞退应届大学毕业生

调查结果显示，41.71%的被调查单位和企业认为团队合作能力低下是应届大学毕业生被辞退的第一个原因，39.50%的被调查单位和企业认为是问题解决和决策能力的低下导致大学应届生被辞退，36.19%的人则认为沟通能力的低下是大学应届毕业生被辞退的原因，还有同样是35.64%的被调查者和单位认为是自我管理能力的低下和没有做到正直、诚实而使其遭辞退，34.53%的则认为人际交往能力低下是其致辞原因，其次还有28.73%的应届生因学习能力低下而被辞退，20.99%的被调查者认为是时间管理能力低下，13.54%的认为是创新能力低下，12.98%的认为是规划和组织能力低下，10.50%的人认为领导能力低下是应届生会被用人单位辞退的原因（参见图2－21）。

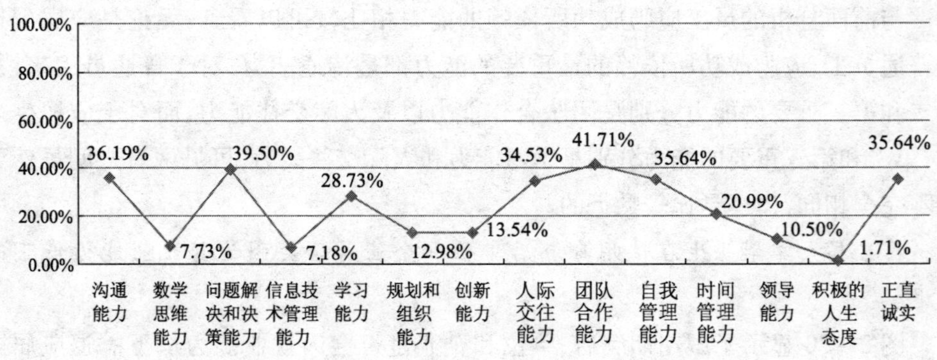

图 2－21　应届生因缺乏而被辞退的能力

与前面分析过的普通员工因欠缺哪些能力而被辞退相比较，两者之间还是存在一定差异的。对于普通员工来说，其缺乏正直、诚实的品德是最可能被辞退的原因，其次是和应届生相同的团队合作能力的欠缺也是其被辞退的重要影响因素，而第三重要的因素中，普通员工会因欠缺自我管理能力而被辞退，而应届生因欠缺问题解决和决策能力而被辞退的可能性较大。

6. 单位和企业对目前应届毕业生的总体就业能力情况的评价

参照之前的五分制评价体系，单位和企业对应届毕业生也作了评价。调查结果显示，单位或企业对应届毕业生目前总体的就业能力的评价是介于“差”和“强”之间的，即目前应届毕业生就业能力的情况是一般的。其中，表现比较好的能力有：数学思维能力、学习能力、积极的人生态度以及正直、诚实的品格。但是表现比较差的能力有：问题解决和决策能力、规划和组织能力、自我管理能力以及领导能力（参见图2－22）。因此，从我们的调查和分析中可以得出这样的结论：对于应届毕业生来说，他们在毕业之时仍然带着浓重的学生气息，他们比较强的能力都是和学生时代的学习生活息息相关的，这是他们初入社会的标志，他们亟待提高和改善的是我们提出的表现比较差的四项能力，这对于他们来说可能是踏入职场关键的影响因素，也可能是影响他们一生职业生涯的重要能力。

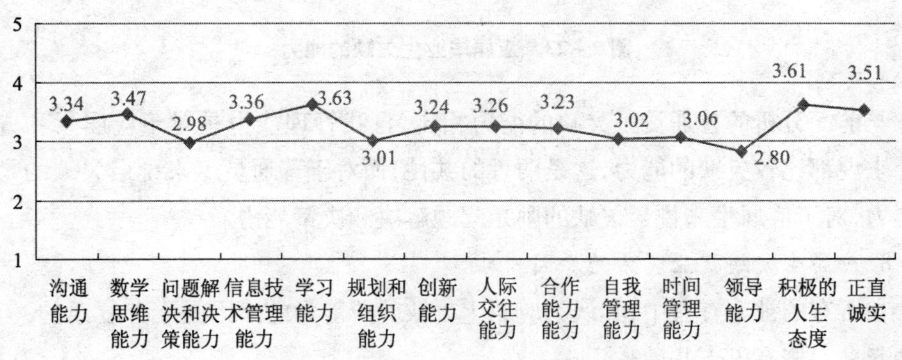

图2－22　单位和企业对目前应届毕业生就业能力的评价

与前面分析的普通员工的总体就业能力情况相比较，应届生的总体就业能力水平显然比较低，普通员工的就业能力总体水平是位于一般和强之间的，而应届生有两项能力还处于差的水平。比如：问题解决和决策能力以及领导能力，因此应届生在这两项能力方面尤其需要引起注意，加快提高和培养。

7. 应届毕业生特别欠缺哪些就业能力

调查结果表明，应届毕业生特别欠缺的能力中所占比例最大的是53.20%的问题解决和决策能力，其次是41.40%的自我管理能力和38.40%的团队合作能力，34.00%的人际交往能力，33.70%的时间管理能力，32.30%的沟通能力，然后是

31.80%的被调查者认为应届生缺乏的是领导能力，30.70%的认为是规划和组织能力，21.10%的认为缺乏的是创新能力，最后是所占比例比较小的，有12.60%的被调查者认为应届生缺乏的是学习能力，12.30%的认为是缺乏积极的人生态度，11.00%的人认为是缺乏数学思维能力，10.70%的认为是正直、诚实的品德，8.20%的认为是缺乏信息技术管理能力（参见图2-23）。这是不同单位和企业对目前应届生缺乏的能力的整体评价，它提醒应届生要加强这些能力的培养和形成，特别是问题解决和决策能力、自我管理能力以及团队合作能力，以提高自己的个人竞争力。

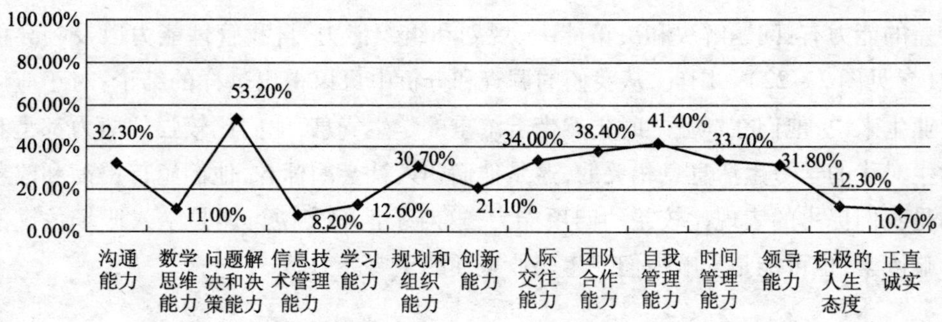

图2-23 应届毕业生欠缺的能力

与前面分析的普通员工欠缺的能力相比，自我管理能力是对于应届生和普通员工来说都比较欠缺的能力，这是两者的共性，而对于普通员工来说最欠缺的是创新能力，对于应届生来说最欠缺的则是问题解决和决策能力。

8.应届生欠缺就业能力的原因

在所有的被调查者中，其认为应届生欠缺就业能力的原因是十分复杂的，但是归纳起来大概有以下几种：

（1）个人因素。目前的应届生大多是独生子女，大多以自我为中心，缺乏吃苦耐劳和奉献精神，自我管理能力较差，缺乏责任感和团队合作精神，生活习惯不规律，较少对自我职业生涯进行规划，在解决就业和工作中的日常事务后，缺少确切的职业目标及达成计划。

（2）社会因素。目前的应届生与社会接触的少，参加的社会实践少，社会经验严重不足，未接受过团队或技能专业培训，心态方面调整的能力有待提高，在校学习期间各方面压力较小，到工作岗位后还需要一定时间适应，因而各项能力都比较欠缺。

（3）教育体制原因。受我国长期的应试教育体制的影响，教育不够全面，课程设置不合理，高分低能，动手能力严重不足，应届毕业生在大学里学到的远不足以提高其就业能力，与企业的需求脱轨。

四、按单位类别的就业能力比较

（一）普通员工就业能力分析

1. 框架认同度

通过我们对不同单位类型的单位和企业进行的分析，他们对本框架认同度的基本情况细述如下。

（1）中国国有企业。从总体上来说，国企对员工具有的就业能力的要求是最高的，对各项能力的需求普遍也比其他类型的单位和企业高很多，因此基本上我们提到的14项能力都得到了他们的认可，特别是调查样本中92.00%的国有企业都认为沟通能力应被纳入框架中，81.6%的国有企业认为人际交往能力也需要被纳入本框架中，而77.6%的国有企业还认为问题解决和决策能力应被本框架包括。此外，团队合作等能力和素质，都得到了国有企业的高度认可（参见图2－24）。

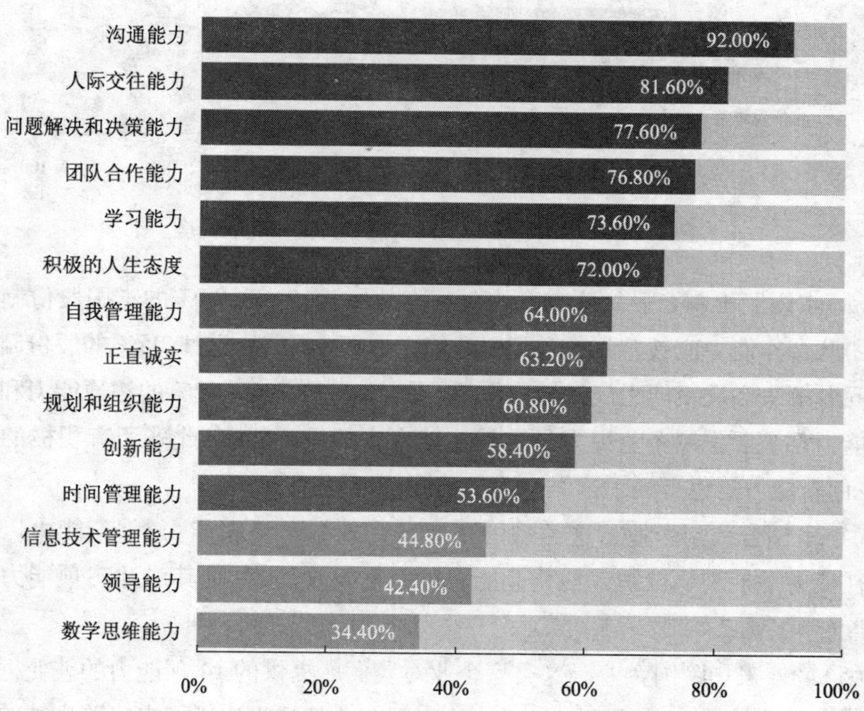

图2－24 国有企业对就业能力框架的认同度

(2)中国私营企业。我们的调查显示中国私营企业是较其他类型的企业而言对就业能力的要求仅次于国企的单位类型(参见图2-25)。从调查结果来看,我们所提到的14项就业能力也基本上得到了他们的认可,79.59%的私营企业认为沟通能力应该被包括到本框架中,73.47%的认为问题解决和决策能力应被纳入,还有69.39%的认为团队合作能力应被包括在内。除此以外还有人际交往能力等也得到了私营企业的认可。

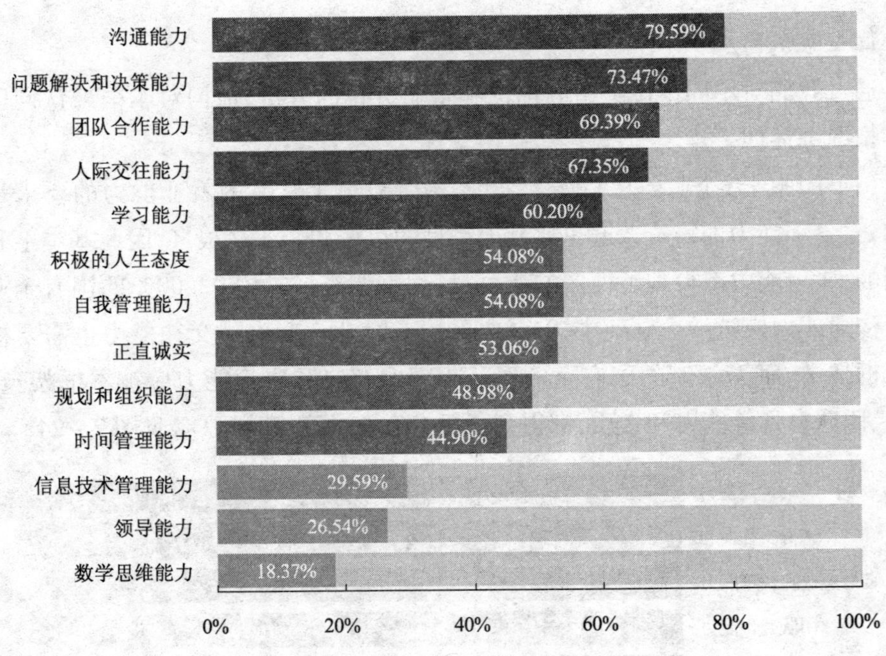

图2-25　中国私营企业对就业能力框架的认同度

(3)本国股份制企业。这类型的企业情况是:首先78.95%的本国股份制企业认为团队合作能力应被首先包含到就业能力框架中,其次是71.05%的股份制企业认为问题解决和决策能力应被纳入框架,再次是同样占68.42%的沟通能力和人际交往能力都被股份制企业视为员工就业能力中的重要能力,此外还有积极的人生态度、创新能力等也得到了这类企业的认同(参见图2-26)。

(4)本国合伙制企业。这类型的企业认为规划和组织能力、创新能力以及人际交往能力是最需要被纳入到就业能力国家框架中的,可见其对此三项能力的重视程度(参见图2-27)。

(5)境外来华跨国企业。这类型企业对我们所提供的14项能力的就业框架的认可程度是比较高的,特别是91.11%的跨国企业都认为沟通能力应首先被纳入就

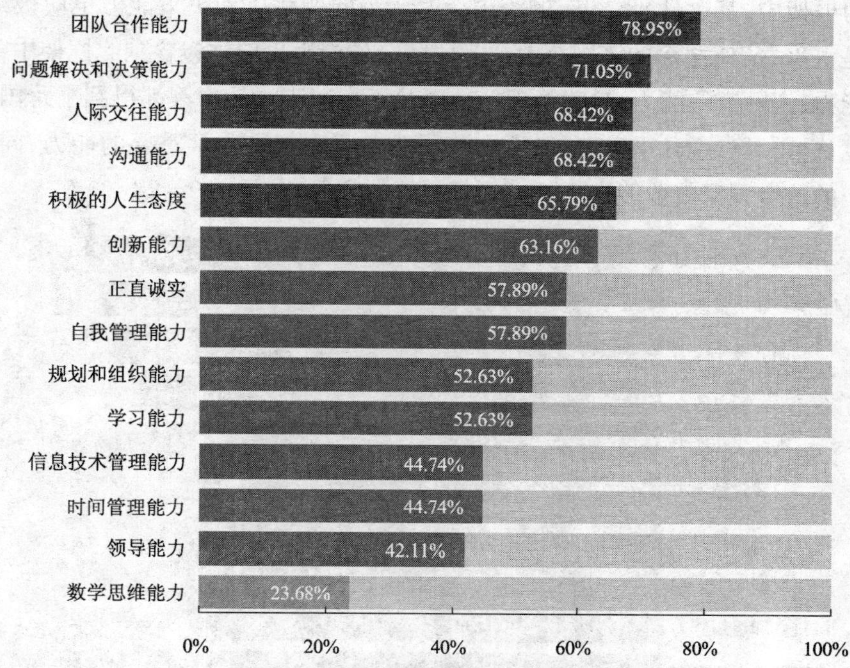

图 2－26　本国股份制企业对就业能力框架的认同度

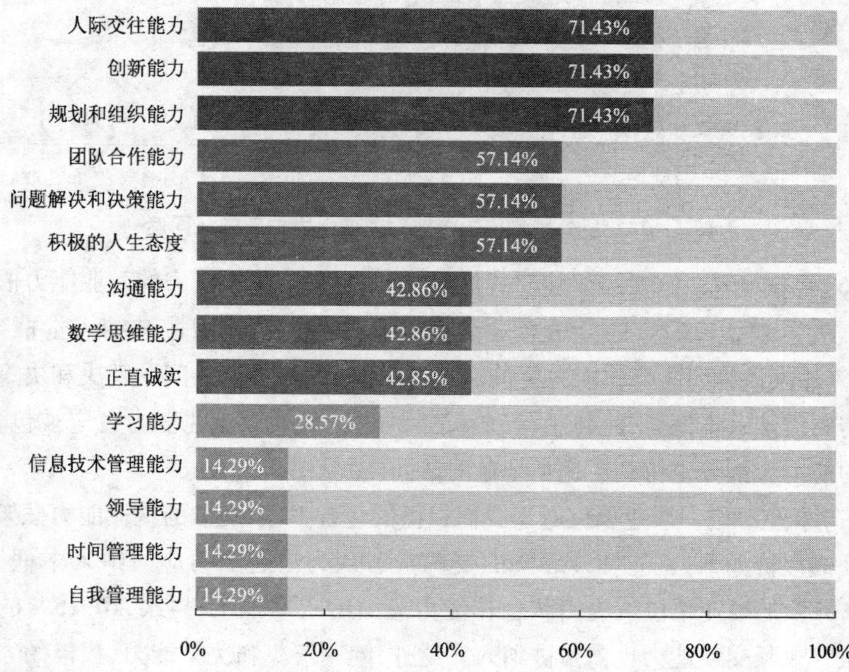

图 2－27　本国合伙制企业对就业能力框架的认同度

业能力框架中,其次是88.89%的跨国企业认为问题解决和决策能力也应被纳入,再次是占86.67%之多的跨国企业认为团队合作能力也应被包含到此框架中,此外学习能力、人际交往能力、自我管理能力以及正直诚实的品德等都得到了跨国企业的高度认可,可以说几乎14项能力在跨国企业眼中都是非常重要的能力,同时也是我们的这个国家就业能力框架必须都包括的项目(参见图2-28)。

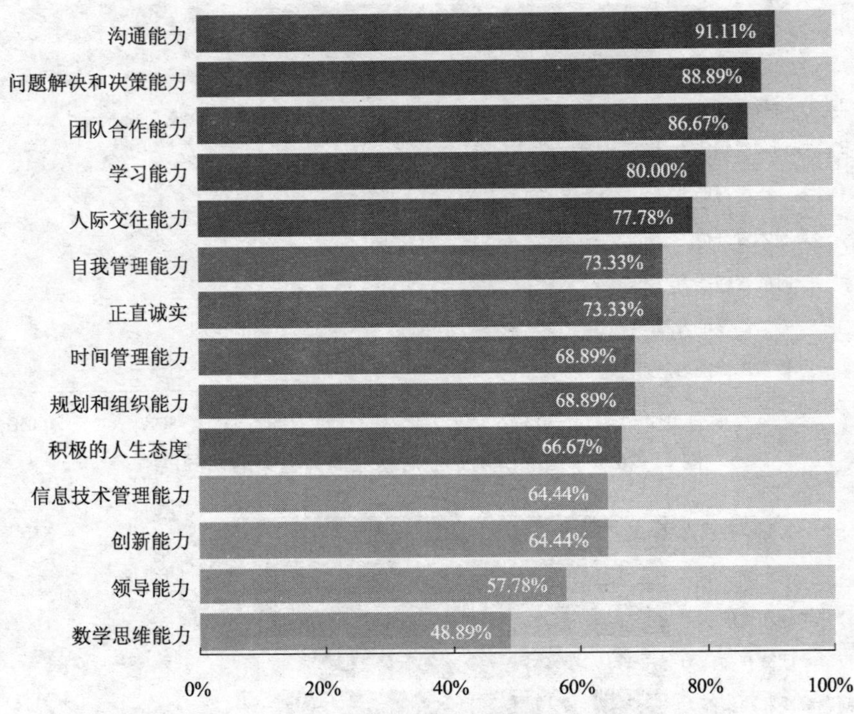

图2-28 境外来华跨国企业对就业能力框架的认同度

(6)合资企业。这类型企业对我们提供的包括这14项能力的就业能力框架的认可程度一般,91.67%的合资企业受调查者认为沟通能力应被纳入本框架中,79.17%的人认为团队合作能力应被纳入,同时75%的人认为问题解决和决策能力同样需要被纳入本框架,此外还有70.83%的人认为人际交往能力也应被包含,而其他的能力大部分也得到了这类企业的认同(参见图2-29)。

(7)事业单位。事业单位对于我们提供的包含14项能力的就业能力框架的认可程度的评价如下:首先,83.58%的受调查者认为沟通能力应被纳入本框架;其次,77.61%的事业单位认为团队合作能力应被纳入本框架;再次,70.15%的事业单位认为人际交往能力也需要被纳入。此外,问题解决和决策能力、积极的人生态度、学习能力、正直诚实等也得到了事业单位的认可(参见图2-30)。

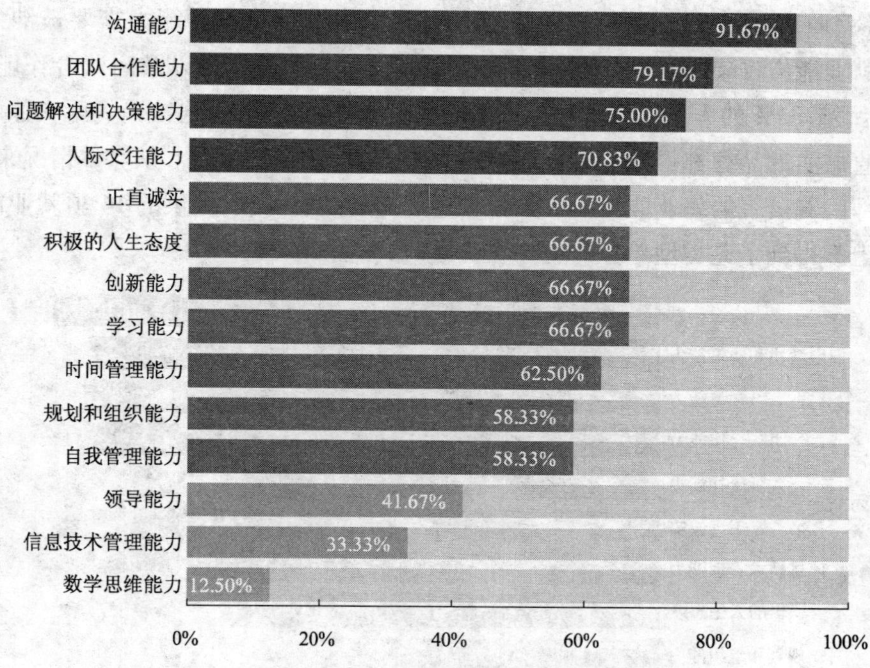

图 2-29 合资企业对就业能力框架的认同度

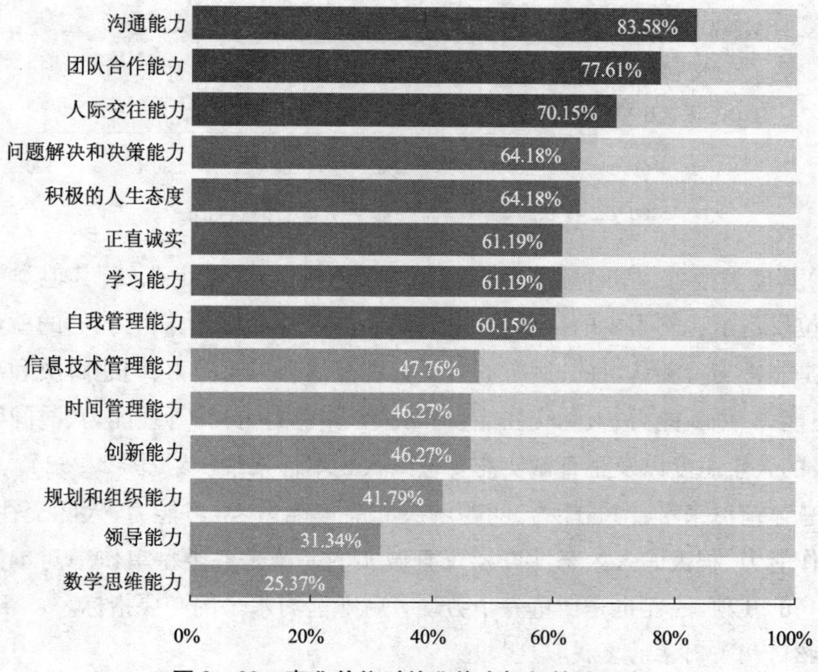

图 2-30 事业单位对就业能力框架的认同度

(8)政府部门。这类单位中,全部的被调查者都认为沟通能力需要被纳入到国家就业能力框架中,而对于问题解决和决策能力、学习能力以及团队合作能力,都各有93.33%的人支持将这三项能力纳入就业能力框架中,再次是人际交往能力和正直诚实的品德都得到了占86.67%的政府部门的高度认可。从整体情况来看,政府部门对员工的就业能力的水平要求还是比较高的,我们提供的14项就业能力基本上都得到了此类型单位的支持和认可(参见图2-31)。

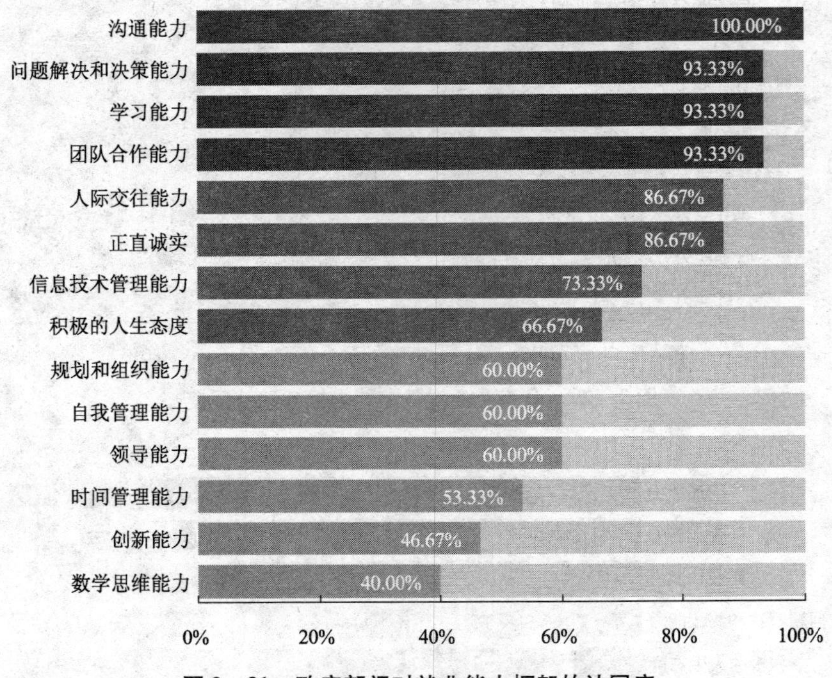

图2-31　政府部门对就业能力框架的认同度

(9)其他类型单位和企业。除以上八个类型的单位和企业外,其他类型的企业和单位仅占了比例很少的一部分,但是我们也可以看到,他们对我们的就业能力框架也是非常支持和认可的,所有的被调查者都认为沟通能力、问题解决和决策能力、学习能力、创新能力、人际交往能力、团队合作能力、自我管理能力、时间管理能力、积极的人生态度以及正直诚实需要被纳入到本框架中(参见图2-32)。

从总体情况来看,沟通能力、问题解决和决策能力、学习能力、人际交往能力、团队合作能力、积极的人生态度以及正直诚实的品德是各类型单位中对本框架认同度较高的几项,因而也是衡量一个劳动者就业能力水平的必要指标。

2. 招聘相关因素的重视程度排序

图2-33至图2-35显示了在招聘过程中,不同单位类型的单位和企业所重视因

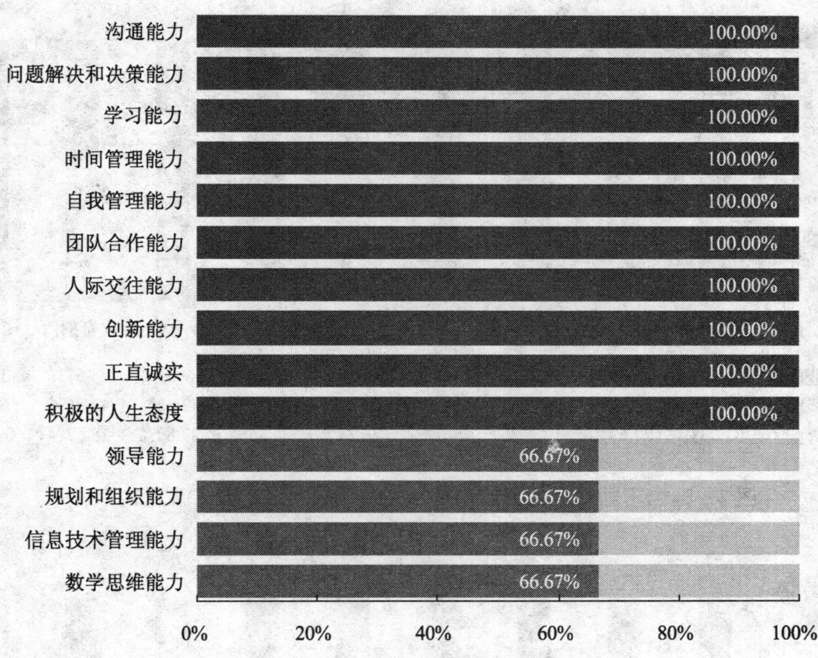

图 2－32 其他类型单位对就业能力框架的认同度

素的排序情况。调查结果显示，无论是哪个单位类型的单位和企业，他们在招聘员工时第一重视的条件几乎都是就业能力（政府部门除外），第二重视的条件都是工作经验，大部分单位和企业都选择了受教育程度作为第三重视的条件。只有政府部门在选择第三重要的条件时选择了工作经验。但是通过我们的分析可以得出的结论是无论是哪个单位类型的单位和企业，在招聘员工时最重视的条件是就业能力，其次是工作经验，最后是受教育程度，由此可见就业能力对于应聘是否能够成功的影响程度是最大的。

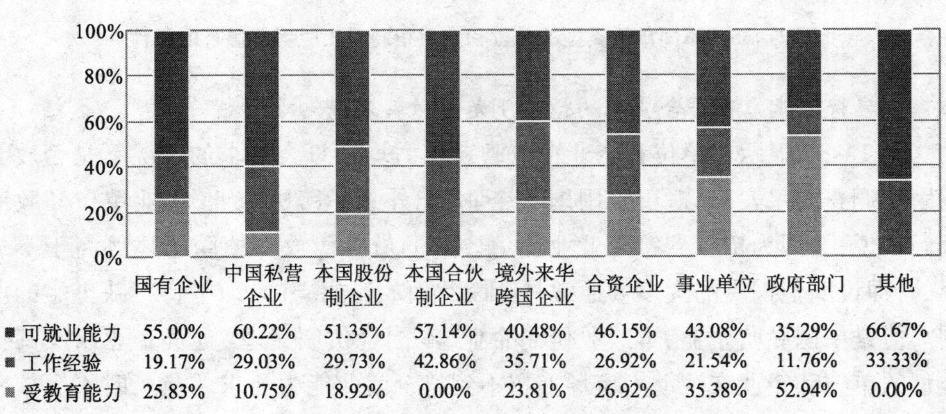

	国有企业	中国私营企业	本国股份制企业	本国合伙制企业	境外来华跨国企业	合资企业	事业单位	政府部门	其他
■ 可就业能力	55.00%	60.22%	51.35%	57.14%	40.48%	46.15%	43.08%	35.29%	66.67%
■ 工作经验	19.17%	29.03%	29.73%	42.86%	35.71%	26.92%	21.54%	11.76%	33.33%
■ 受教育能力	25.83%	10.75%	18.92%	0.00%	23.81%	26.92%	35.38%	52.94%	0.00%

图 2－33 不同单位类型的单位和企业招聘员工时第一重视的条件

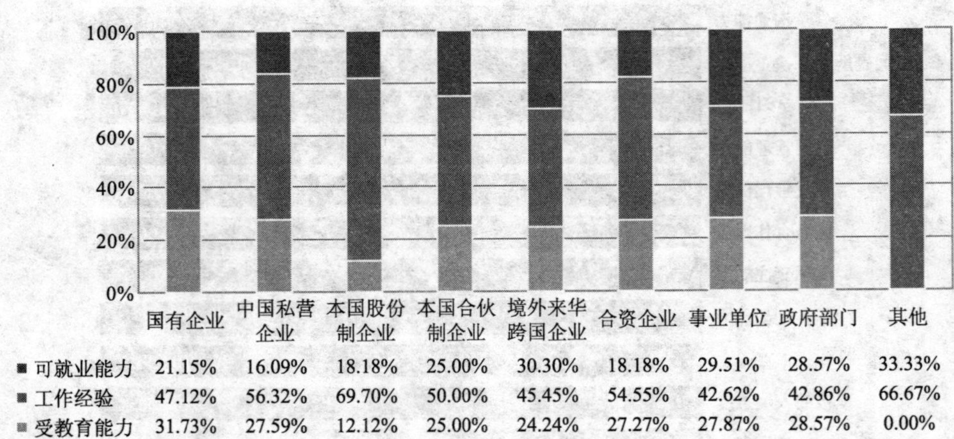

	国有企业	中国私营企业	本国股份制企业	本国合伙制企业	境外来华跨国企业	合资企业	事业单位	政府部门	其他
■ 可就业能力	21.15%	16.09%	18.18%	25.00%	30.30%	18.18%	29.51%	28.57%	33.33%
■ 工作经验	47.12%	56.32%	69.70%	50.00%	45.45%	54.55%	42.62%	42.86%	66.67%
■ 受教育能力	31.73%	27.59%	12.12%	25.00%	24.24%	27.27%	27.87%	28.57%	0.00%

图 2 – 34　不同单位类型的单位和企业招聘员工时第二重视的条件

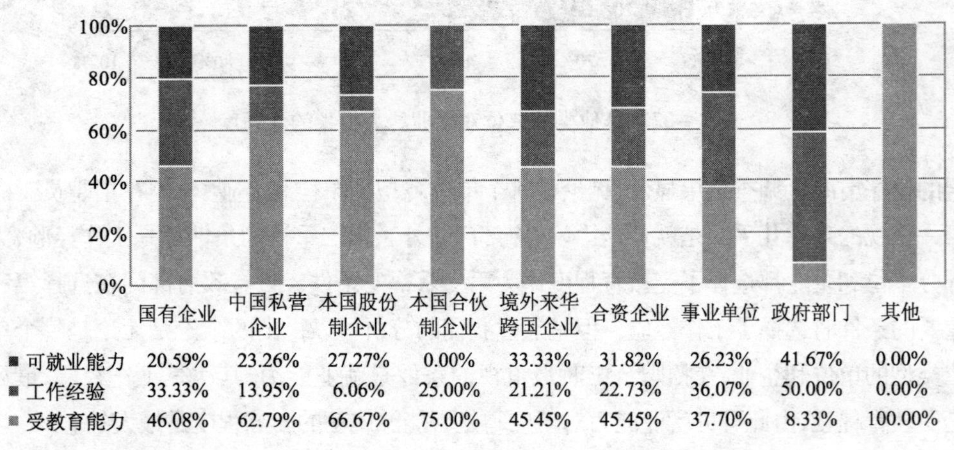

	国有企业	中国私营企业	本国股份制企业	本国合伙制企业	境外来华跨国企业	合资企业	事业单位	政府部门	其他
■ 可就业能力	20.59%	23.26%	27.27%	0.00%	33.33%	31.82%	26.23%	41.67%	0.00%
■ 工作经验	33.33%	13.95%	6.06%	25.00%	21.21%	22.73%	36.07%	50.00%	0.00%
■ 受教育能力	46.08%	62.79%	66.67%	75.00%	45.45%	45.45%	37.70%	8.33%	100.00%

图 2 – 35　不同单位类型的单位和企业招聘员工时第三重视的条件

3. 应聘者能力不符合要求的情况下是否放弃招聘

图 2 – 36 显示了单位和企业在应聘者能力均不符合要求的情况下是否放弃招聘。调查结果发现，对于中国国有企业、境外来华跨国企业、事业单位和政府部门来说，会因为招不到符合就业能力要求的员工而放弃招聘的比例高于不放弃的，即说明他们中的大多数通常是会因此而放弃招聘的，即坚持宁缺毋滥的原则。但是中国私营企业、本国股份制企业、本国合伙制企业、合资企业以及其他类型的单位和企业在劳动力市场上招不到符合就业能力要求的员工时不会放弃招聘的比例大于会放弃招聘的比例，即他们中的大多数有招聘计划和任务的就

一定会完成。

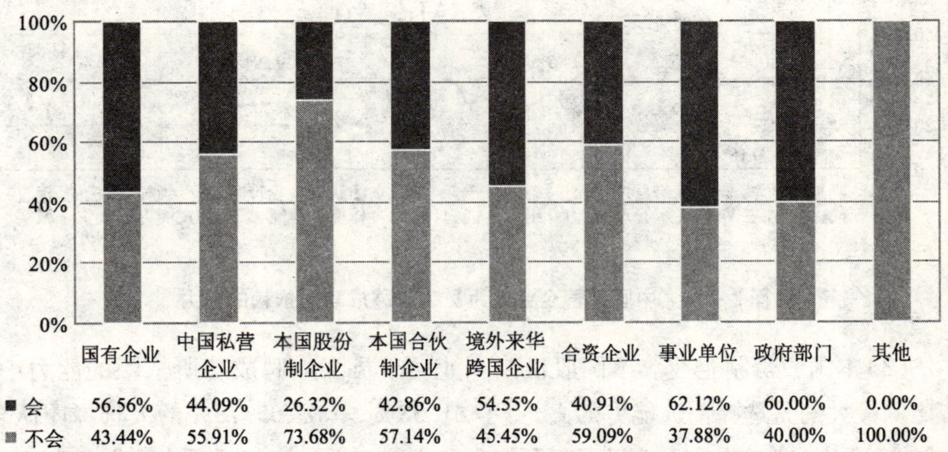

图 2－36　单位和企业是否会因在劳动力市场上招不到符合要求的员工而放弃招聘

4. 员工应聘成功所依赖的重要能力

(1)国有企业。对于国企来说,其员工应聘成功所依赖的能力中,79.2%的被调查者选择了沟通能力,57.6%的人选择了人际交往能力,61.6%的人选择了团队合作能力,这是该类型行业中认为员工应聘成功所依赖的最重要的三项能力(参见图2－37)。

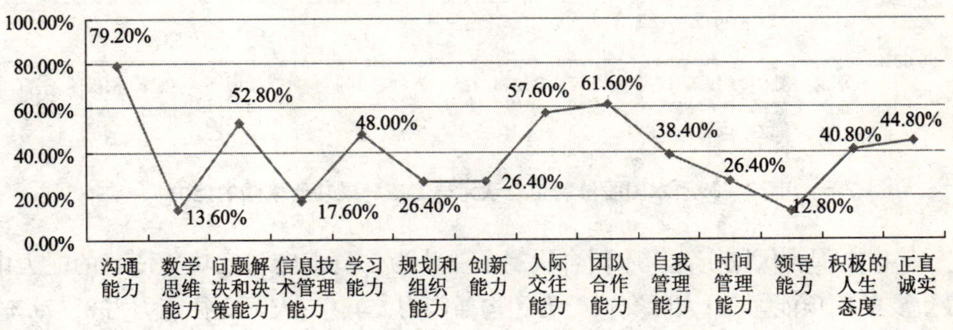

图 2－37　国有企业认为员工应聘成功所依赖的能力

(2)中国私营企业。这类企业中70.41%的人选择了沟通能力,其次,59.18%的人认为团队合作能力是员工应聘成功所依赖的能力,再次,57.14%的被调查者认为人际交往能力是员工应聘成功所依赖的能力,这是此类型企业中大多数企业认可的员工应聘成功所依赖的能力(参见图2－38)。

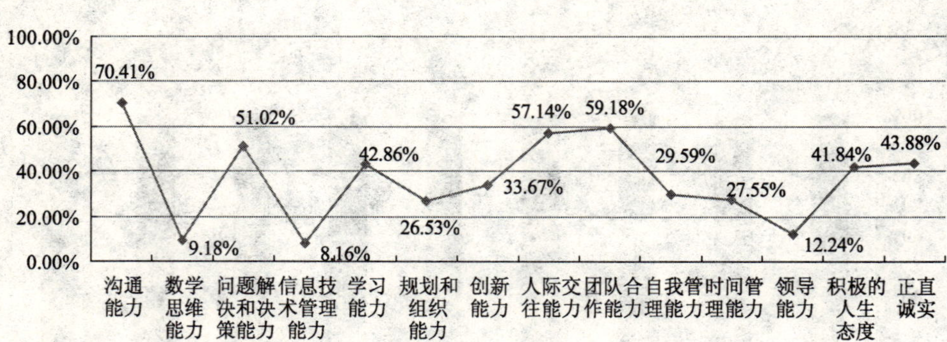

图 2－38　中国私营企业认为员工应聘成功所依赖的能力

(3)本国股份制企业。本国股份制企业对于员工应聘成功所依赖的能力中，占比例最大的是选择沟通能力的人，占了 81.58%，其次，65.79% 的人选择团队合作能力，再次，65.7% 的人选择了问题解决和决策能力。这三项是本国股份制企业认为的员工应聘成功所依赖的能力(参见图 2－39)。

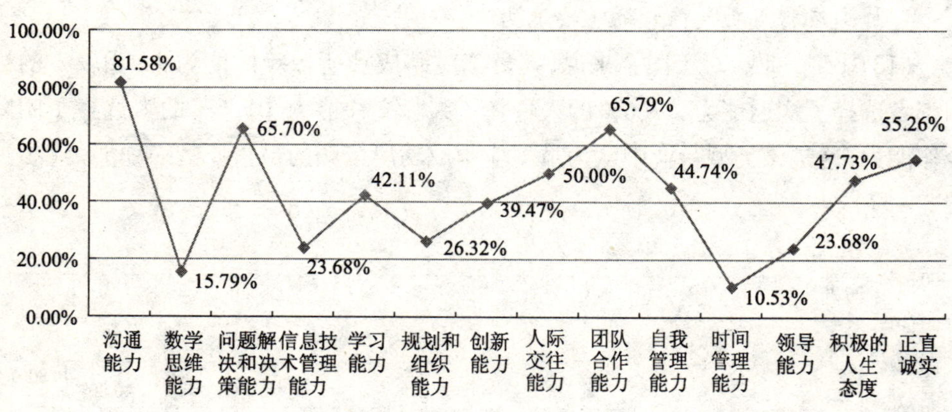

图 2－39　本国股份制企业认为员工应聘成功所依赖的能力

(4)本国合伙制企业。本国合伙制企业认为在员工应聘成功所依赖的能力中最重要的两项能力是：人际交往能力和沟通能力。其中，人际交往能力占 85.71%，沟通能力占 71.43%，是仅有的超过半数的企业认同的两项能力，可见本国合伙制企业对于沟通能力和人际交往能力需求的迫切性(参见图 2－40)。

(5)境外来华跨国企业。这类企业的被调查者中，84.44% 的人选择了沟通能力，其次是占 73.33% 的人选择了团队合作能力，再次是 66.67% 的人选择了问题解决与决策能力。这三项是此类企业认为的员工应聘所依赖的能力中排名前三位的能力(参见图 2－41)。

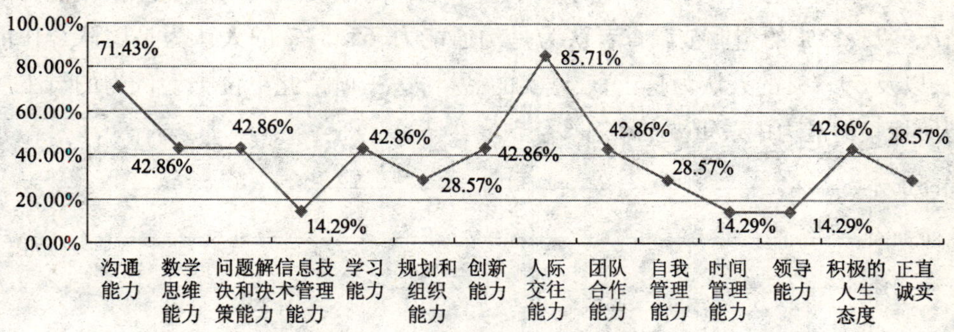

图 2-40 本国合伙制企业认为员工应聘成功所依赖的能力

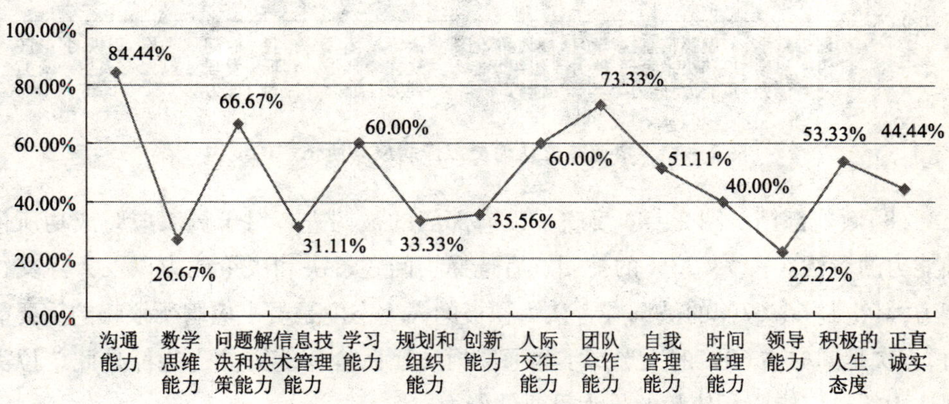

图 2-41 境外来华跨国企认为员工应聘成功所依赖的能力

(6)合资企业。此单位类型的企业中 79.17% 的人认为员工应聘成功所依赖的能力是沟通能力,第二是占 70.83% 的人际交往能力,第三是 62.5% 的团队合作能力(参见图 2-42)。

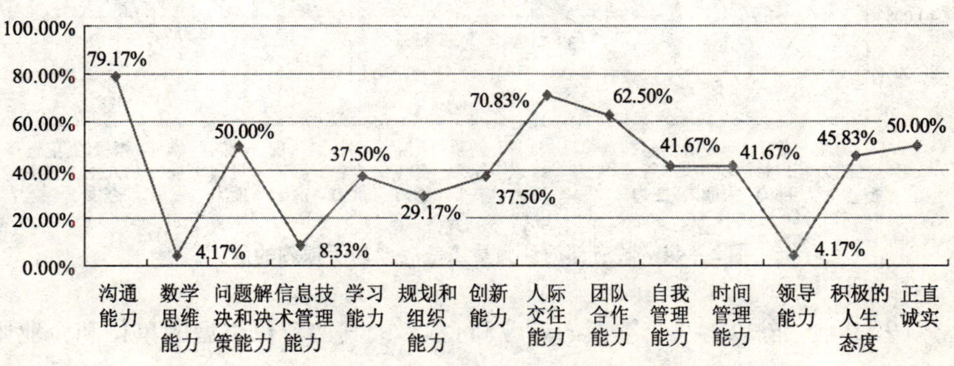

图 2-42 合资企业认为员工应聘成功所依赖的能力

(7)事业单位。图2-43显示了事业单位认为的员工应聘成功所依赖能力的情况。73.13%的企业被调查者认为是沟通能力,65.67%的人认为是团队合作能力,以及59.7%的人认为是正直、诚实的品格,这三项是此单位类型认为的员工应聘所依赖的能力中最重要的。

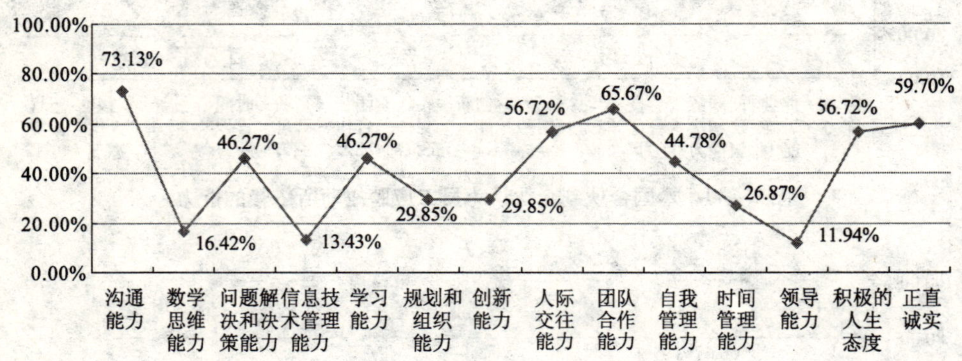

图2-43 事业单位认为员工应聘成功所依赖的能力

(8)政府部门。图2-44反映了政府部门的被调查者对于员工应聘成功所依赖能力的看法。占73.33%的被调查者选择了问题解决和决策能力以及人际交往能力,其次是66.67%的被调查者认为积极的人生态度是员工应聘所依赖的重要能力,再次是同样占60%的人选择了沟通能力和团队合作能力。这些都是此单位类型认为的员工应聘所依赖的最为重要的能力。

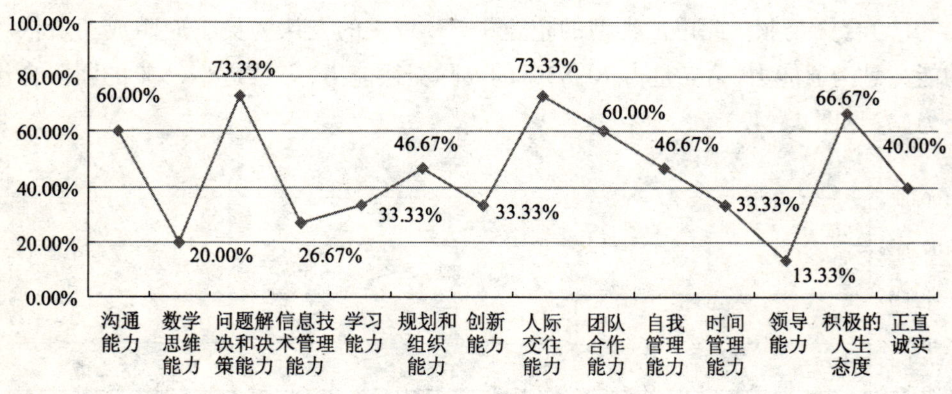

图2-44 政府部门认为员工应聘成功所依赖的能力

(9)其他。除以上八个类型的单位和企业外,其他单位类型的单位和企业则认为沟通能力、学习能力、积极的人生态度以及正直、诚实是员工应聘成功所必须具备的重要能力(参见图2-45)。

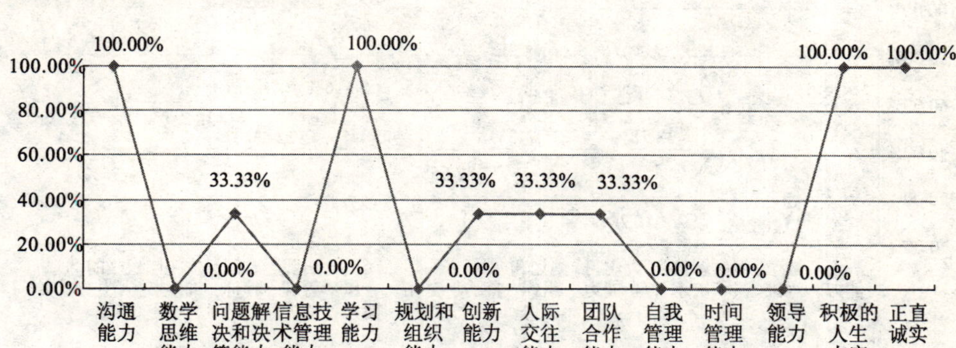

图2-45 其他类型的单位认为员工应聘成功所依赖的能力

从总体情况来看,各单位类型的单位和企业普遍认为沟通能力、问题解决和决策能力、人际交往能力以及团队合作能力是员工应聘成功所依赖的比较重要的能力,即只有具备这些就业能力的劳动者才可能打败竞争者成功应聘到某个职位或工作。

5. 员工提职所依赖的重要能力

(1)国有企业。对于国有企业来说,69.6%的被调查者认为问题解决和决策能力是员工提职所依赖的就业能力中第一重要的,67.2%的人则认为是沟通能力,63.2%的被调查者认为是人际交往能力(参见图2-46)。

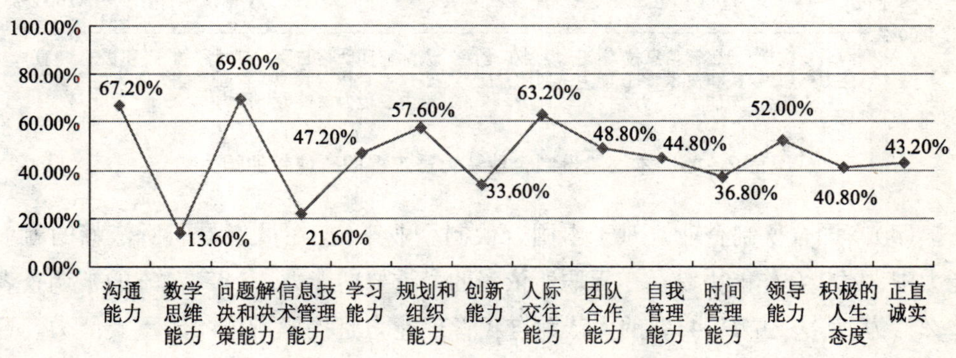

图2-46 国有企业认为员工提职所依赖的能力

(2)中国私营企业。对私营企业来说,65.31%的被调查者认为在员工提职所依赖的能力中人际交往能力是最重要的;其次,团队合作能力以及沟通能力也都是此单位类型的企业和单位认为的员工提职所依赖的重要能力(参见图2-47)。

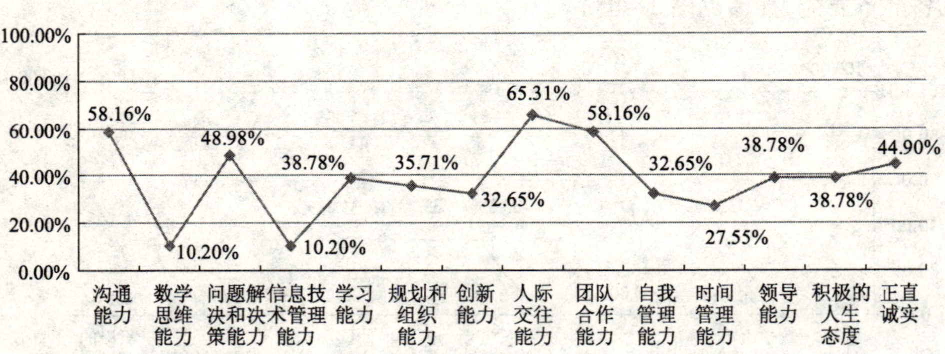

图 2-47 中国私营企业认为员工提职所依赖的能力

（3）本国股份制企业。本国股份制企业在所有十四项能力中认为问题解决和决策能力是员工提职时所依赖的最重要能力，所占比例是 73.68%；其次，71.05% 的被调查者认为规划和组织能力是提职所依赖的重要能力；再次，63.61% 的被调查者认为沟通能力也是员工提职所依赖的重要能力（参见图 2-48）。

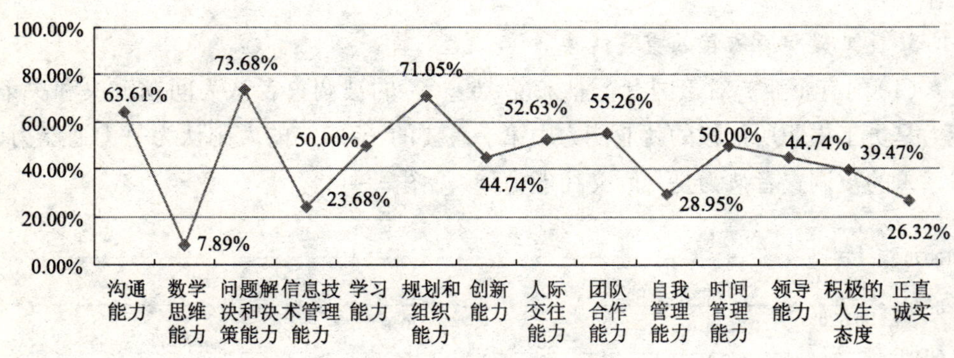

图 2-48 本国股份制企业认为员工提职所依赖的能力

（4）本国合伙制企业。对于本国合伙制企业来说，在员工提职所依赖的就业能力中，团队合作能力是员工提职所依赖的最重要的能力，有 85.71% 的被调查者这么认为；其次，占 71.43% 的人认为自我管理能力是提职所依赖的重要能力。这两项能力在全部十四项能力中的评价是特别高的两项，可见这两项能力对本国合伙制企业来说的重要性（参见图 2-49）。

（5）境外来华跨国企业。境外来华跨国企业的员工提职时重视的能力依次是团队合作能力（占 62.23%）、领导能力（占 62.22%）以及问题解决和决策能力（占 60.00%，参见图 2-50）。

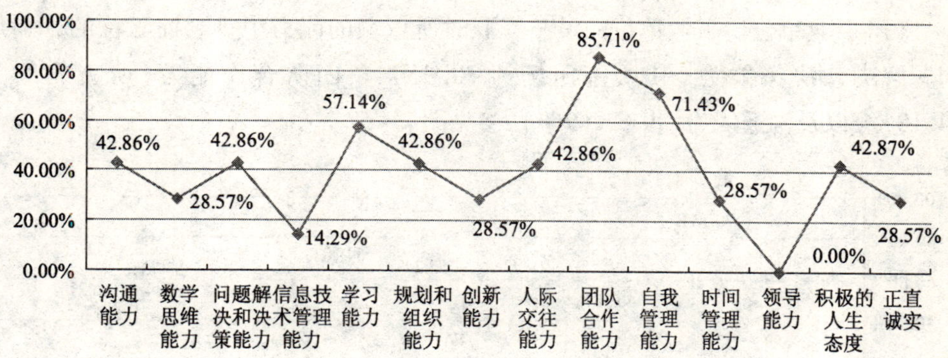

图 2-49　本国合伙制企业认为员工提职所依赖的能力

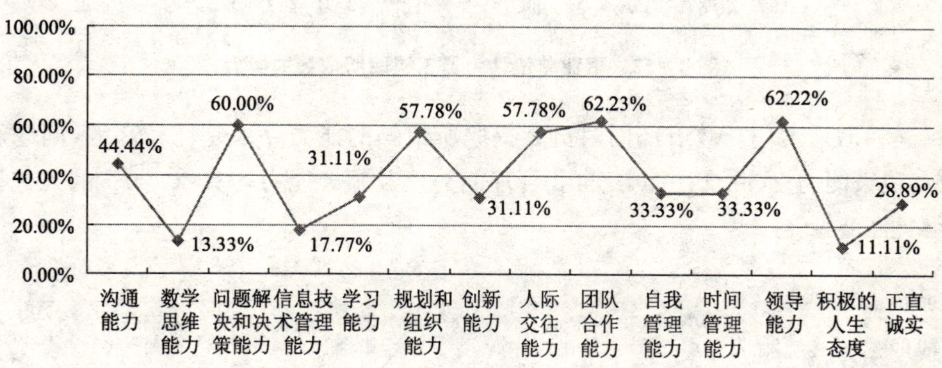

图 2-50　境外来华跨国企业认为员工提职所依赖的能力

(6)合资企业。合资企业的员工提职时所依赖的能力依次为问题解决和决策能力(75%)、沟通能力(62.5%)和规划和组织能力(62.5%),参见图 2-51。

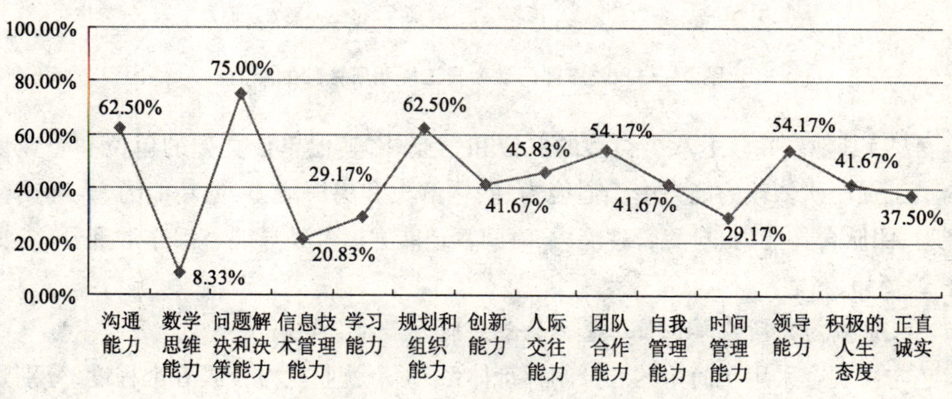

图 2-51　合资企业认为员工提职所依赖的能力

(7)事业单位。事业单位的员工提职时所依赖的能力中排名前三位的分别是问题解决和决策能力(其所占比例为70.15%)、团队合作能力(所占比例为64.18%)以及沟通能力(占62.69%),参见图2-52。

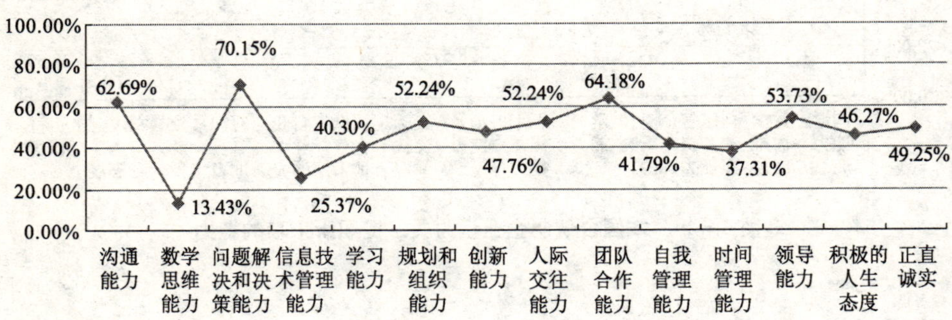

图2-52 事业单位认为员工提职所依赖的能力

(8)政府部门。政府部门对员工提职所依赖的能力要求是比较高的,问题解决和决策能力、人际交往能力、自我管理能力以及领导能力均有80.00%的人选择(参见图2-53)。

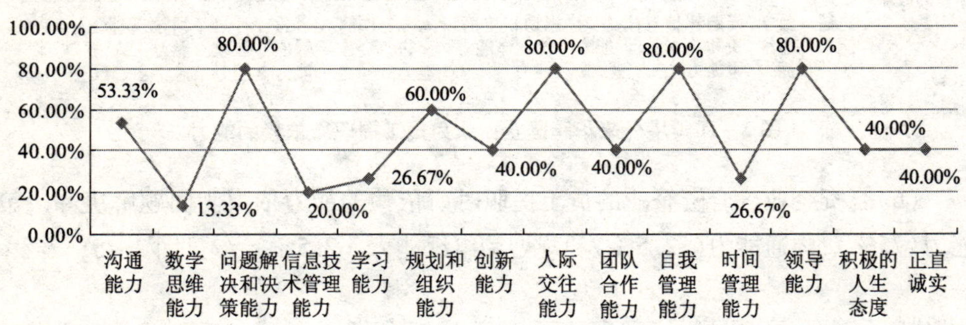

图2-53 政府部门认为员工提职所依赖的能力

(9)其他。除以上八个类型的单位和企业外,其他单位类型的单位和企业认为员工提职所依赖的能力中沟通能力、问题解决和决策能力、创新能力、人际交往能力、团队合作能力、自我管理能力、时间管理能力以及领导能力都非常重要(参见图2-54)。

6.调查对象所在单位员工总体的就业能力

本次调查采用了简单的五分制评价体系,每个就业能力分成五个程度,分别是"很强"、"强"、"一般"、"差"和"很差",在进行数据统计和分析时我们把"很强"计

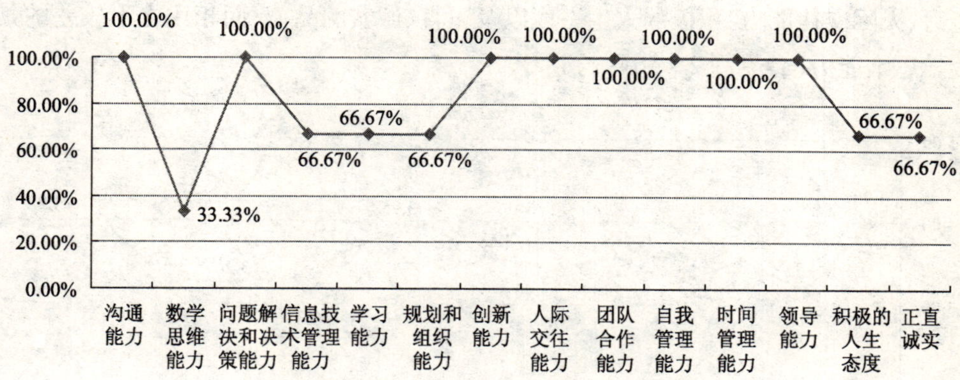

图 2－54　其他类型的单位认为员工提职所依赖的能力

算为 5 分,"强"计算为 4 分,"一般"计算为 3 分,"差"计算为 2 分,"很差"计算为 1 分。调查显示,对于不同的能力企业和单位对自己的员工有不同的评价,我们的调查结果可总结如下。

(1) 国有企业。从总体上看,该单位类型的企业和单位对其员工总体就业能力的评价是介于 3 和 4 之间的,即介于"一般"和"强"之间的,其中较强的能力是人际交往能力以及正直、诚实的品德,相比之下比较差的能力是数学思维能力、自我管理能力和时间管理能力(参见图 2－55)。

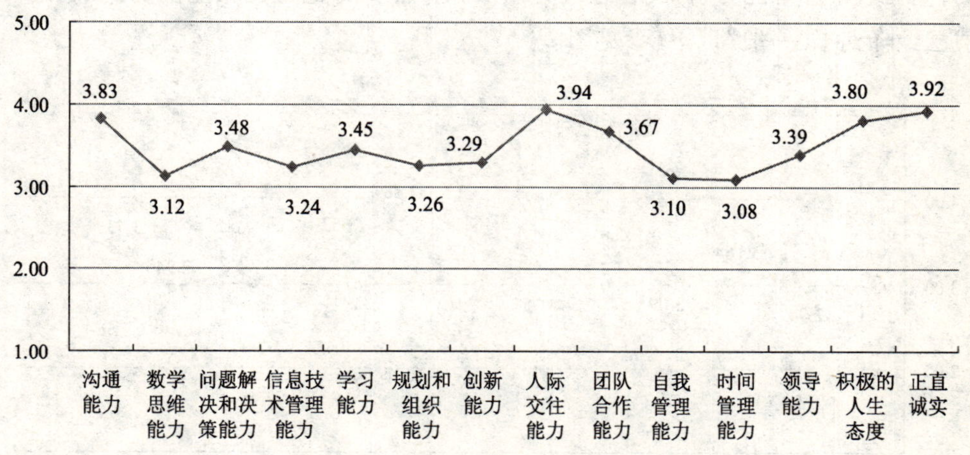

图 2－55　国有企业对其员工目前总体就业能力的评价

(2) 中国私营企业。该单位类型中的单位和企业对其员工总体就业能力的评价同样是介于 3 和 4 之间,即介于"一般"和"强"之间,其中比较好的能力是沟通能力、人际交往能力、积极的人生态度以及正直、诚实的品德，而相比之下较差的是数学思维能力（参见图2-56）。

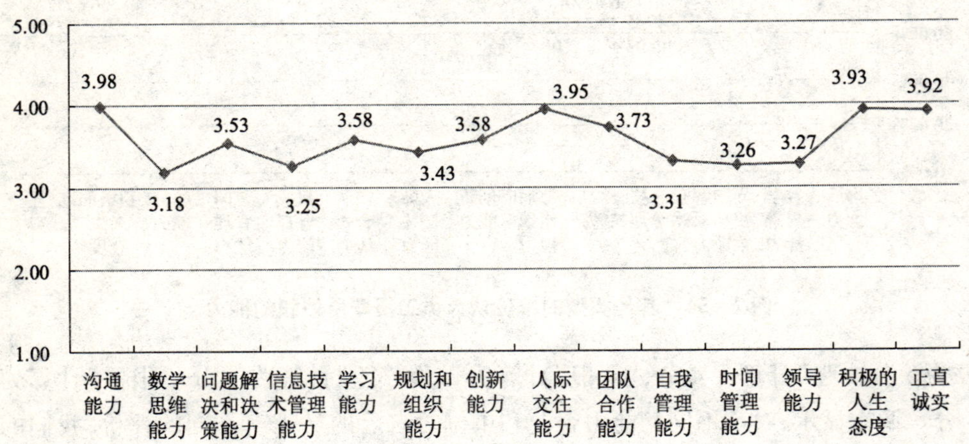

图2-56　中国私营企业对其员工目前总体就业能力的评价

（3）本国股份制企业。该单位类型的企业和单位对其员工总体就业能力的评价是介于2和4之间的，即“差”、“一般”以及“强”之间的。本国股份制企业的被调查者认为其员工在沟通能力、人际交往能力以及正直、诚实的品德方面是比较好的，而在数学思维能力、自我管理能力以及领导能力方面是比较差的，此三项的均值已经降到了“一般”以下（参见图2-57）。

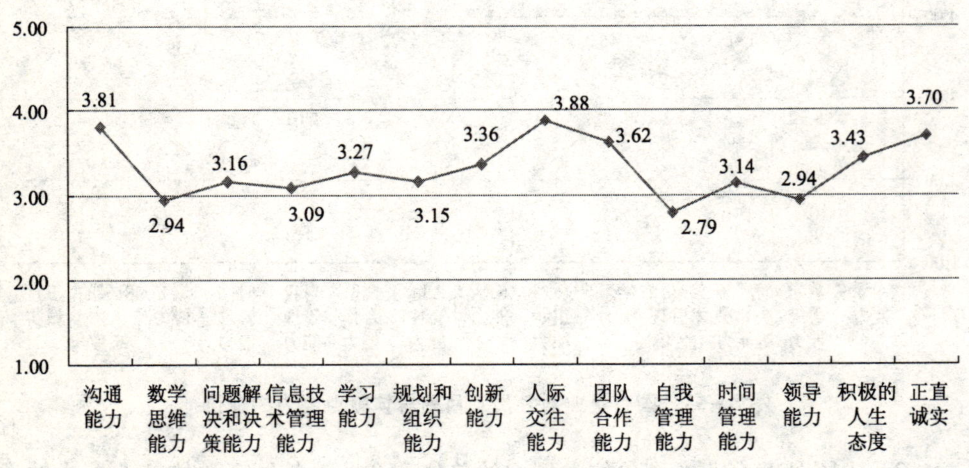

图2-57　本国股份制企业对其员工目前总体就业能力的评价

（4）本国合伙制企业。本国合伙制企业的被调查者对其员工总体就业能力的评价是介于2和4之间的，即“差”、“一般”以及“强”之间，其中，对员工学习能力的评价最高，达到了强的标准，其次是创新能力以及正直、诚实。但在团队合作能力和自我管理能力两项上却是比较差的，其均值降到了“一般”以下（参见图2－58）。

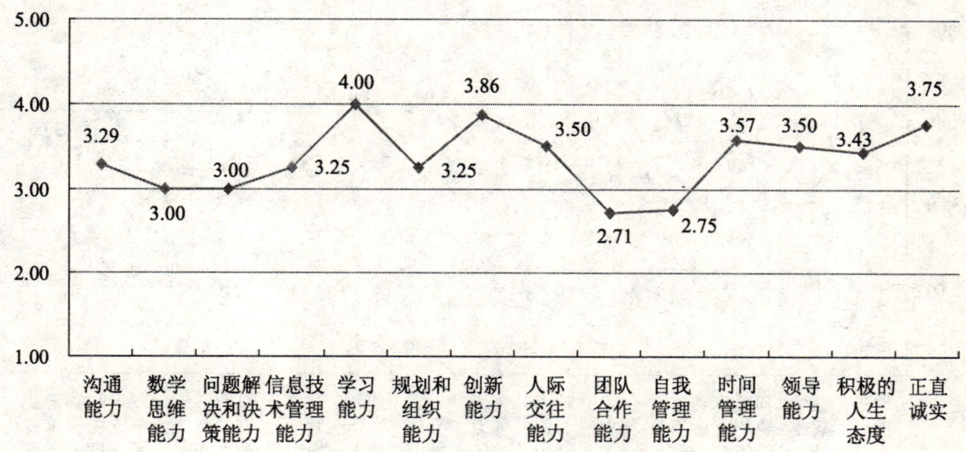

图2－58 本国合伙制企业对其员工目前总体就业能力的评价

（5）境外来华跨国企业。境外来华跨国企业的被调查者对其员工总体就业能力的评价是介于3和4之间的，即介于“一般”和“强”之间，并且其均值的大小没有特别明显的波动，说明该单位类型中员工的总体就业能力的情况还是比较好的，并且各个能力的程度是比较均匀的，较好的是沟通能力、正直诚实以及人际交往能力（参见图2－59）。

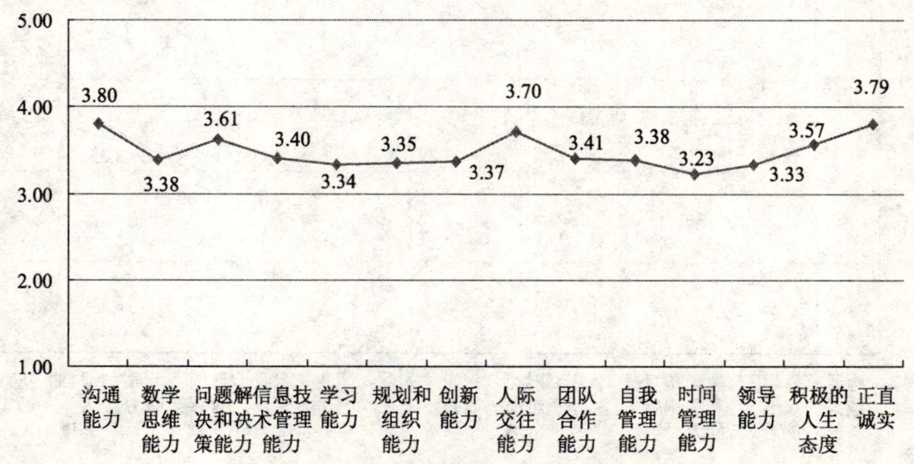

图2－59 境外来华跨国企业对其员工目前总体就业能力的评价

（6）合资企业。合资企业的被调查者对其员工总体就业能力的评价是介于3和4之间的，即介于“一般”和“强”之间，其中达到“强”这个标准的有沟通能力、人际交往能力，较强的有团队合作能力和积极的人生态度。但相对的，数学思维能力、时间管理能力两项弱一些（参见图2－60）。

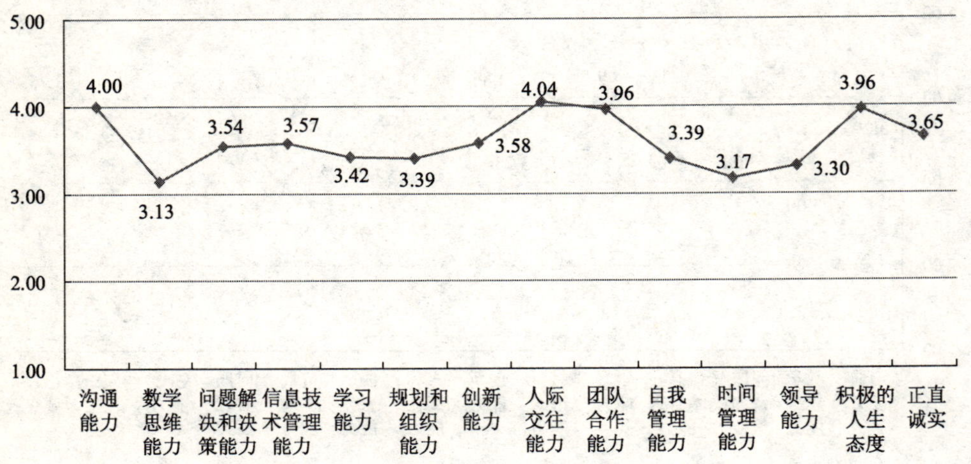

图2－60　合资企业对其员工目前总体就业能力的评价

（7）事业单位。事业单位的被调查者对其员工总体就业能力的评价介于2和4之间，即“差”、“一般”和“强”之间。这说明受调查者普遍认为事业单位员工的总体就业能力一般，其中相对较强的是沟通能力以及正直、诚实，而相对较弱的是自我管理能力以及时间管理能力，并且此两项均值已经降到了一般以下（参见图2－61）。

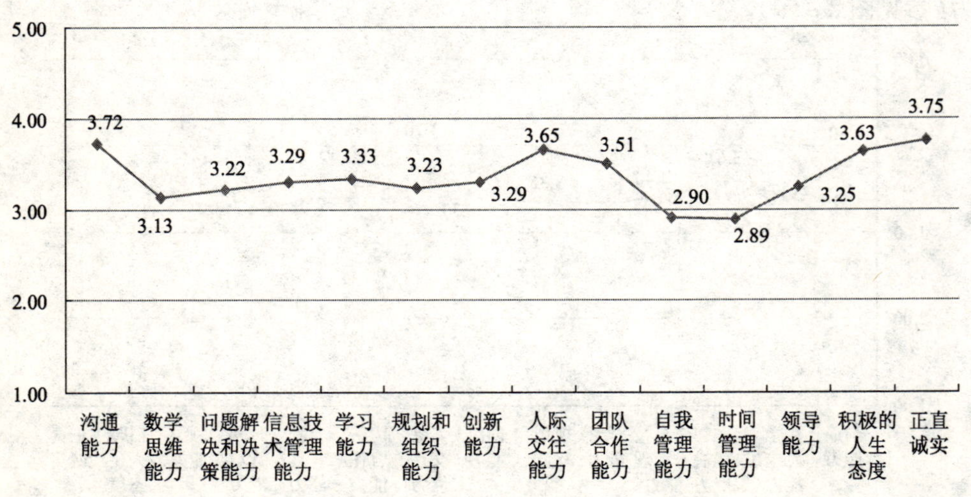

图2－61　事业单位对其员工目前总体就业能力的评价

（8）政府部门。政府部门的受调查者对其员工目前就业能力的总体评价是介于3和4之间的，即介于“一般”和“强”之间的，其中达到“强”这个标准的是沟通能力和人际交往能力，而相对较差的是创新能力和信息技术管理能力（参见图2－62）。

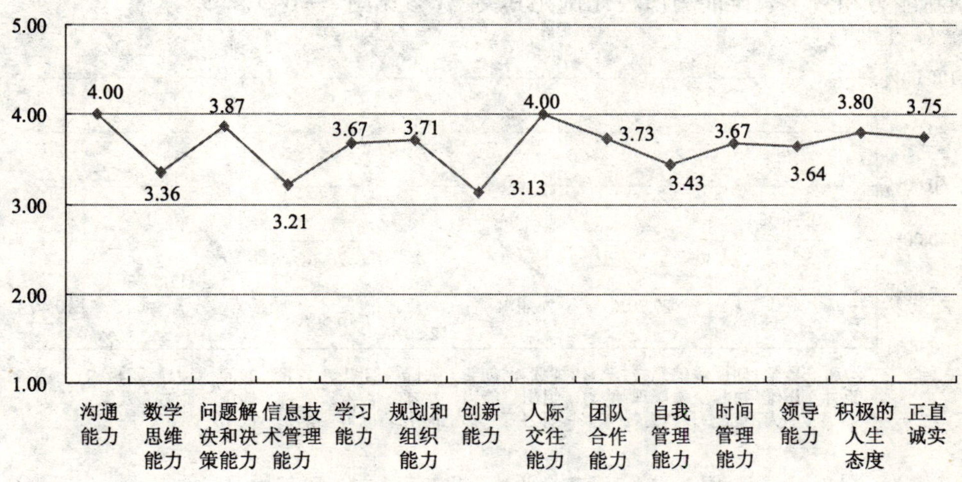

图2－62 政府部门对其员工目前总体就业能力的评价

（9）其他。除以上八个类型的企业外，其他单位类型的单位和企业对其员工总体就业能力的评价跨度很大，介于1和4之间的，即“很差”、“差”、“一般”、“强”之间。其中最好的是积极的人生态度以及正直、诚实，但最差的是自我管理能力和时间管理能力，这两项甚至接近于“很差”这个标准，其他的能力分布在“差”和“一般”之间（参见图2－63）。

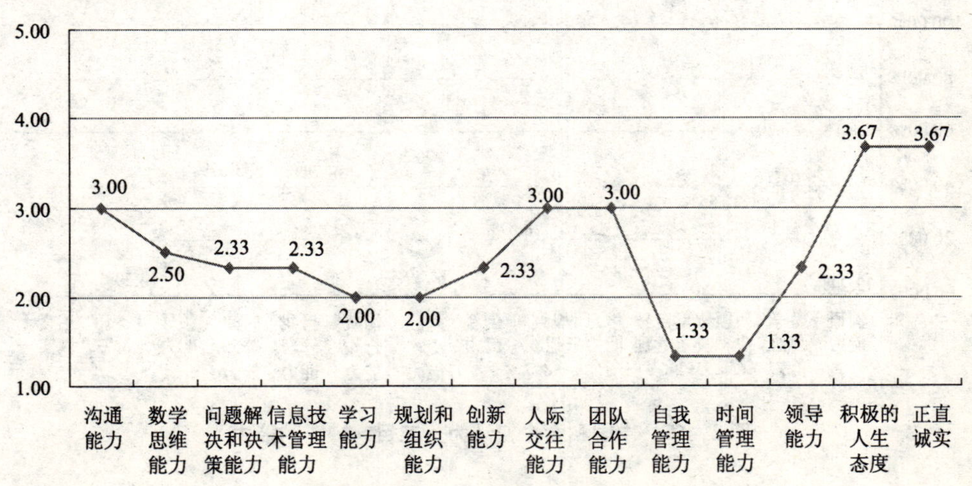

图2－63 其他类型的单位对其员工目前总体就业能力的评价

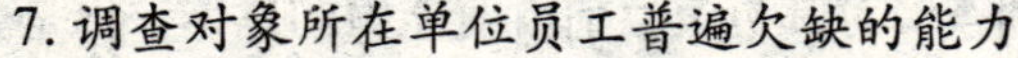

7. 调查对象所在单位员工普遍欠缺的能力

(1)国有企业。对于员工目前普遍缺乏的能力,国有企业认为其单位的员工普遍缺乏的是创新能力,其次是数学思维能力,再次是学习能力,和其他能力相比,创新能力和数学思维能力所占比例尤其突出(参见图2－64)。

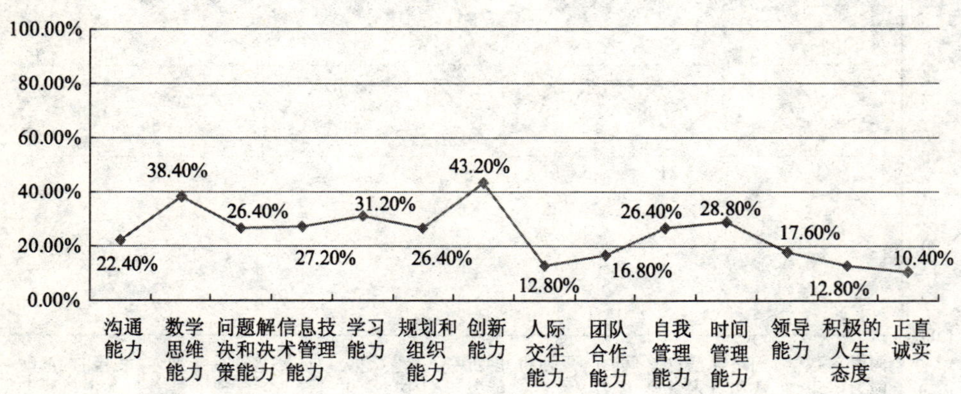

图2－64　国有企业认为员工目前缺乏的能力

(2)中国私营企业。中国私营企业的受调查者认为其员工普遍缺乏的能力中排名前三位的情况如下:38.78%的私营企业被调查者认为其员工最缺乏的是自我管理能力,37.76%的人选择了创新能力,选择了数学思维能力的人所占比例为34.69%。此外,时间管理能力也是此单位类型的企业认为其员工比较缺乏的能力(参见图2－65)。

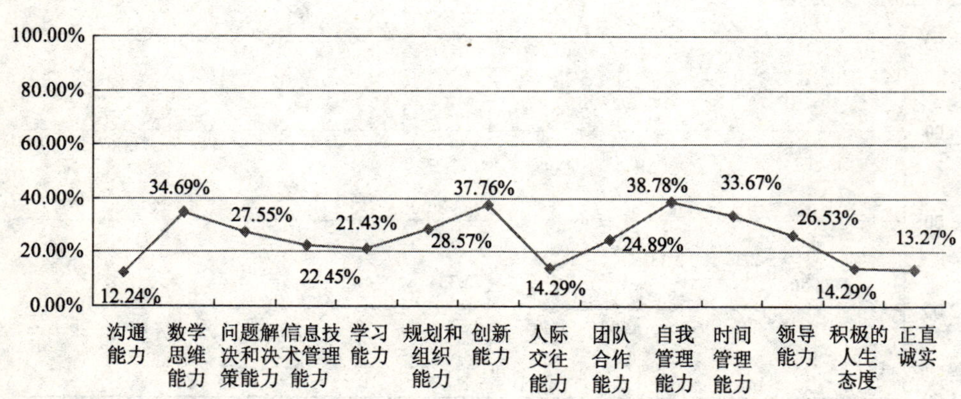

图2－65　中国私营企业认为员工目前缺乏的能力

(3)本国股份制企业。本国股份制企业的被调查者中有47.37%的人认为其员工最缺乏的是创新能力,其次,42.11%的人认为其员工缺乏的是问题解决和决策能力,再次,34.21%的人认为自我管理能力是其所在单位员工普遍缺乏的能力(参见图2-66)。

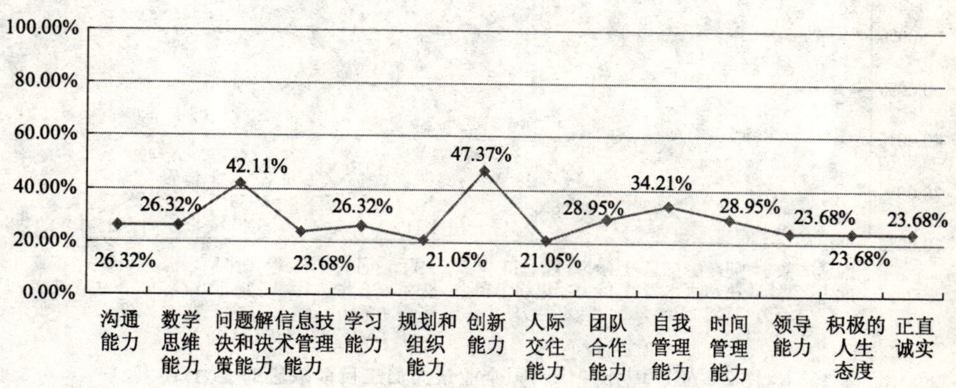

图2-66 本国股份制企业认为员工目前缺乏的能力

(4)本国合伙制企业。本国合伙制企业的被调查者认为其员工普遍缺乏的能力较多,而且意见相对一致,他们认为员工很缺乏沟通能力、数学思维能力、创新能力以及自我管理能力(四种能力均占57.14%),其次,本国合伙制企业还认为其员工缺乏问题解决和决策能力、规划和组织能力、时间管理能力以及领导能力(四种能力均占42.86%),参见图2-67。

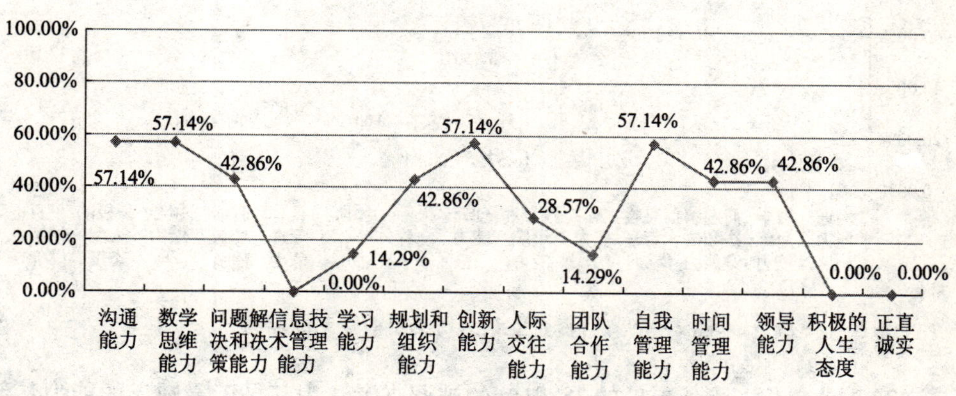

图2-67 本国合伙制企业认为员工目前缺乏的能力

(5)境外来华跨国企业。境外来华跨国企业的被调查者认为其员工缺乏的能

力中前三位的排名情况如下:被调查者认为其员工最缺乏的是数学思维能力,占35.56%,有33.33%的被调查者认为其员工缺乏创新能力,28.89%的被调查者认为其员工还缺乏规划和组织能力(参见图2-68)。

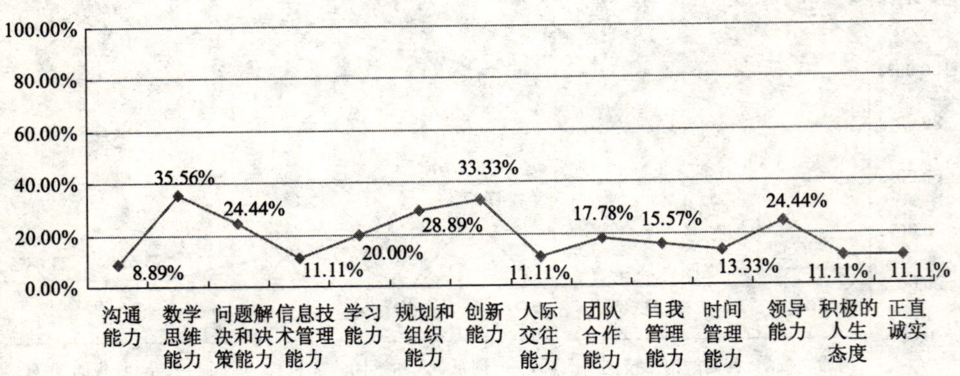

图2-68　境外来华跨国企业认为员工目前缺乏的能力

(6)合资企业。合资企业的被调查者认为其员工最缺乏的能力是正直诚实的品德,所占比例为42.50%,其次,41.67%的被调查者选择了数学思维能力,再次,37.50%的人选择了创新能力,这三项能力对此单位类型来说是比较普遍欠缺的能力(参见图2-69)。

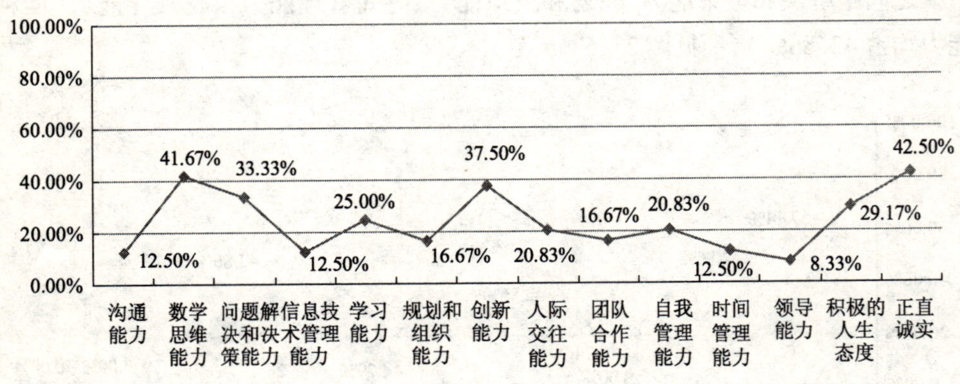

图2-69　合资企业认为员工目前缺乏的能力

(7)事业单位。事业单位的38.81%的被调查者认为其员工最缺乏的能力是创新能力,其次,34.33%的被调查者认为其员工缺乏规划和组织能力,再次,占32.84%的被调查者认为其员工缺乏自我管理能力。另外,有占31.34%的被调查者认为其员工的数学思维能力和问题解决和决策能力也是比较缺乏的(参见图2－70)。

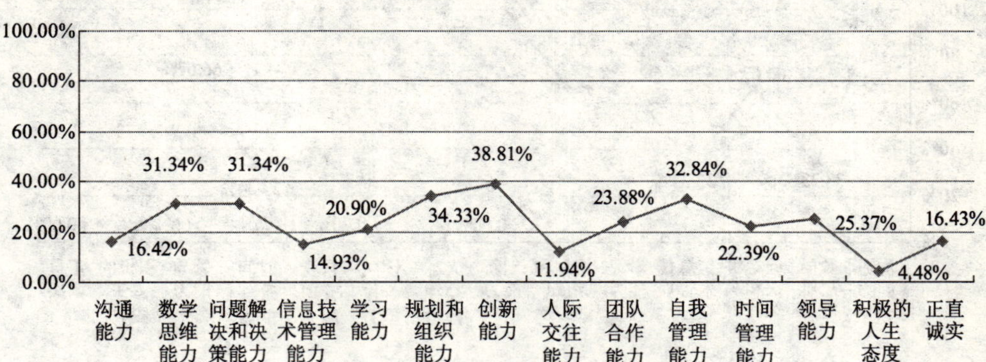

图2－70 事业单位认为员工目前缺乏的能力

(8)政府部门。政府部门的被调查者普遍认为其员工最缺乏的能力是创新能力,其比例高达66.67%,是此单位类型中员工所缺乏的最重要的能力,其次,占40%的被调查者认为其员工还缺乏数学思维能力,再次,占33.33%的被调查者认为其员工缺乏信息技术管理能力(参见图2－71)。

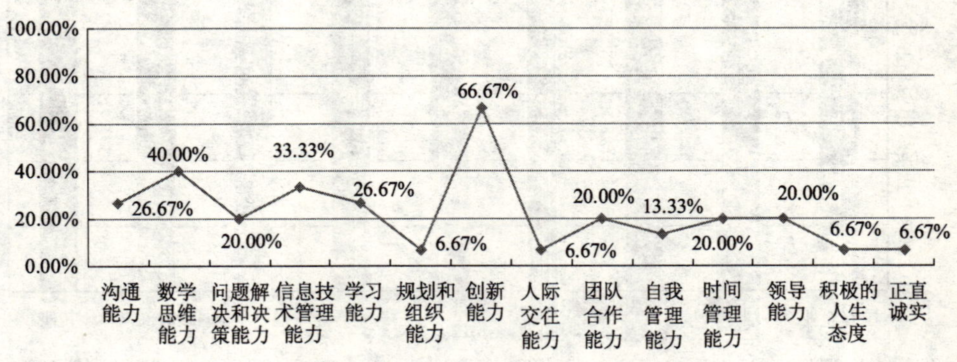

图2－71 政府部门认为员工目前缺乏的能力

(9)其他。除以上八个类型的单位和企业外,其他单位类型的单位和企业都认为其员工最普遍缺乏的能力是沟通能力、创新能力以及自我管理能力,其比例均占到了100%,此外还有占66.67%的被调查者认为其员工还缺乏问题解决和决策能力、学习能力、规划和组织能力以及领导能力。由此,需要整体性的能力提升,从而提高这些单位的竞争力(参见图2－72)。

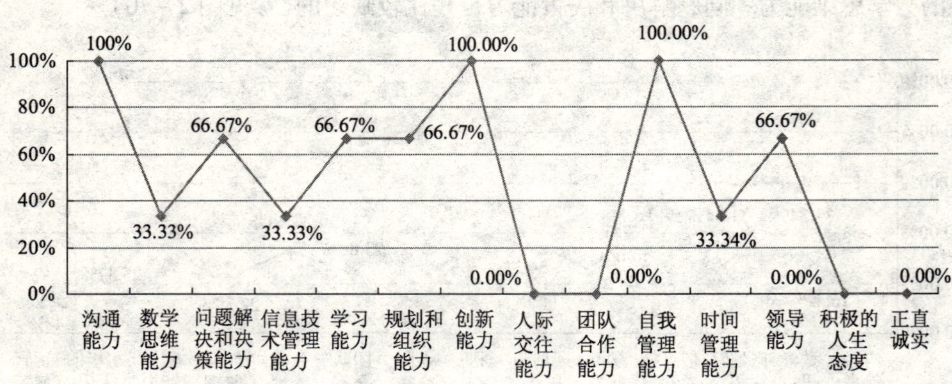

图 2－72　其他类型的单位认为员工目前缺乏的能力

8. 辞退员工与员工就业能力相关性

从调查得出的结论来看，不同单位类型的单位和企业在辞退员工时的原因普遍都与员工的就业能力有关。可见，员工就业能力的高低是各单位类型的单位和企业都很重视的，如果不符合其要求，被辞退的可能性就很大。

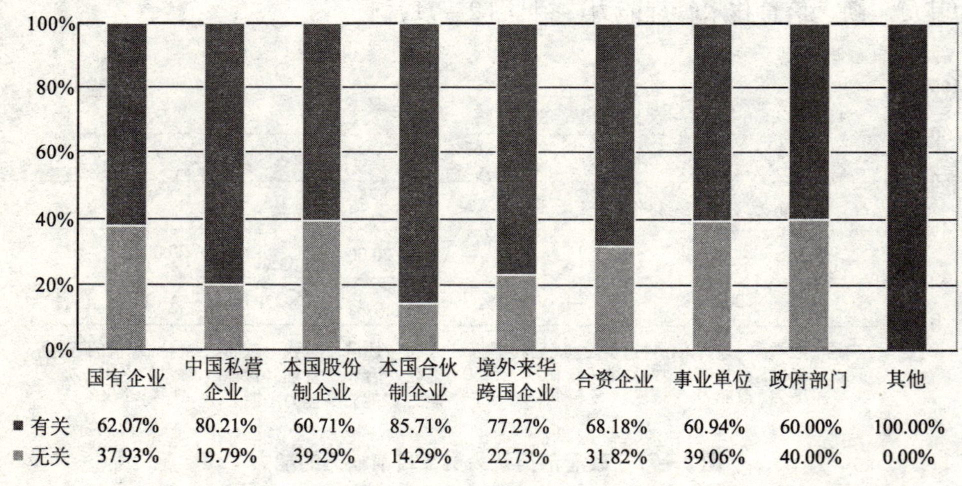

	国有企业	中国私营企业	本国股份制企业	本国合伙制企业	境外来华跨国企业	合资企业	事业单位	政府部门	其他
■ 有关	62.07%	80.21%	60.71%	85.71%	77.27%	68.18%	60.94%	60.00%	100.00%
■ 无关	37.93%	19.79%	39.29%	14.29%	22.73%	31.82%	39.06%	40.00%	0.00%

图 2－73　不同类型的单位和企业辞退员工的原因是否和就业能力有关

9. 单位辞退员工与员工哪些能力的欠缺相关

根据我们的调查和研究，对比所有的行业和类型，可以得出如下结论。

（1）国有企业。从总体情况来看，缺乏沟通能力、问题解决和决策能力、自我管理能力以及正直诚实的态度、人际交往是员工被单位辞退的主要的五个原因，且其所占比例较其他能力而言是比较高的，因此需要引起所有劳动者的重视，以提高

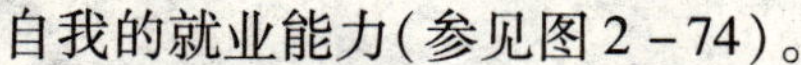
自我的就业能力(参见图2-74)。

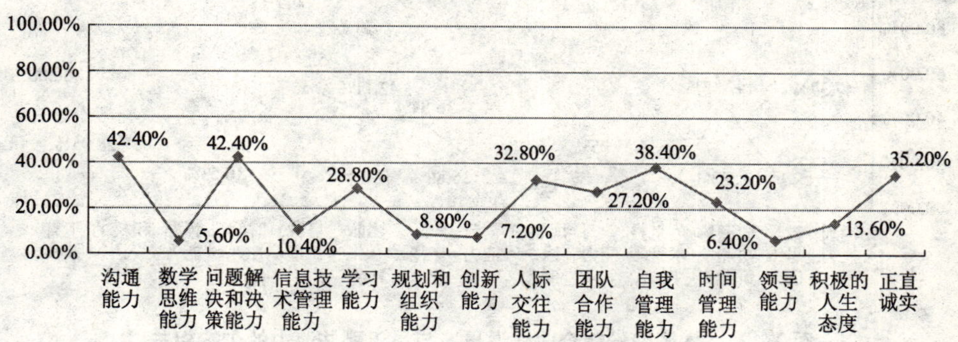

图2-74 国有企业辞退员工与员工哪些能力的欠缺相关

(2) 中国私营企业。中国私营企业的被调查者中,有45.92%的人认为员工缺乏正直诚实的品德是其员工被辞退的最重要的原因,其次,44.9%的被调查者认为缺乏团队合作能力也是重要的一个原因,再次,占43.83%的被调查者还选择了沟通能力,此外,还有自我管理能力、问题解决和决策能力等能力的缺乏也很可能导致员工被辞退(参见图2-75)。

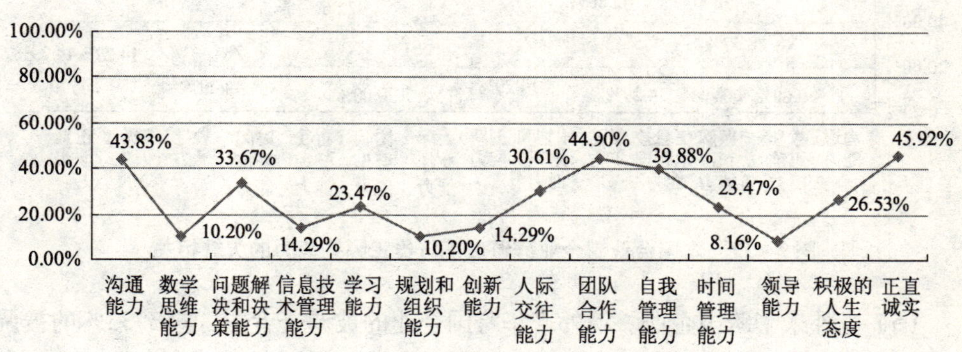

图2-75 中国私营企业辞退员工与员工哪些能力的欠缺相关

(3) 本国股份制企业。本国股份制企业的被调查者中,有52.63%的被调查者认为自我管理能力是其员工被辞退的重要原因,其次是50%选择了正直诚实的品德,再次同样占47.37%的被调查者选择了沟通能力和问题解决和决策能力。从被调查者的整体评价来看,缺乏这四项重要的能力,可能是致使该单位类型员工被淘汰的重要因素(参见图2-76)。

(4) 本国合伙制企业。本国合伙制企业的被调查者中,有占57.14%的被调查

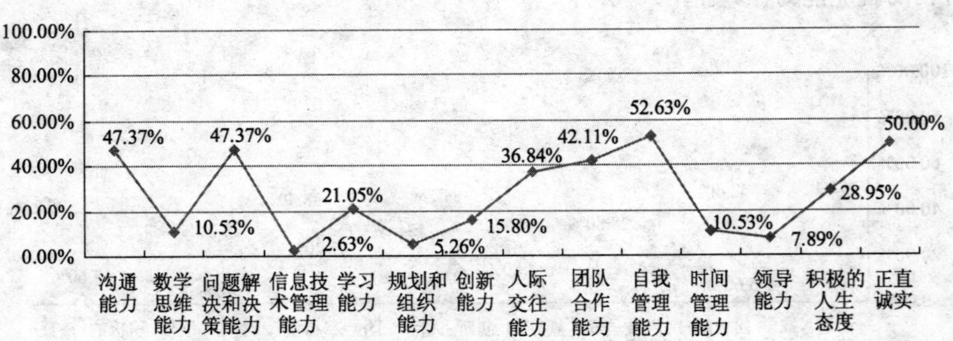

图2－76　本国股份制企业辞退员工与员工哪些能力的欠缺相关

者认为其员工缺乏沟通能力、创新能力、人际交往能力以及领导能力是其员工被辞退的最重要的四项能力，此外，还有占42.86%的被调查者认为缺乏学习能力以及团队合作能力也是其员工被辞退的重要因素(参见图2－77)。

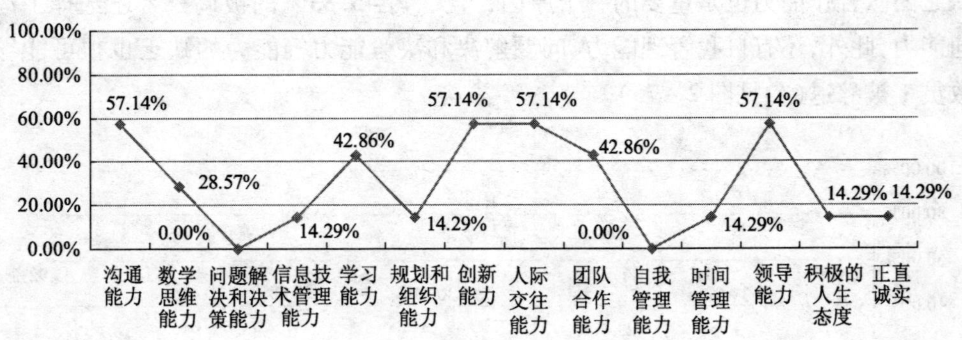

图2－77　本国合伙制企业辞退员工与员工哪些能力的欠缺相关

(5) 境外来华跨国企业。境外来华跨国企业的被调查者中，占53.33%的被调查者认为其员工可能会因欠缺团队合作能力而被辞退，这项能力对于该单位类型的企业来说是比较重要的。其次，占35.57%的被调查者认为员工会因为缺乏正直诚实的品德而被辞退，再次，占28.89%的被调查者认为其员工缺乏沟通能力也是其被辞退的重要原因(参见图2－78)。

(6) 合资企业。合资企业的被调查者认为导致员工被辞退的能力情况如下：占54.17%的被调查者选择了问题解决和决策能力以及团队合作能力，其次，占37.5%的人选择了沟通能力和正直、诚实的品德，再次，有33.33%选择了自我管理能力(参见图2－79)。

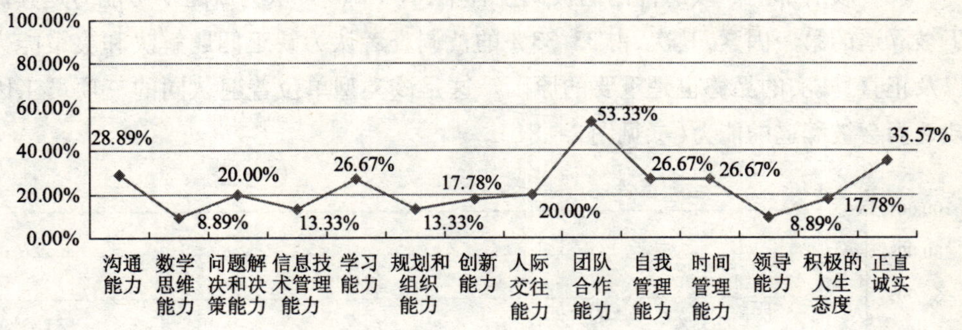

图 2-78 境外来华跨国企业辞退员工与员工哪些能力的欠缺相关

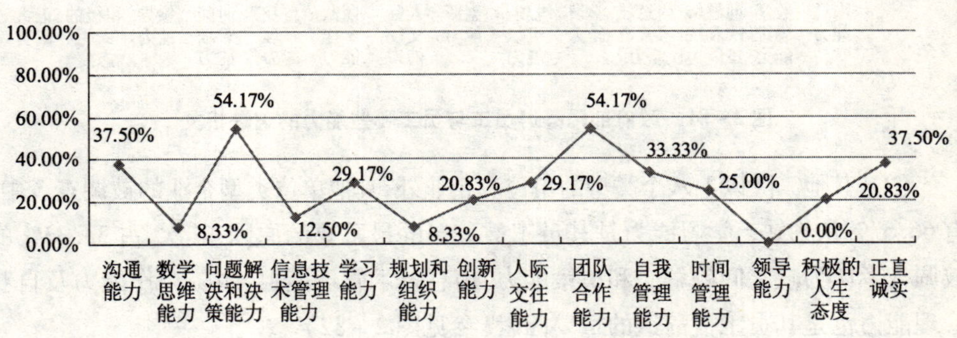

图 2-79 合资企业辞退员工与员工哪些能力的欠缺相关

（7）事业单位。事业单位的被调查者中，有 43.28% 的被调查者认为正直诚实是其员工因缺乏而被辞退的最重要的能力，其次为占 37.31% 的团队合作能力以及自我管理能力（参见图 2-80）。

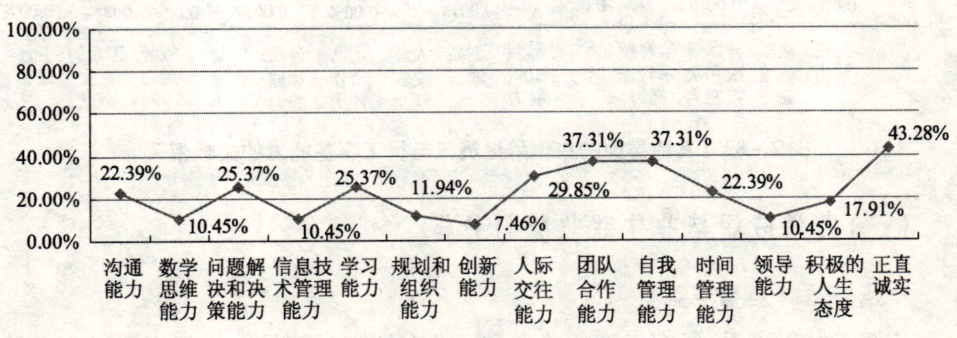

图 2-80 事业单位辞退员工与员工哪些能力的欠缺相关

(8) 政府部门。政府部门的被调查者中,有46.67%认为缺乏学习能力是其员工被辞退的第一因素,其次,占33.33%的被调查者认为缺乏问题解决和决策能力以及正直、诚实的品德也是重要的原因。这是该类型单位普遍认同的三项员工因缺乏而会被辞退的能力(参见图2-81)。

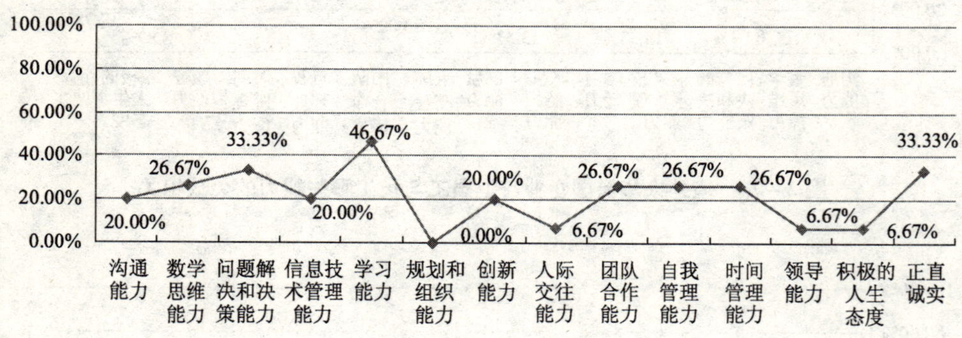

图2-81　政府部门辞退员工与员工哪些能力的欠缺相关

(9) 其他。除以上八个类型的单位和企业外,其他单位类型企业的被调查者中,有66.67%认为缺乏学习能力是其员工被辞退的最重要的原因,其次,占33.33%的被调查者认为缺乏问题解决和决策能力、信息技术管理能力、团队合作能力及自我管理能力也是其员工被辞退的重要因素(参见图2-82)。

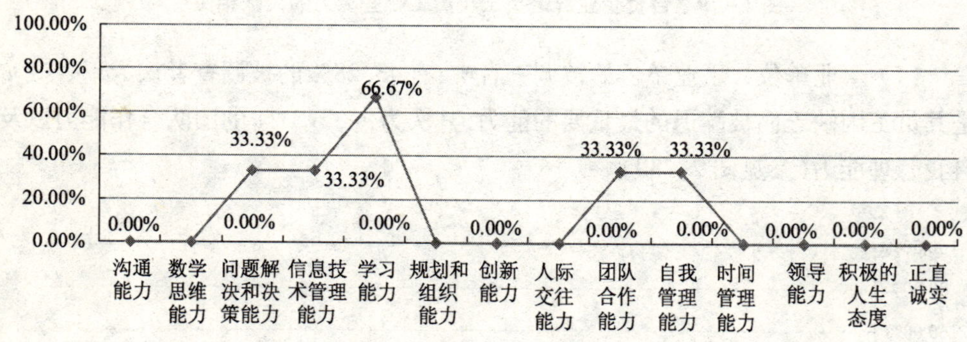

图2-82　其他类型的单位辞退员工与员工哪些能力的欠缺相关

(二)大学应届毕业生就业能力分析

1.是否招聘应届毕业生

从调查结果来看,所有类型的单位和企业在招聘时都是会招聘应届毕业生的,而且他们招聘应届生的比例远远大于不招聘的比例,即招聘应届生的情况居多数,其中，所占比例较大的有：其他100%，本国股份制企业中，92.11%的被调查者认为会招聘应届生，87.5%的合资企业被调查者认为会招聘应届生，85.94%的事业单位被调查者也认为会招聘应届生（参见图2－83）。

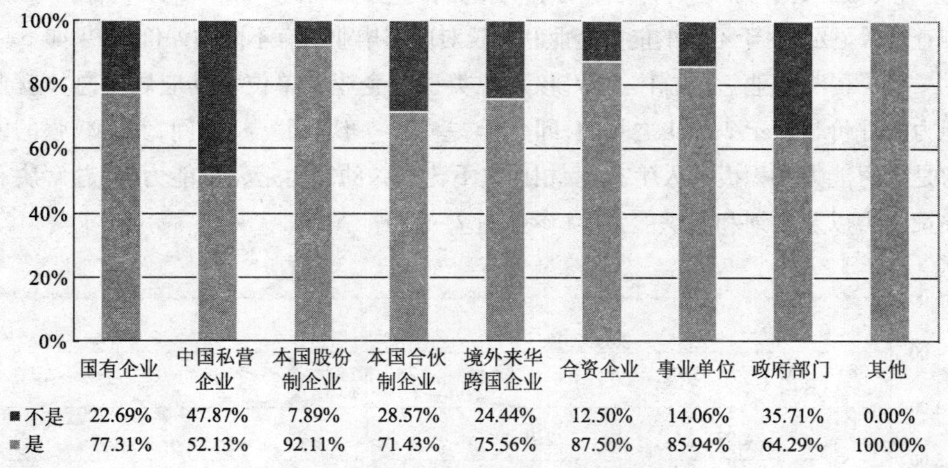

图2－83　不同类型的单位是否会招聘应届毕业生

2. 招聘初次就业的应届毕业生时对其就业能力的重视程度

图2－84显示了各类型的单位和企业在招聘应届生时是否特别重视就业能力。调查结果显示，所有的单位都比较重视就业能力，其所占的比例在各个企业中都是最大的，因此，应届生在毕业时只有具备了这些就业能力才能更好地得到用人单位的青睐，从而为自己的应聘成功加分。

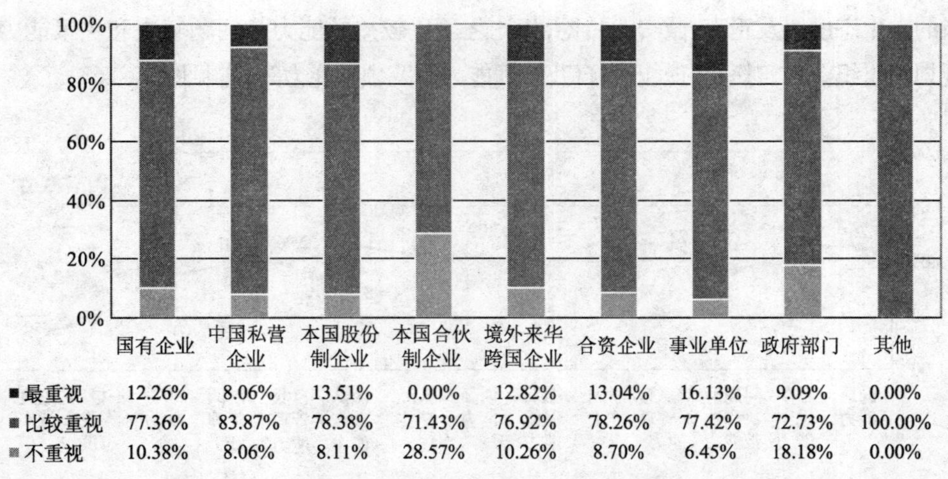

图2－84　不同类型的单位招聘初次就业的应届毕业生时对其就业能力的重视程度

3. 应届毕业生总体就业能力评价

本次调查采用了简单的五分制评价体系，每个就业能力分成五个程度，分别是“很强”、“强”、“一般”、“差”和“很差”，在进行数据统计和分析时我们把“很强”计算为5分，“强”计算为4分，“一般”计算为3分，“差”计算为2分，“很差”计算为1分。调查结果显示，对于不同的能力企业和单位对应届毕业生有不同的评价，结果如下。

（1）国有企业。从总体上看，该单位类型的企业和单位对其应届生总体就业能力的评价是介于2和4之间的，即介于“差”、“一般”和“强”之间，其中较强的能力是学习能力和积极的人生态度，相比之下比较差的能力是领导能力、问题解决和决策能力以及规划和组织能力等(参见图2－85)。

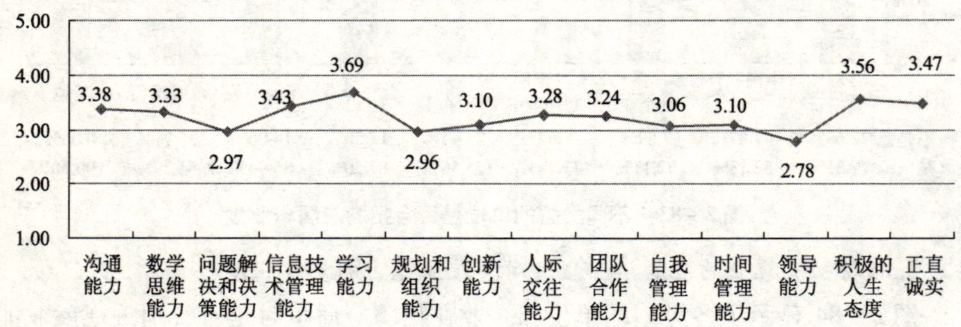

图2－85　国有企业对应届毕业生总体就业能力的评价

（2）中国私营企业。从总体上看，该单位类型的企业和单位对应届生总体就业能力的评价是介于2和4之间的，即介于“差”、“一般”和“强”之间，其中较强的能力是积极的人生态度以及正直、诚实的品德，相比之下比较差的能力是问题解决和决策能力、规划和组织能力、时间管理能力、自我管理能力以及领导能力等(参见图2－86)。

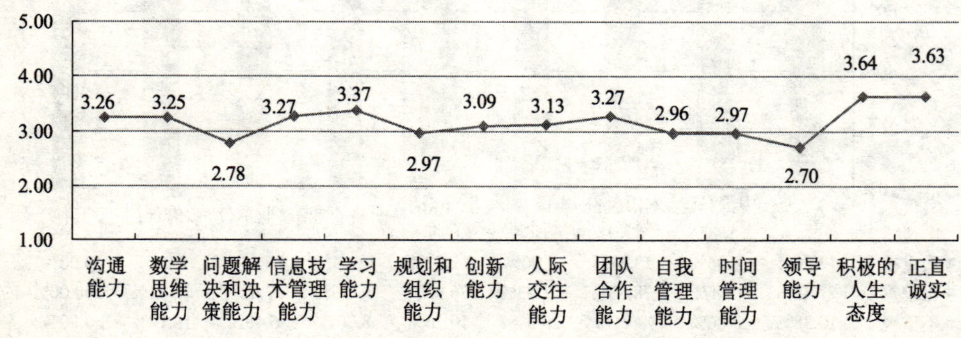

图2－86　中国私营企业对应届毕业生总体就业能力的评价

(3) 本国股份制企业。从总体上看,该单位类型的企业和单位对其应届生总体就业能力的评价是介于2和5之间的,即介于“差”、“一般”、“强”和“很强”之间,其中最好的一项能力即积极的人生态度,超过了“强”这个标准,其次较好的能力是正直诚实的品德以及学习能力,相比之下比较差的能力是问题解决和决策能力以及领导能力(参见图2-87)。

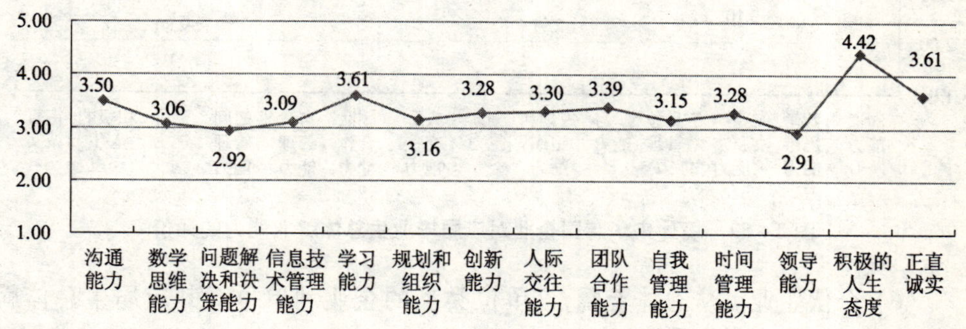

图2-87 本国股份制企业对应届毕业生总体就业能力的评价

(4) 本国合伙制企业。从总体上看,该单位类型的企业和单位对应届生总体就业能力的评价是介于3和5之间的,即介于“一般”、“强”和“很强”之间,其中最好的一项能力即积极的人生态度,超过了“强”这个标准,正直诚实也达到了“强”这个标准,其次较好的能力还有沟通能力、数学思维能力、学习能力、人际交往能力以及时间管理能力(参见图2-88)。

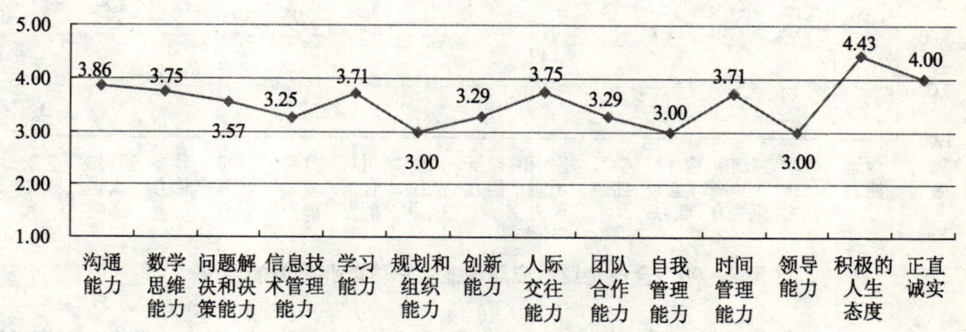

图2-88 本国合伙制企业对应届毕业生总体就业能力的评价

(5) 境外来华跨国企业。从总体上看,该单位类型的企业和单位对其应届生总体就业能力的评价是介于2和4之间的,即介于“差”、“一般”和“强”之间的,因此该单位类型认为应届生的就业能力情况是比较一般的,其中最好的能力是正直诚实的品德，其次较好的能力是学习能力和积极的人生态度，相比之下比较差的能力是规划和组织能力以及领导能力(参见图2-89)。

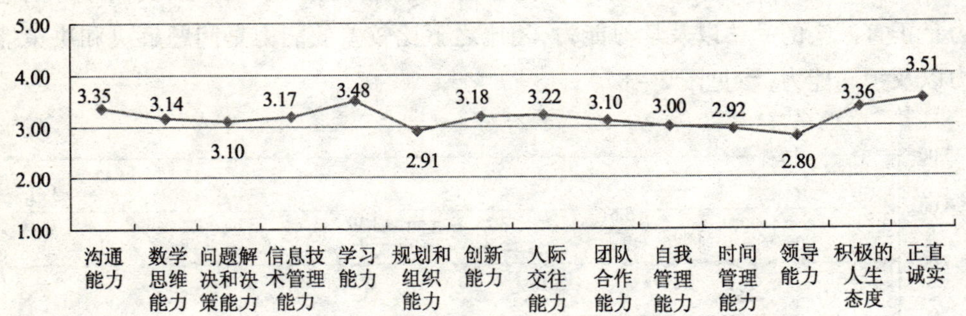

图2-89 境外来华跨国企业对应届毕业生总体就业能力的评价

(6) 合伙企业。从总体上看，该单位类型的企业和单位对其应届生总体就业能力的评价是介于2和4之间的，即介于“差”、“一般”和“强”之间的，因此该单位类型认为应届生的就业能力情况是比较一般的，其中最好的一项能力是学习能力，其次较好的能力是创新能力以及正直诚实的品德，相比之下比较差的能力是问题解决和决策能力、自我管理能力、时间管理能力以及领导能力(参见图2-90)。

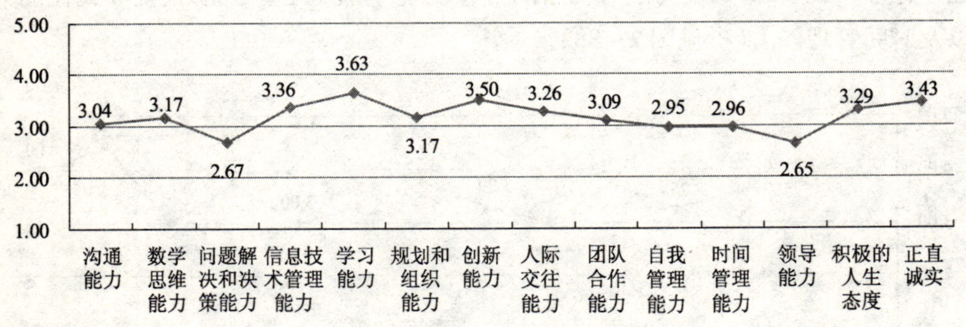

图2-90 合伙企业对应届毕业生总体就业能力的评价

(7) 事业单位。从总体上看，该单位类型的企业和单位对其应届生总体就业能力的评价是介于2和4之间的，即介于“差”、“一般”和“强”之间的，因此该单位类型认为应届生的就业能力情况是比较一般的，其中最好的一项能力即数学思维能力，超过了“强”这个标准，其次较好的能力是学习能力、信息技术管理能力以及正直、诚实的品德，相比之下比较差的能力是自我管理能力和领导能力

(参见图 2－91)。

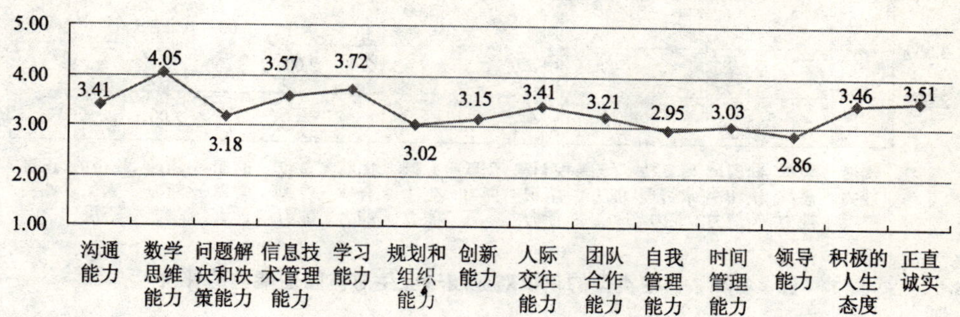

图 2－91 事业单位对应届毕业生总体就业能力的评价

(8)政府部门。从总体上看,该单位类型的企业和单位对其应届生总体就业能力的评价是介于3和4之间的,即介于“一般”和“强”之间的,因此该单位类型认为应届生的就业能力情况是良好的,其中最好的一项能力是信息技术管理能力,其次较好的能力是积极的人生态度、数学思维能力等,相比之下比较差的是创新能力(参见图 2－92)。

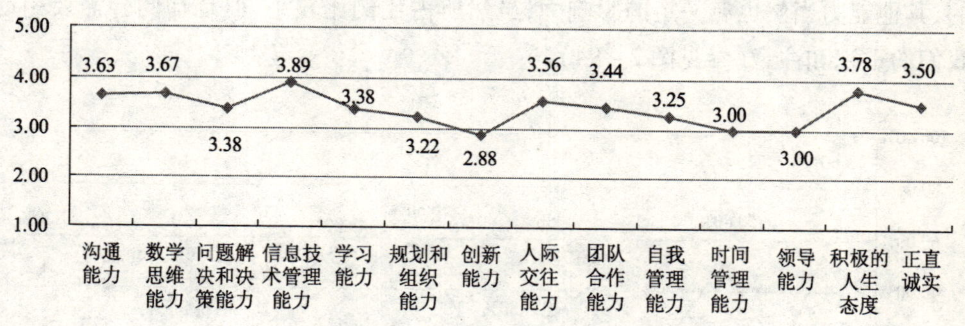

图 2－92 政府部门对应届毕业生总体就业能力的评价

(9)其他。除以上八个类型的企业之外,从总体上看其他单位类型的企业和单位对其应届生总体就业能力的评价是介于2和4之间的,即介于“差”、“一般”和“强”之间的,因此该单位类型认为应届生的就业能力情况是比较一般的。其中最好的达到“强”这个标准的能力有:数学思维能力、学习能力、创新能力、积极的人生态度以及正直诚实,相比之下比较差的能力是规划和组织能力、问题解决和决策能力、领导能力、团队合作能力以及自我管理能力(参见图 2－93)。

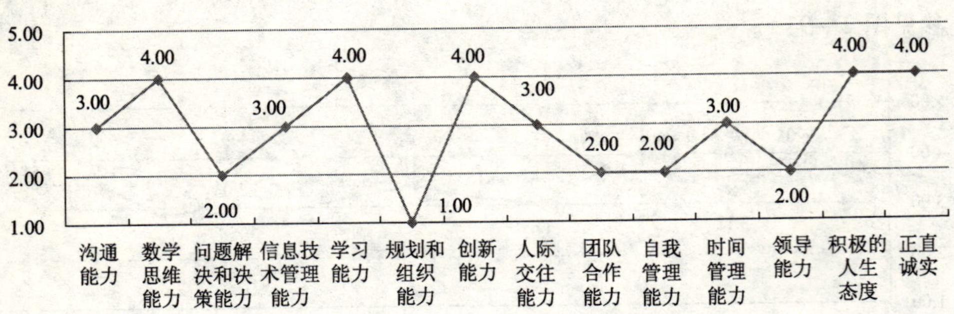

图2－93　其他类型的单位对应届毕业生总体就业能力的评价

4. 应届大学毕业生应聘成功所依赖的重要能力

不同单位类型的单位和企业对应届生应聘成功所依赖的能力的分析结果如下。

(1) 国有企业。国有企业的被调查者中,有73.6%的人认为沟通能力是应届生应聘成功所依赖的最重要的能力,其次,占56.8%的被调查者认为是人际交往能力,再次,占50.4%的被调查者认为问题解决和决策能力是应届生应聘成功所依赖的最重要的能力。这三项能力是国有企业认为的对应届生应聘成功影响最大的,其他能力当然也有一定的影响力,虽然所占比例比较小,但是却同样需要引起我们的重视和注意(参见图2－94)。

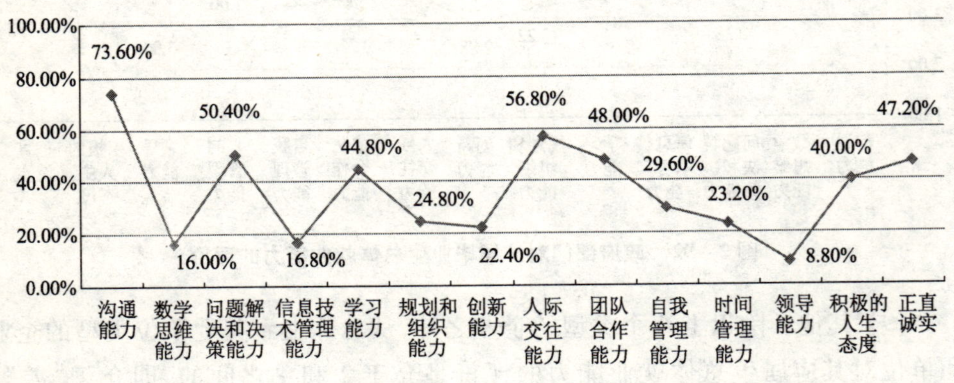

图2－94　国有企业认为应届毕业生应聘成功所依赖的能力

与前面我们分析过的国有企业认为普通员工应聘成功所依赖的能力相比较,此类型单位在招聘应届毕业生时会重视招聘普通员工时同样很注重的人际交往能力以及问题解决和决策能力,同时也会重视团队合作能力,因此应届生也应该重视相关能力的培养,以增加成功应聘的概率。

(2) 中国私营企业。中国私营企业的被调查者中,有高达93.88%的被调查者认为沟通能力是应届生应聘成功所依赖的最重要的能力,其次,占72.45%的被调查者选择了人际交往能力,再次,64.29%的被调查者选择了问题解决和决策能力。此外还有团队合作能力、学习能力等也同样被此类型企业认为是应届生应聘成功所依赖的比较重要的能力(参见图2-95)。

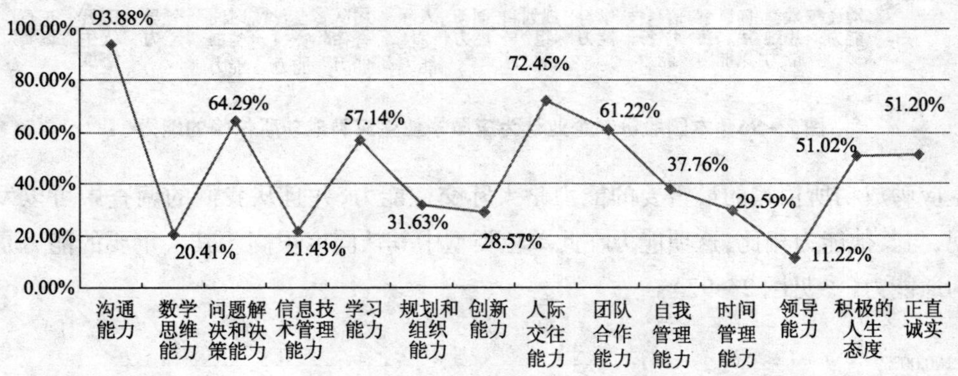

图2-95 中国私营企业认为应届毕业生应聘成功所依赖的能力

与前面分析过的该单位类型的单位和企业对普通员工应聘成功所依赖的能力的评价相比较,该单位类型的企业在重视沟通能力和问题解决能力的同时,还很重视团队合作能力,这就要求应届生也要注重此能力的培养,以增加应聘成功的可能性。

(3) 本国股份制企业。本国股份制企业的被调查者中,84.21%的人都认为沟通能力是应届生应聘成功所依赖的最重要的能力,并且与其他能力相比,沟通能力的"投票率"非常高,可见此类企业对沟通能力的重视程度。此外,人际交往能力、学习能力等也是他们认为的应届生应聘成功所依赖的比较重要的能力(参见图2-96)。应届生在毕业前应注意这些能力的培养,而在应聘时应适时向招聘者展示出自己这些方面的能力,以增加应聘成功的可能性。

与前面分析过的该单位类型的单位和企业对普通员工应聘成功所依赖的能力的评价相比较,在招聘普通员工时该类企业很重视团队合作能力以及问题解决和决策能力,而对应届生在这些能力上的要求并没有那么高,从而我们可以看到在招聘普通员工和应届生时的差异。

(4) 本国合伙制企业。本国合伙制企业的被调查者中,71.43%的人认为应届

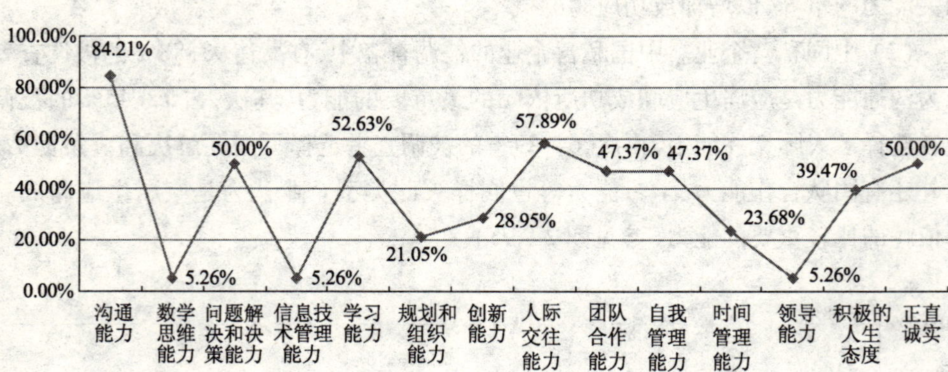

图 2－96　本国股份制企业认为应届毕业生应聘成功所依赖的能力

生应聘成功所依赖的最重要的能力是人际交往能力，并且从我们的调查中可以发现，与其他能力相比，这项能力在此单位类型中其认同度很高。其次重要的能力是沟通能力（参见图 2－97）。

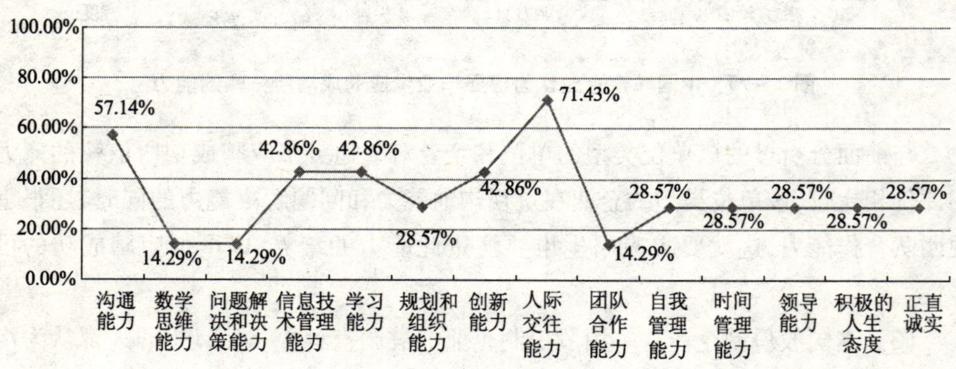

图 2－97　本国合伙制企业认为应届毕业生应聘成功所依赖的能力

与前面分析过的该单位类型的单位和企业对普通员工应聘成功所依赖的能力的评价相比较，该类型的企业和单位在招聘普通员工和应届生时的要求是基本接近的，都是很重视人际交往能力和沟通能力。

（5）境外来华跨国企业。境外来华跨国企业的被调查者对应届生应聘成功所依赖的能力的评价是比较高的，它要求应届生具备较多的能力，其中前三位的排名情况如下：有 73.33% 的被调查者认为沟通能力是第一重要的，其次，71.11% 的被调查者选择了学习能力，再次，占 66.67% 的被调查者认为团队合作能力很重要。另外，其他的能力也得到了此类企业一定的重视，因此对于希望到此类企业工作的应届生需要具备较高的就业能力水平,才能达到此类单位对于员工的要求(参见图2-98)。

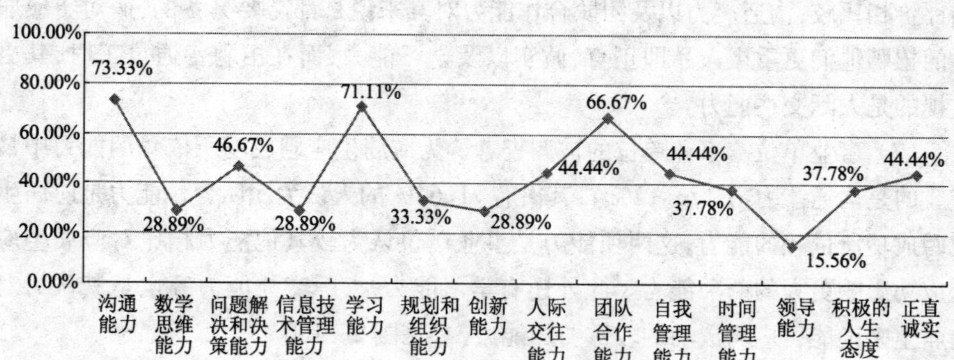

图2-98　境外来华跨国企业认为应届毕业生应聘成功所依赖的能力

与前面分析过的该单位类型的单位和企业对普通员工应聘成功所依赖的能力的评价相比较,在招聘普通员工时该单位类型的单位和企业更重视问题解决和决策能力,而在招聘应届生时比较重视其学习能力,可见此类型的单位和企业在招聘应届生时并不是要求其具备很高的能力,而是要求其具有学习能力,从而形成个人较强的整体就业能力。而对于招聘普通员工时就要求其个人的素质以及整体的就业能力是比较强的,问题解决和决策能力的重视可以说就是一个重要的表现。

(6)合资企业。合资企业的被调查者认为应届生应聘成功所依赖的能力中最重要的是沟通能力(占70.83%),在这类企业看来此项能力与其他能力相比重要程度更高。此外,有58.33%的被调查者认为正直诚实是应届生应聘成功所依赖的重要能力,有54.17%的人认为学习能力和团队合作能力都是应届生应聘成功所依赖的重要能力(参见图2-99)。

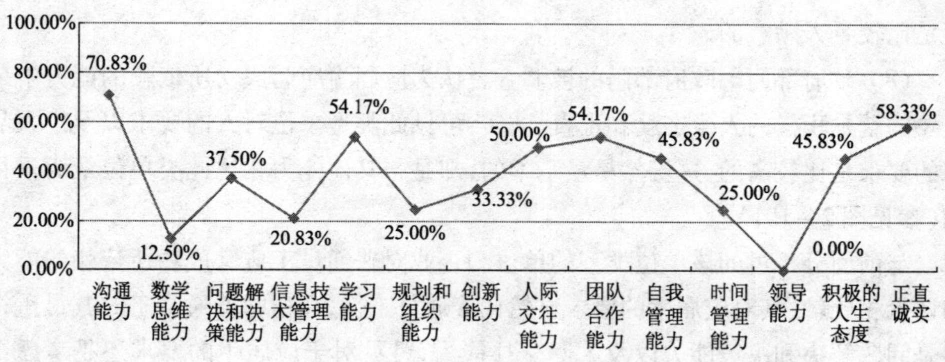

图2-99　合资企业认为应届毕业生应聘成功所依赖的能力

与前面分析过的该单位类型的单位和企业对普通员工应聘成功所依赖的能力的评价相比较，沟通能力以及团队合作能力对其来说是都需要具备的，而对于应届生的招聘他们更重视人品即正直、诚实以及学习能力，而在招聘普通员工时，其更重视的是人际交往能力。

(7) 事业单位。事业单位的被调查者认为应届生应聘成功所依赖的能力中最重要的是沟通能力(占76.12%)，其次有71.64%的人认为团队合作能力是应届生应聘成功所依赖的能力，这两项能力是事业单位认为较其他能力相比对应届生应聘成功影响更大的两项能力。此外还有学习能力、人际交往能力等也是其认为对应届生来说能否应聘成功的较重要的能力(参见图2－100)。

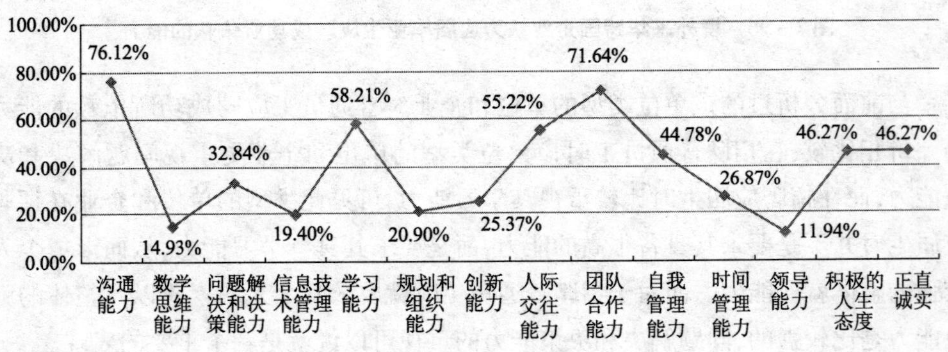

图2－100　事业单位认为应届毕业生应聘成功所依赖的能力

与前面分析过的该单位类型的单位和企业对普通员工应聘成功所依赖的能力的评价相比较，在招聘普通员工时其很重视正直、诚实，而在招聘应届生时对此的要求并不算高，据此我们可以推断，对于此单位类型的企业和单位来说，普通员工所应具有的最基本的素质反而被极高的看重，而初入社会的应届生在这方面应该还是比较令人满意的。

(8) 政府部门。政府部门的被调查者认为应届生应聘成功所依赖的能力中最重要的就是积极的人生态度和正直、诚实，可见此类型单位对人的要求以及个人品德的要求是比较高的，这虽然是最基本的，却是与其他能力相比此类单位最为重视的(参见图2－101)。

与前面分析过的该单位类型的单位和企业对普通员工应聘成功所依赖的能力的评价相比较，其对应届生的要求显然比普通员工低，在招聘普通员工时其最重视的是问题解决和决策能力以及人际交往能力，可见对于应届生的要求还是考虑了应届毕业生的群体特征后来衡量的。

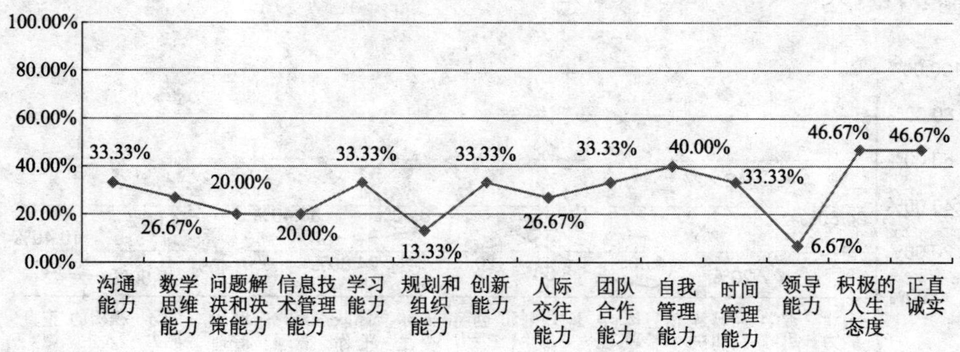

图 2－101　政府部门认为应届毕业生应聘成功所依赖的能力

(9)其他。除以上八个类型的单位和企业之外，其他单位类型的企业和单位认为应届生应聘成功所依赖的能力中沟通能力、学习能力、团队合作能力、积极的人生态度以及正直、诚实，都是很重要的能力(参见图 2－102)。

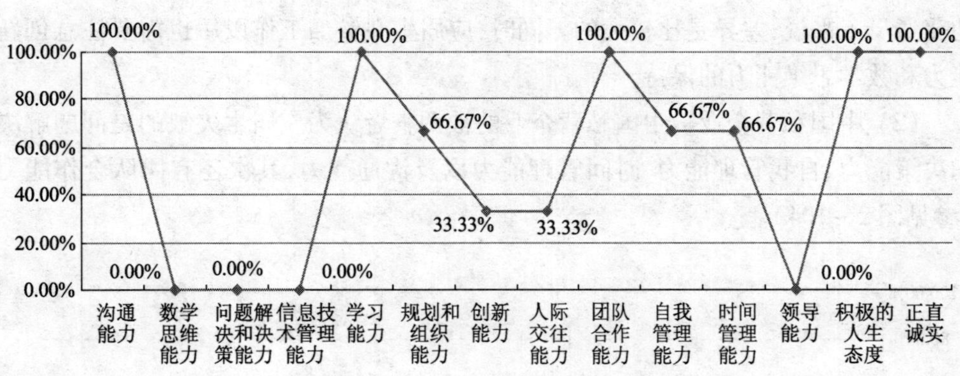

图 2－102　其他类型的单位认为应届毕业生应聘成功所依赖的能力

与前面分析过的该单位类型的单位和企业对普通员工应聘成功所依赖的能力的评价相比较差别不大，都是很重视沟通能力、学习能力、团队合作能力、积极的人生态度以及正直、诚实。

5. 应届毕业生欠缺的能力

图 2－103 至图 2－111 显示了不同单位类型的单位和企业对应届生所欠缺的就业能力的看法，调查结果如下。

(1) 国有企业。国有企业的被调查者中，有 42.2% 的人认为应届生最欠缺的能力是问题解决和决策能力，其次，有 30.4% 的被调查者认为应届生欠缺自我管理能力，再次是人际交往能力（参见图2－103）。

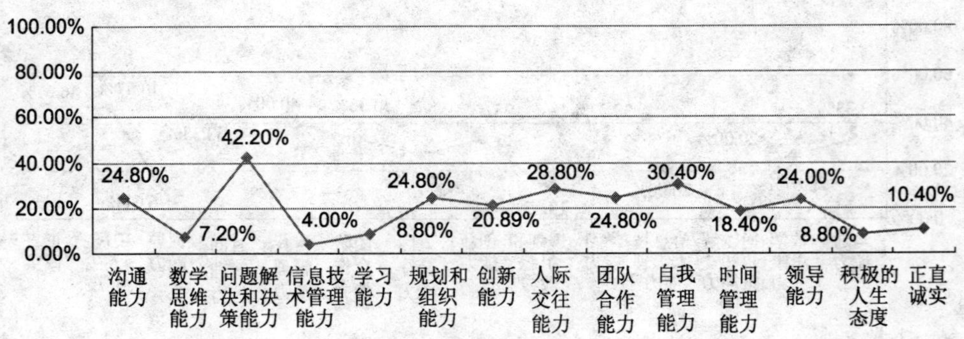

图2－103　国有企业认为应届毕业生欠缺的能力

与前面分析过的该单位类型认为其员工所欠缺的能力相比较，差异还是比较大的。普通员工主要欠缺的是创新能力和数学思维能力，而这两项能力是他们认为应届生不太缺乏的能力，特别是数学思维能力。可见对于应届生和已经工作了的普通员工来说，差异是比较大的。同时，应届生在参加工作以后也需要注意创新能力和数学思维能力的保持。

（2）中国私营企业。中国私营企业的被调查者认为应届生欠缺的是问题解决和决策能力、自我管理能力、时间管理能力以及沟通能力，其次还有团队合作能力（参见图2－104）。

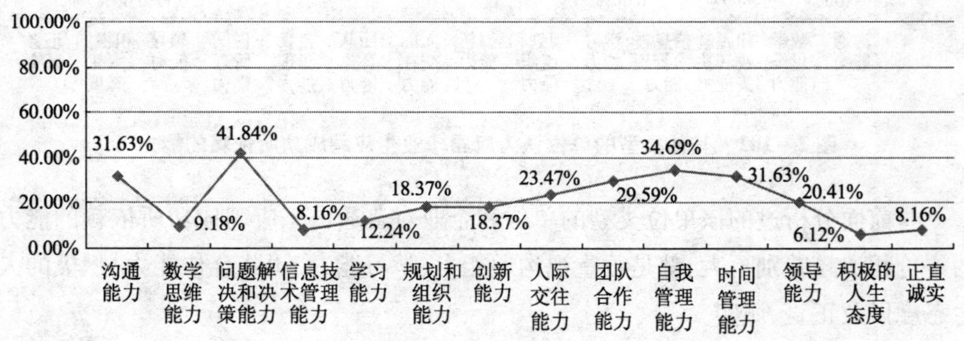

图2－104　中国私营企业认为应届毕业生欠缺的能力

与前面分析过的该单位类型认为普通员工所欠缺的能力相比较，差异是比较大的，他们认为普通员工欠缺的是自我管理能力、创新能力以及数学思维能力，这三项除自我管理能力是他们认为的应届生也缺乏的能力外，其他两项都是他们认为应届生并不缺乏的。

（3）本国股份制企业。本国股份制企业的被调查者认为问题解决和决策能力、团队合作能力、人际交往能力、领导能力和自我管理能力是目前大学生普遍欠缺的就业能力，此外还欠缺沟通能力(参见图 2－105)。

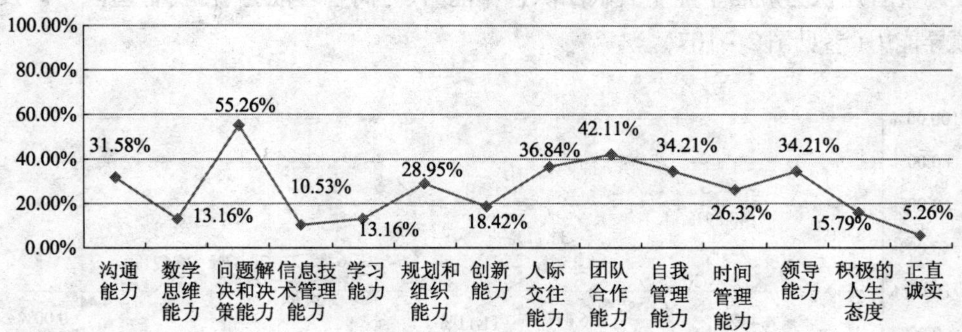

图 2－105　本国股份制企业认为应届毕业生欠缺的能力

与前面分析过的该单位类型认为普通员工所欠缺的能力相比较，差异不大。他们同样认为普通员工欠缺问题解决和决策能力和自我管理能力，而对于普通员工欠缺能力比例最高的创新能力来说，本国股份制企业的被调查者并没有很多人认为应届毕业生欠缺此项能力。

（4）本国合伙制企业。本国合伙制企业的被调查者认为团队合作能力、问题解决和决策能力以及沟通能力是现在大学生普遍欠缺的就业能力。此外，被调查者还认为应届生较欠缺学习能力和自我管理能力(参见图 2－106)。

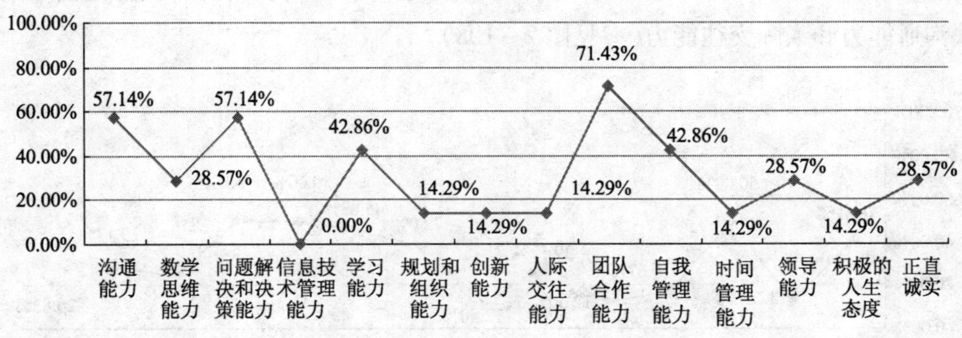

图 2－106　本国合伙制企业认为应届毕业生欠缺的能力

与前面分析过的该单位类型认为普通员工所欠缺的能力相比较，差异较大。由于本行业员工普遍缺乏的能力还是比较多的，而且所占比例都较高。除与应届毕业生同样欠缺的能力外，他们还欠缺沟通能力、数学思维能力、规划和组织能力等。

(5) 境外来华跨国企业。境外来华跨国企业的被调查者认为应届毕业生欠缺的能力包括：问题解决和决策能力、人际交往能力、沟通能力以及规划和组织能力。被调查者还认为应届毕业生欠缺团队合作能力、时间管理能力、自我管理能力以及领导能力(参见图2－107)。

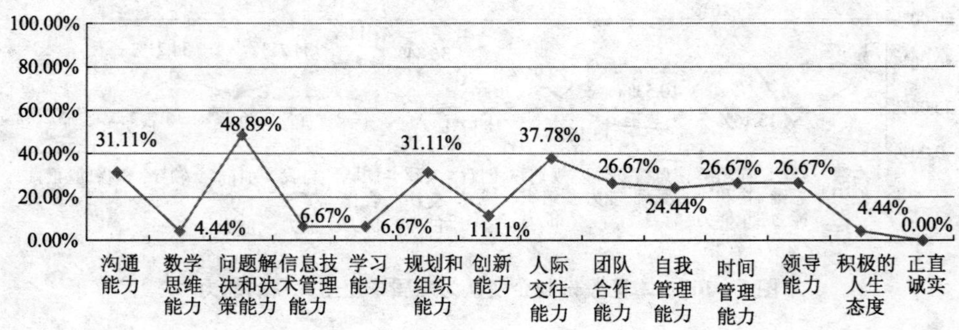

图2－107　境外来华跨国企业认为应届毕业生欠缺的能力

与前面分析过的该单位类型认为普通员工所欠缺的能力相比较，差异较大。其中，相同的欠缺能力仅为规划和组织能力，其员工还欠缺的能力有数学思维能力和创新能力。由此可见本单位员工和应届毕业生所欠缺的能力是不同的，而在应届毕业生欠缺的能力方面，本单位员工能力较强。

(6) 合资企业。合资企业的被调查者认为应届毕业生欠缺问题解决和决策能力、自我管理能力、时间管理能力以及团队合作能力，此外，被调查者认为他们还欠缺沟通能力和人际交往能力(参见图2－108)。

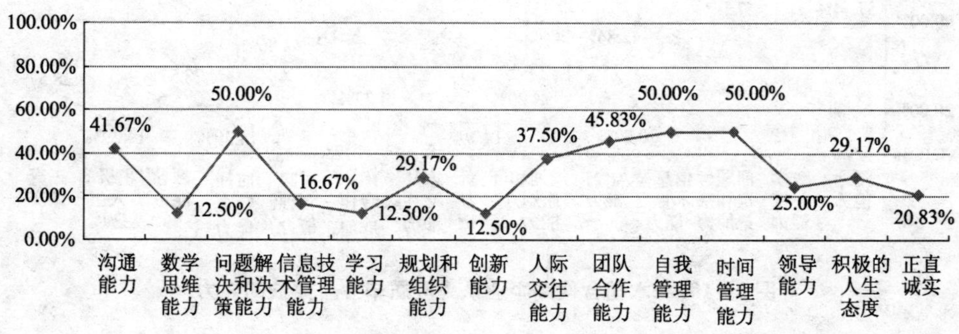

图2－108　合资企业认为应届毕业生欠缺的能力

与前面分析过的该单位类型认为普通员工所欠缺的能力相比较，差异是较大的。除问题解决和决策能力是员工和应届毕业生普遍欠缺的能力外，其他所欠缺的能力均有所不同。员工欠缺的能力为数学思维能力和创新能力，而这两项大学生并不欠缺。

(7) 事业单位。事业单位的被调查者认为应届毕业生普遍欠缺的能力有：问题解决和决策能力、自我管理能力、团队合作能力和时间管理能力，他们认为应届毕业生还欠缺领导能力、人际交往能力及规划和组织能力(参见图2－109)。

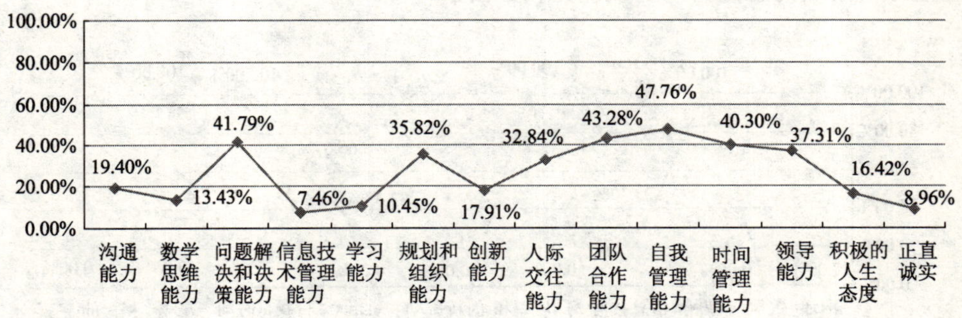

图2－109 事业单位认为应届毕业生欠缺的能力

与前面分析过的该单位类型认为普通员工所欠缺的能力相比较，差异较大。其中二者同样欠缺的能力包括自我管理能力以及问题解决和决策能力，而普通员工欠缺的创新能力和数学思维能力，在他们看来，应届毕业生并不欠缺。

(8) 政府部门。政府部门的被调查者认为应届毕业生最普遍欠缺的能力是问题解决和决策能力，其次，创新能力、团队合作能力、自我管理能力也被认为是应届毕业生所欠缺的(参见图2－110)。

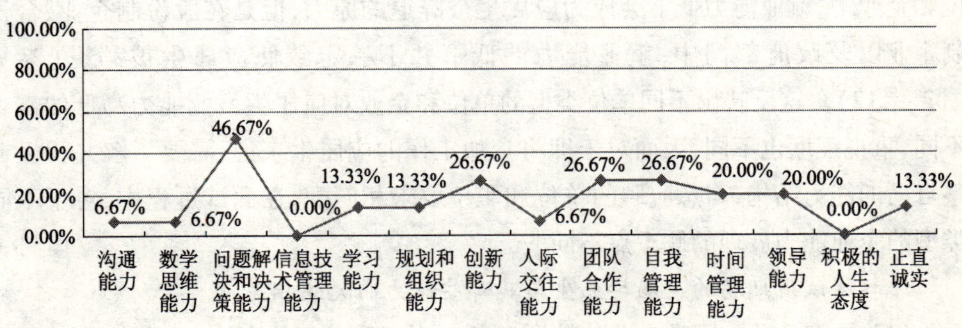

图2－110 政府部门认为应届毕业生欠缺的能力

与前面分析过的该单位类型认为普通员工所欠缺的能力相比较，差异很大。他们认为普通员工欠缺的是创新能力、数学思维能力和信息技术管理能力，而除创新能力外，其他两项能力都是他们看来应届毕业生并不欠缺的。

(9)其他。除以上八个类型的单位和企业外，其他单位类型的被调查者都认为应届毕业生普遍欠缺的能力有：问题解决和决策能力、规划和组织能力、时间管理能力和领导能力，有66.67%的人认为应届毕业生欠缺自我管理能力，有33.33%的被调查者认为他们还欠缺信息技术管理能力和团队合作能力，他们认为应届毕业生并不欠缺沟通能力等七项能力(参见图2-111)。

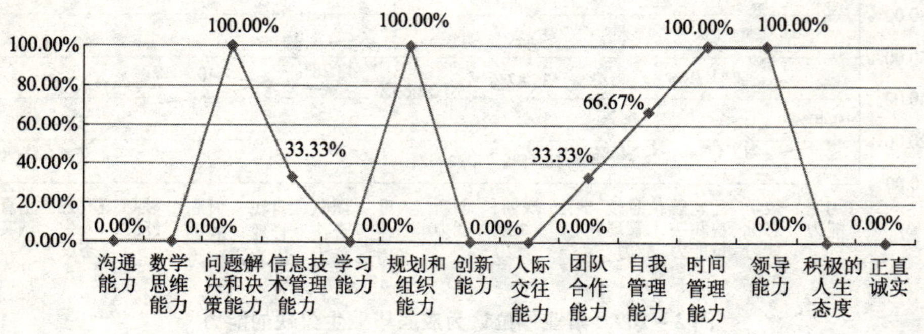

图2-111 其他类型的单位认为应届毕业生欠缺的能力

与前面分析过的该单位类型认为普通员工所欠缺的能力相比较，差异不大。二者共同欠缺的能力为自我管理能力、问题解决和决策能力、规划和组织能力以及领导能力。而普通员工欠缺的能力还包括：沟通能力、创新能力和学习能力。

6. 签订雇佣合同并且试用期满后，因应届毕业生能力低下而辞退的可能性

在国企、私营企业、境外来华跨国企业、合资企业、事业单位以及其他类型的单位和企业中，就业能力低下会成为应届生被辞退的原因，但是在股份制企业、合伙制企业以及政府部门中，就业能力的低下并不一定致使应届生被辞退(参见图2-112)。这反映出不同单位类型的单位和企业对应届生就业能力高低的需求不同、重视程度也不同，因而对于即将参加工作的应届生来说，需要了解并积极调整自己的能力结构，与想应聘的单位和职位要求相匹配，在面试过程中，对于不同类型的企业能力展现的侧重点不同。

7. 辞退试用期满的应届毕业生与其哪些能力的欠缺相关

(1)国有企业。国有企业的被调查者中，有38.98%的人认为应届生可能因缺乏沟通能力而被辞退，有38.14%的被调查者认为人际交往能力的欠缺会导致其被

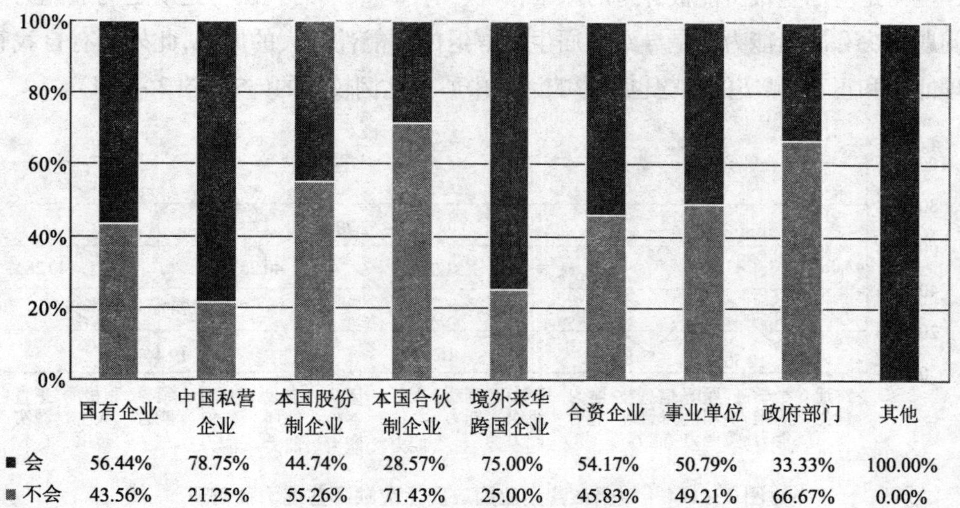

	国有企业	中国私营企业	本国股份制企业	本国合伙制企业	境外来华跨国企业	合资企业	事业单位	政府部门	其他
■会	56.44%	78.75%	44.74%	28.57%	75.00%	54.17%	50.79%	33.33%	100.00%
■不会	43.56%	21.25%	55.26%	71.43%	25.00%	45.83%	49.21%	66.67%	0.00%

图 2－112 试用期满后，是否会因应届毕业生能力低下而辞退

辞退，此外缺乏团队合作能力也是导致应届生被辞退的一项重要原因（参见图 2－113）。

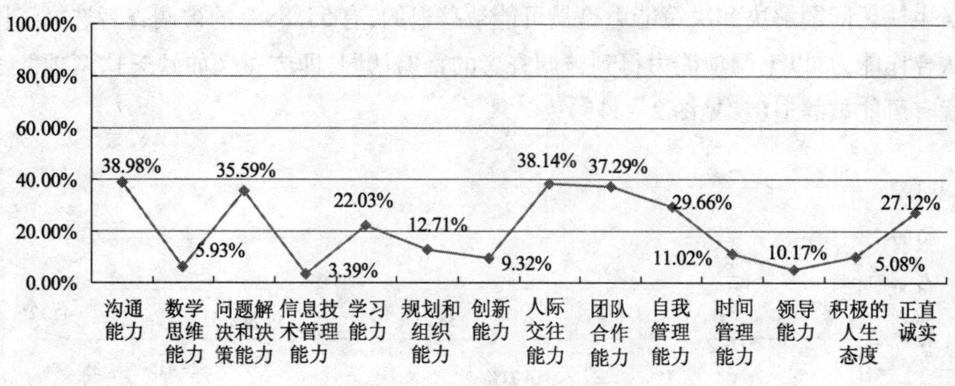

图 2－113 国有企业因应届生欠缺哪些能力而辞退

与前面分析过的国有企业认为其单位员工因缺乏而被辞退的能力相比较，该单位类型的企业和单位认为缺乏正直、诚实是其普通员工被辞退的第一重要的因素，而此项能力对应届生来说并不是所占比重很大的一项，而其他如沟通能力、人际交往能力和团队合作能力等的缺乏都是被辞退的重要因素。

（2）中国私营企业。中国私营企业的被调查者中，有 52.78% 认为缺乏团队合作能力是应届生最可能被辞退的原因，其次，有43.06%的人认为是缺乏沟通能力和问题解决和决策能力也是导致应届生被辞退的可能性较大的原因，此外还有自我管理能力和正直、诚实的品德也是影响因素中所占比例较大的(参见图2－114)。

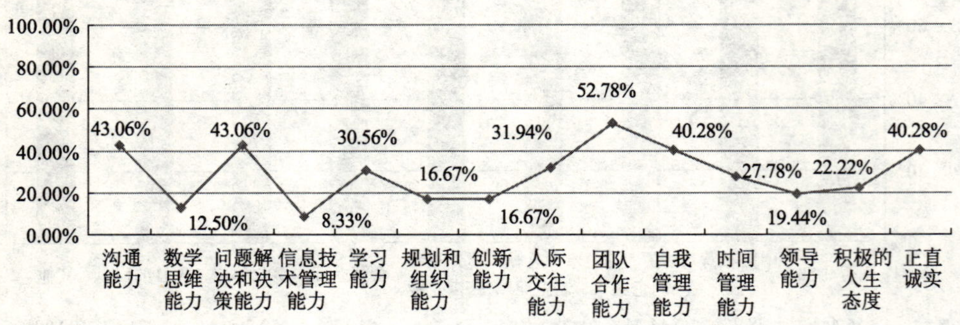

图2－114　中国私营企业因应届生欠缺哪些能力而辞退

与前面分析过的中国私营企业认为其员工因缺乏而被辞退的能力相比，两者差异不大，团队合作能力、正直、诚实以及自我管理能力三项能力一旦欠缺，无论普通员工和应届生都会面临被辞退的可能。

(3) 本国股份制企业。本国股份制企业的被调查者中，有58.82%的人认为应届生缺乏问题解决和决策能力是最可能被辞退的，有55.88%的被调查者选择了团队合作能力，以上两项能力得到被调查者的普遍认同，即应届生如缺乏这两项能力就有可能被辞退(参见图2－115)。

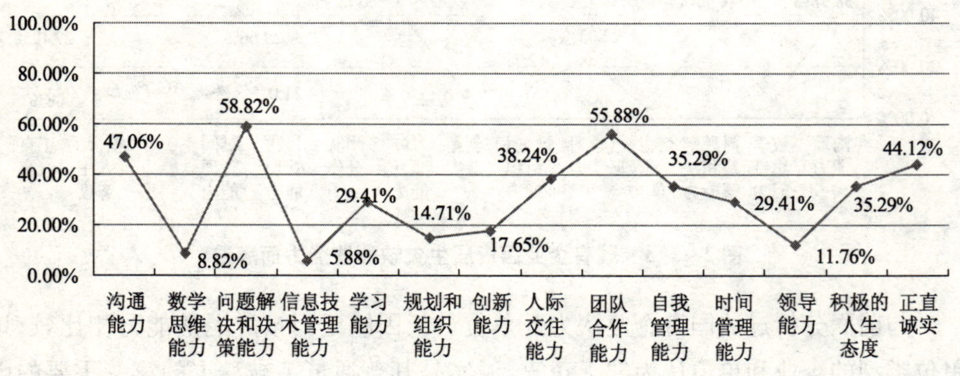

图2－115　本国股份制企业因应届生欠缺哪些能力而辞退

与前面分析过的本国股份制企业对普通员工因缺乏而被辞退的能力对比来考虑，可以得出：对于普通员工来说欠缺自我管理能力以及正直、诚实是其可能被辞退的最重要的两个因素，而应届生缺乏这两项能力也同样会导致被辞退，但对于应届生来说，问题解决和决策能力、团队合作能力比以上两项能力更显重要。

（4）本国合伙制企业。本国合伙制企业的被调查者中，有71.43%认为应届生缺乏人际交往能力是其被辞退的最重要的原因，并且与其他能力相比人际交往能力受到本国合伙制企业的高度重视。此外还有一些比较重要的因素：信息技术管理能力、学习能力、创新能力、自我管理能力以及领导能力（参见图2－116）。

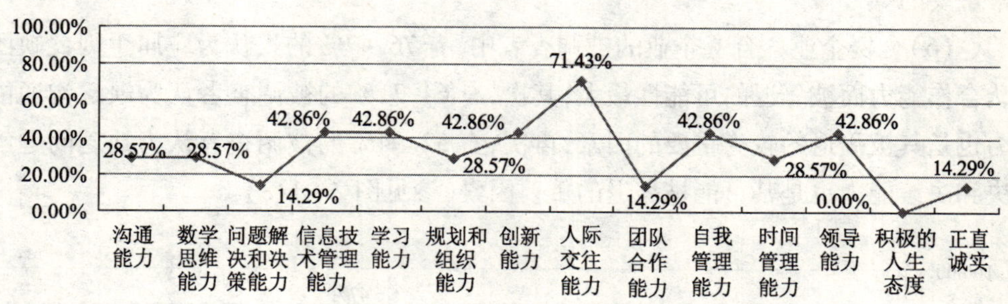

图2－116 本国合伙制企业因应届生欠缺哪些能力而辞退

与前面分析过的此单位类型的企业认为其员工因缺乏而被辞退的能力相比，差异是比较大的，对于应届生该单位类型的企业更重视其人际交往能力，而对于该企业中的普通员工来说，其比较重视的是沟通能力、创新能力、人际交往能力以及领导能力这四项能力，可见其对普通员工就业能力的要求是远高于应届生的。

（5）境外来华跨国企业。境外来华跨国企业的被调查者中，有56.25%的人认为应届生缺乏问题解决和决策能力是其被辞退的可能性最大的因素，其次是分别占38%和37.5%的沟通能力、学习能力、人际交往能力以及自我管理能力，这些能力的缺乏也是应届生很有可能被辞退的因素（参见图2－117）。

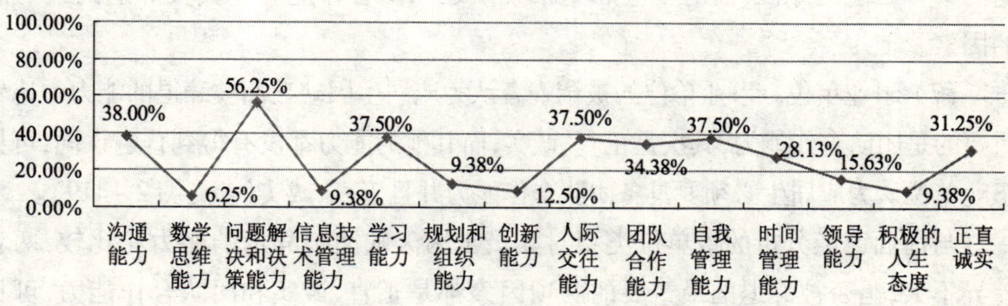

图2－117 境外来华跨国企业因应届生欠缺哪些能力而辞退

与前面分析过的该单位类型的单位和企业认为其员工因缺乏而被辞退的能力相比,该单位类型中的企业和单位对于其员工的团队合作能力要求很高,如若缺乏就可能会面临被辞退的风险,同时正直、诚实的品德也是其注重的能力之一。对于应届生来说,其缺乏问题解决和决策的能力是最可能被辞退的原因。而团队合作能力以及正直、诚实,虽然也是比较重要的,但是与其对普通员工的要求相比还是有一定差距的。这两项能力的培养对于想在此单位类型中工作的应届生来说是非常重要的。

(6)合资企业。合资企业的被调查者中,有76.47%的人认为应届生因欠缺团队合作能力而被辞退的可能性最大,其次,有64.71%的被调查者认为缺乏沟通能力也是其被辞退的较为重要的因素,再次,有52.94%的被调查者认为缺乏问题解决和决策能力也是其可能被辞退的重要因素(参见图2-118)。

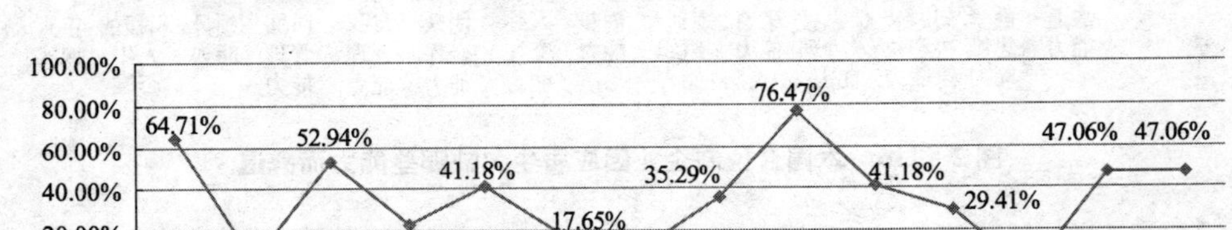

图2-118　合资企业因应届生欠缺哪些能力而辞退

与前面分析过的该单位类型的单位和企业认为其员工因欠缺而被辞退的能力相比,两者差异不大。同样是问题解决能力、团队合作能力以及沟通能力三项能力,只是重视程度的顺序不同,对于普通员工来说缺乏问题解决和决策能力是被辞退的第一可能的原因,而对于应届生来说缺乏团队合作能力是其被辞退的最可能的因素。

(7)事业单位。事业单位的被调查者认为应届生因缺乏而被辞退的能力中比较重要的是团队合作能力,其次是正直、诚实,而其他的能力都没有得到普遍认同,可见事业单位认为应届生必须要具备团队合作能力并且正直、诚实(参见图2-119)。

与前面已经分析的该单位类型对其员工因欠缺而被辞退的能力相比较,两者差异不大,是否被辞退的最重要的两项因素都是正直、诚实和团队合作能力,可见该单位类型的单位和企业对这两项能力的重视程度。

(8)政府部门。在政府部门,对于应届生因缺乏而被辞退能力的选择中,所占比

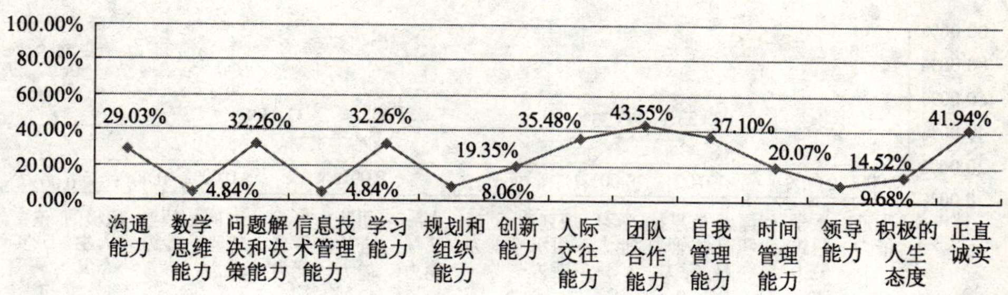

图 2－119　事业单位因应届生欠缺哪些能力而辞退

例最高的是自我管理能力，其他能力所占比例都相对较小，可见该单位类型的单位和企业认为应届生因缺乏其他就业能力而被辞退的可能性比较小（参见图 2－120）。

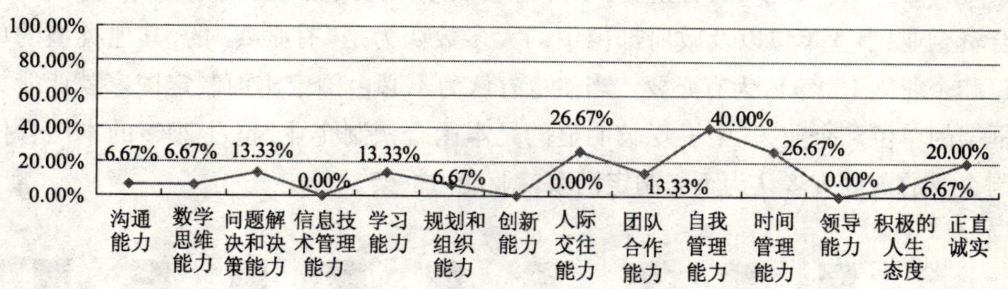

图 2－120　政府部门因应届生欠缺哪些能力而辞退

与前面分析过的政府部门对其员工因欠缺而被辞退的能力相比较，差异较大。对于普通员工来说，政府部门的被调查者认为学习能力的欠缺是最可能被辞退的原因。而对于应届生来说，反而是缺乏自我管理能力会使得其被辞退的可能性增大。

（9）其他。除以上八个类型的单位外，其他单位类型的单位和企业认为因应届生缺乏而被辞退的能力中所占比例最大的是正直、诚实，所占比重是66.67%，其次为占33.33%的信息技术管理能力、学习能力、自我管理能力以及团队合作能力，而其他能力是不会因缺乏而造成应届生被辞退的（参见图 2－121）。

与前面分析过的该单位类型认为的其员工因欠缺而被辞退的能力相比较，该单位类型的普通员工因欠缺学习能力而被辞退的占多数，而对于应届生来说这虽然也是一个比较重要的因素，但是并没有那么高的比例，反而是正直、诚实的品德才是影响应届生是否被辞退的最重要的因素，可见各单位和企业对应届毕业生和普通员工的要求的差异性。

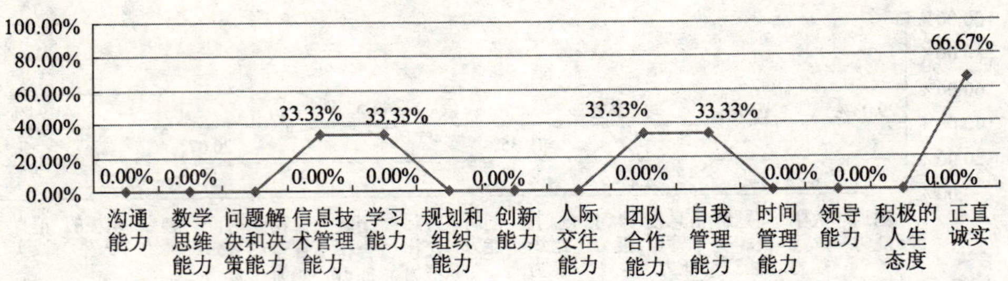

图 2-121　其他类型的单位因应届生欠缺哪些能力而辞退

8. 就业能力国家框架的可行性

调查结果显示(参见图 2-122),绝大多数被调查者认为制定国家就业能力框架是有必要的。其中,国有企业、私营企业、本国股份制企业、境外来华跨国企业、合资企业、事业单位以及政府部门中的大多数认为是“有必要”的,其他类型的单位和企业则 100% 认为有必要。当然也有认为不必由国家出面制定国家就业能力框架的单位和企业,其中表现较明显的是本国合伙制企业,超过 20% 的本国合伙制企业的被调查者认为不必制定国家就业能力框架。

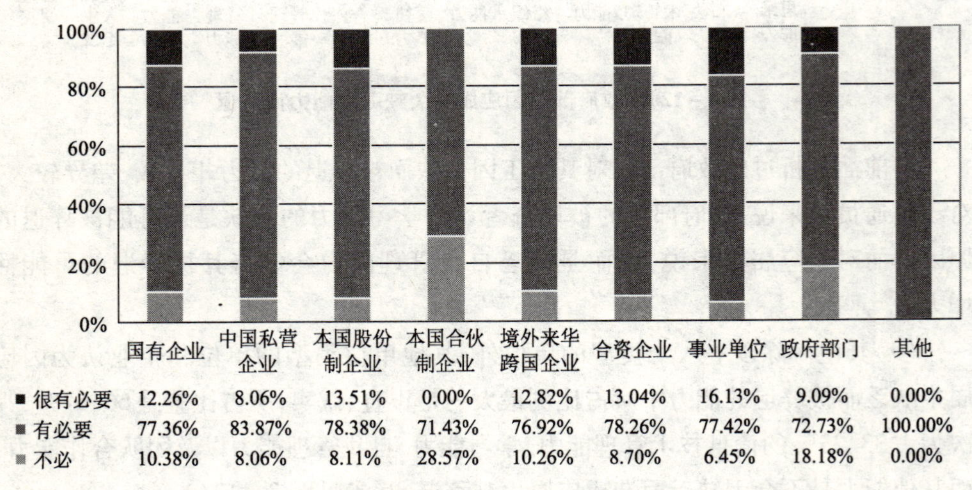

	国有企业	中国私营企业	本国股份制企业	本国合伙制企业	境外来华跨国企业	合资企业	事业单位	政府部门	其他
■很有必要	12.26%	8.06%	13.51%	0.00%	12.82%	13.04%	16.13%	9.09%	0.00%
■有必要	77.36%	83.87%	78.38%	71.43%	76.92%	78.26%	77.42%	72.73%	100.00%
■不必	10.38%	8.06%	8.11%	28.57%	10.26%	8.70%	6.45%	18.18%	0.00%

图 2-122　不同类型的单位认为是否有必要制定国家就业能力框架

9. 就业能力国家框架的支持率

图 2-123 显示的是不同类型的单位对于建立国家就业能力框架的支持度。从整体上看支持率很高,尤其是合资企业、事业单位以及政府部门,而表示不支持出台此框架的单位较少。其中,其他类型单位的支持与不支持的比例为 1∶1;与国

家就业能力框架可行性调查的结果一致的是,超过40%的本国合伙制企业被调查者表示不会支持国家框架的制定。

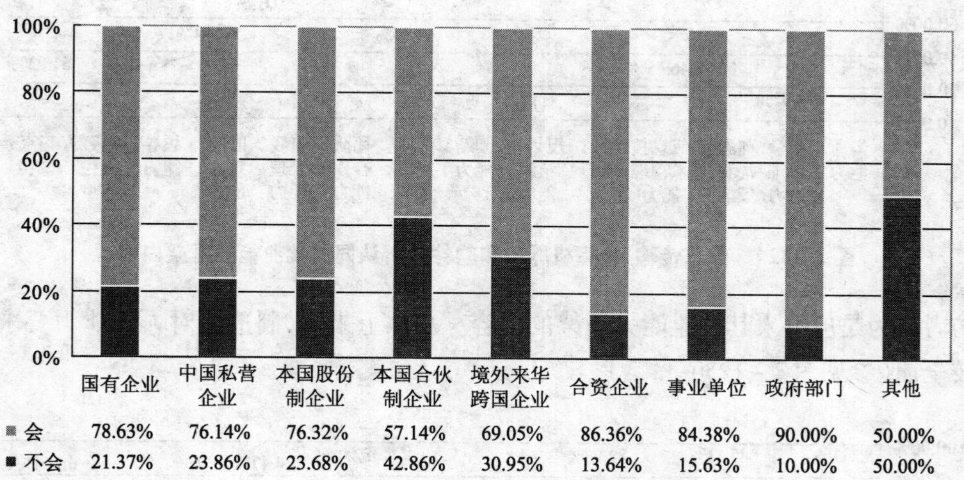

图2-123 不同类型的单位是否会支持国家就业能力框架的出台

五、按行业类别的就业能力比较

(一)普通员工就业能力分析

1.框架认同度

为了能够进一步了解各行业对于就业能力框架的认同度,我们把行业分成20个类别进行了详细分析,具体内容如下。

(1)信息传输、计算机服务和软件业。在信息传输、计算机服务和软件业的被调查者中有超过50%的人选择了以下能力(比例由高到低依次为):沟通能力、问题解决和决策能力、团队合作能力、创新能力、学习能力、积极的人生态度、人际交往能力、自我管理能力、规划和组织能力和正直诚实。由此可见,以上能力普遍受此行业重视,大多数人同意将其纳入就业能力框架(参见图2-124)。

(2)制造业。在制造业受访者中,50%以上的人都认为本行业就业能力框架内应该包括的是(按比例从高到低排列):沟通能力、问题解决和决策能力、学习能力、团队合作能力、自我管理能力、正直诚实、人际交往能力、积极的人生态度、创新能力、信息技术管理能力、时间管理能力和规划和组织能力。这些能力被制造业受

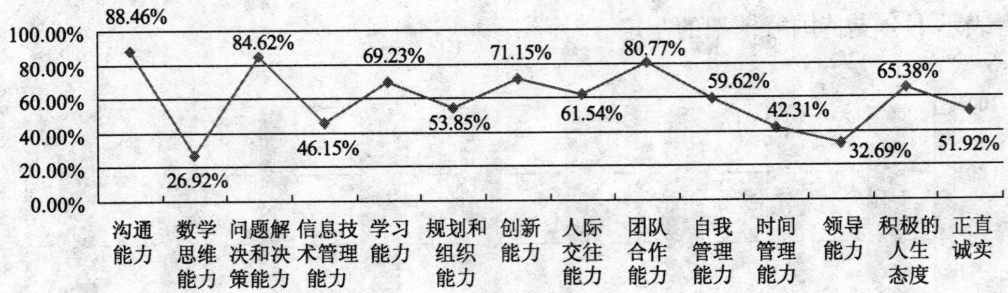

图 2－124　信息传输、计算机服务和软件业所认同的就业能力框架内容

访者认为是应纳入其就业能力框架的内容。总体上来说，制造业对人才能力要求较全面（参见图 2－125）。

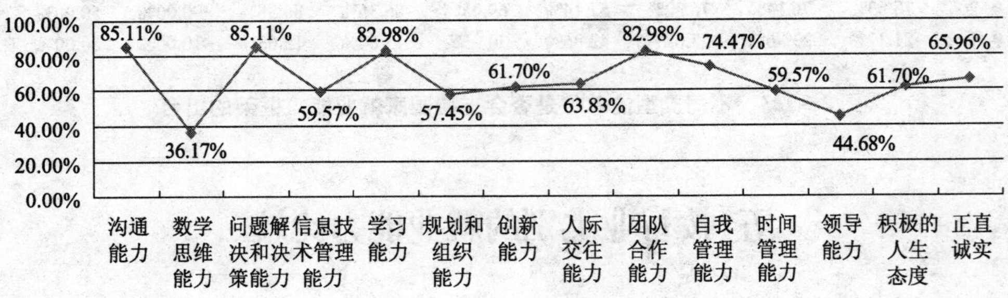

图 2－125　制造业所认同的就业能力框架内容

（3）批发和零售业。由调查分析可知，超过 60% 来自批发零售业的受访者选择的就业能力有（由高到低依次排列）：沟通能力、问题解决和决策能力、人际交往能力、团队合作能力、积极的人生态度、创新能力、学习能力、自我管理能力和正直诚实。我们可以看出，受访者愿意把以上能力纳入本行业就业能力框架（参见图 2－126）。

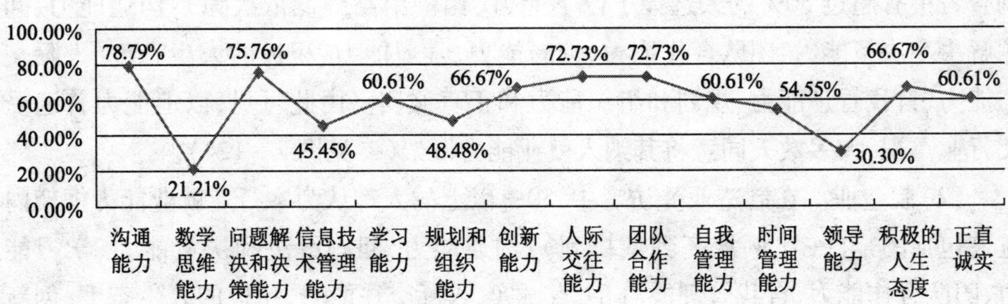

图 2－126　批发和零售业所认同的就业能力框架内容

(4)农、林、牧、渔业。在农林牧渔业的受访者中,有超过50%的人认为本行业就业能力框架应包括(按比例从高到低):沟通能力、人际交往能力、团队合作能力、问题解决和决策能力、学习能力、自我管理能力和积极的人生态度。显然,以上这些能力在此行业看来是比较重要的,应该加入本行业就业能力框架(参见图2-127)。

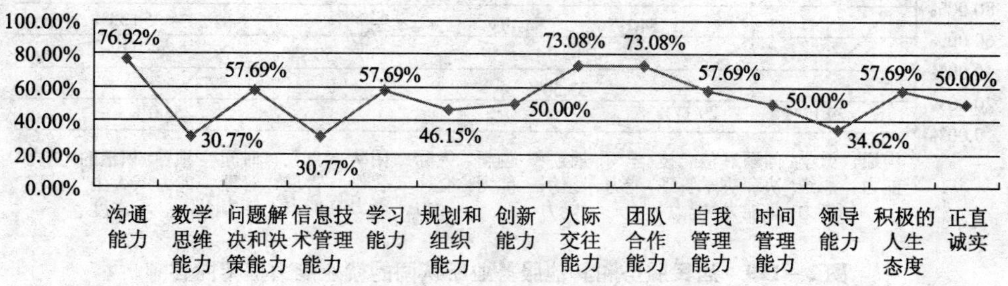

图2-127 农、林、牧、渔业所认同的就业能力框架内容

(5)交通运输、仓储和邮政业。通过我们的调查可知,有超过50%的人选择以下9项能力进入本行业就业能力框架,依次为:沟通能力、团队合作能力、积极的人生态度、问题解决和决策能力、人际交往能力、正直诚实的品德、学习能力、规划和组织能力及自我管理能力。大多数人普遍认为以上9项能力对本行业来说是非常重要的就业能力,应把它们纳入就业能力框架,同时我们可以看到,沟通能力选择的比例超过了受访者的90%,由此可见,沟通能力在此行业尤为重要(参见图2-128)。

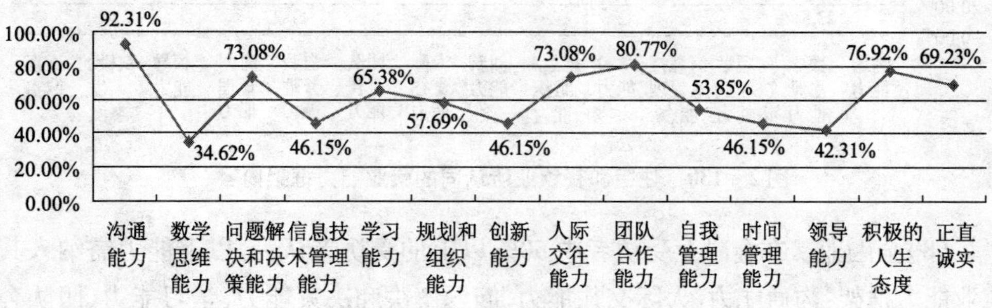

图2-128 交通运输、仓储和邮政业所认同的就业能力框架内容

(6)居民服务和其他服务。通过我们的调查和分析可以看到,超过50%的居民服务和其他服务业的受访者认为,以下能力应纳入本行业就业能力框架(由高到低依次为):沟通能力、人际交往能力、问题解决和决策能力、团队合作能力、时间管理能力、积极的人生态度、自我管理能力、学习能力、创新能力和正直诚实。由此可见,大多数人认为以上9种能力是本行业就业能力框架内不可或缺的内容,应包含其中(参见图2-129)。

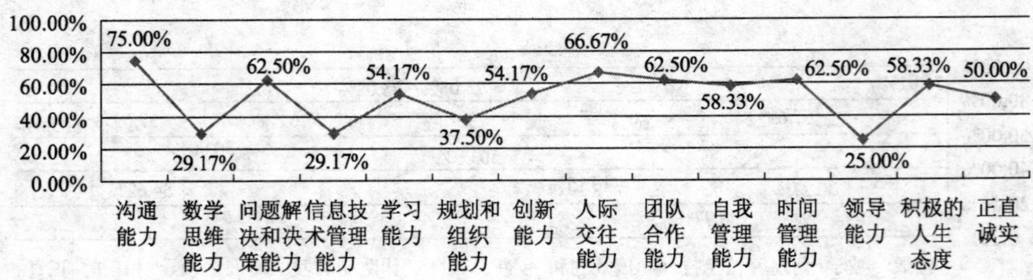

图2-129　居民服务和其他服务业所认同的就业能力框架内容

(7)住宿和餐饮业。住宿和餐饮业超过50%的人认为本行业就业能力框架应包含的能力有(按比例由高到低排列):沟通能力、人际交往能力、团队合作能力、自我管理能力、正直诚实、问题解决和决策能力、积极的人生态度、时间管理能力、学习能力和规划和组织能力。其中有超过90%的受访者选择了沟通能力和人际交往能力,可见这两种能力格外重要(参见图2-130)。

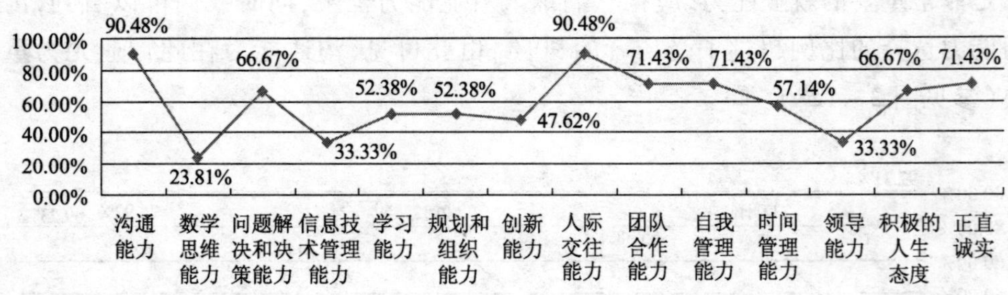

图2-130　住宿和餐饮业所认同的就业能力框架内容

(8)金融业。在金融业受访者中50%以上的受访者认为,以下能力需纳入其就业能力框架:沟通能力、人际交往能力、问题解决和决策能力、学习能力、团队合作能力、创新能力、正直诚实、规划和组织能力、积极的人生态度、自我管理能力和时间管理能力。在这11种被受访者普遍认可的能力中,沟通能力的认同度超过了90%,由此可见,沟通能力受到普遍重视,而以上12种能力均需纳入金融业就业能力框架内(参见图2-131)。

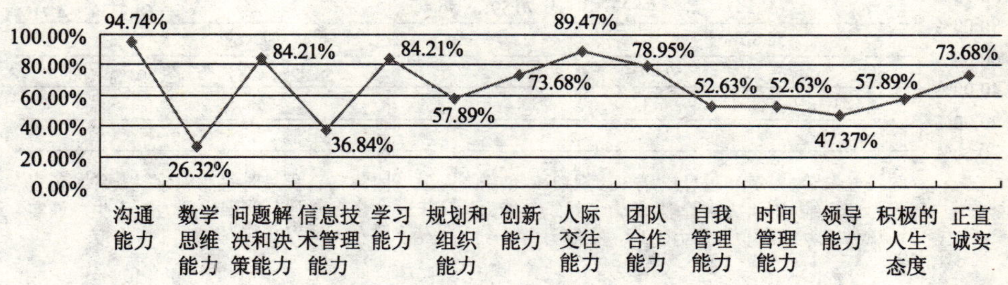

图 2-131　金融业所认同的就业能力框架内容

(9)房地产业。房地产业的 50% 以上受访者认为以下 12 种能力应包含进就业能力框架:沟通能力、问题解决和决策能力、人际交往能力、积极的人生态度、正直诚实、学习能力、团队合作能力、自我管理能力、信息技术管理能力、规划和组织能力、时间管理能力和创新能力。其中沟通能力更是以将近 90% 的比例占据首位(参见图 2-132)。

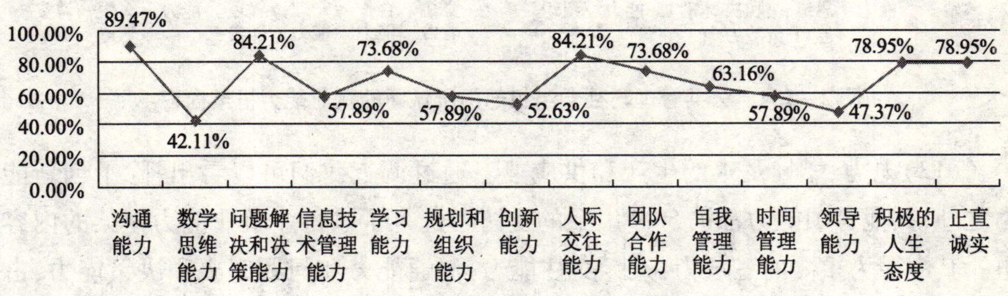

图 2-132　房地产业所认同的就业能力框架内容

(10)教育业。在教育业内 50% 以上的人都认为:学习能力、沟通能力、创新能力、人际交往能力、团队合作能力、积极的人生态度、正直诚实、问题解决和决策能力、自我管理能力、规划和组织能力、信息技术管理能力、时间管理能力和领导能力 13 种能力都应纳入本行业就业能力框架。由此可见,教育业对本行业从业人员的能力要求比较全面。唯一没有超过半数的数学思维能力,受选比例也在 40% 以上(参见图 2-133)。

(11)公共管理与社会组织。在公共管理和社会组织中,超过 50% 的受访者认为本行业就业能力框架应包含以下能力:沟通能力、人际交往能力、团队合作能力、学习能力、正直诚实、问题解决和决策能力、信息技术管理能力、自我管理能力和积极的人生态度。其中,沟通能力、人际交往能力和团队合作能力所占比例更是高达 90% 以

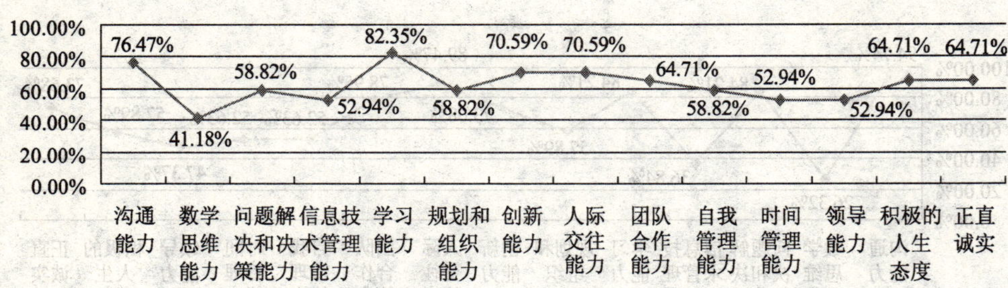

图 2-133　教育业所认同的就业能力框架内容

上,由此可见这三种能力对此行业的从业者来说尤为重要(参见图 2-134)。

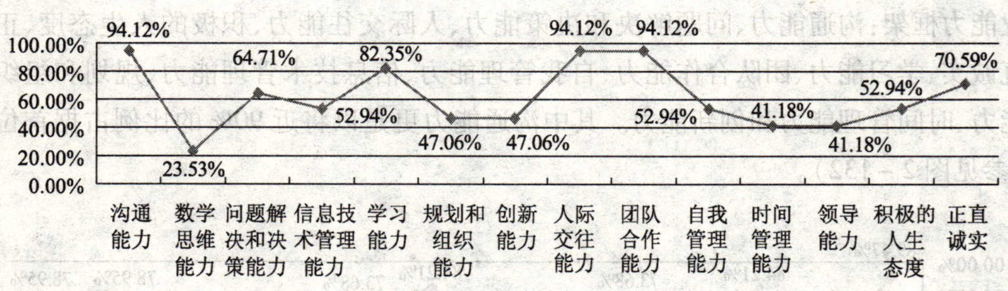

图 2-134　公共管理与社会组织部门所认同的就业能力框架内容

(12)电力、燃气及水的生产和供应业。通过调查我们可以看出,除了创新能力之外,其他各项能力都被 50% 以上的受访者选入了该行业就业能力框架的内容里。其中最为重要的三项为:人际交往能力、沟通能力和问题解决和决策能力,占受访者 80% 以上的人认为此三项能力需要包括在其行业的就业能力框架内。由此我们可以得出,此行业对于人才要求能力较强,最为看重人际交往能力、沟通能力和问题解决和决策能力(参见图 2-135)。

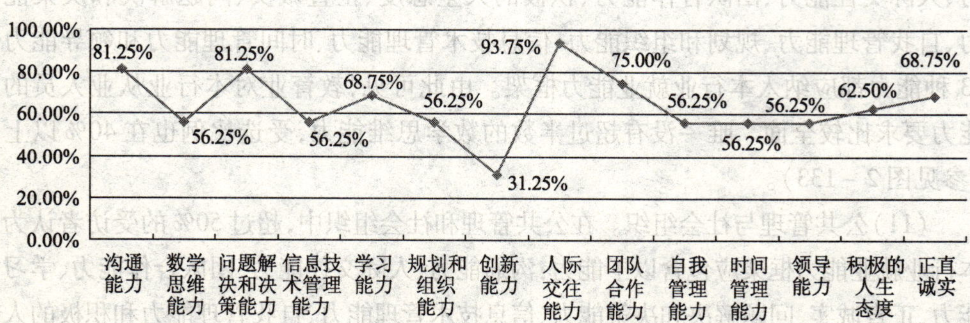

图 2-135　电力、燃气及水的生产和供应业所认同的就业能力框架内容

(13)建筑业。在建筑业的受访者中有超过50%的人在调查本行业就业能力框架时选择了以下能力(比例由高到低依次为):沟通能力、问题解决和决策能力、规划和组织能力、团队合作能力、人际交往能力、积极的人生态度、正直诚实、学习能力和创新能力。可见,以上9项能力为本行业普遍重视的能力。而从图中我们可清楚地看到数学思维能力的比例最低,仅占总数的7.14%。由此可见,数学思维能力在此行业并没有受到重视(参见图2-136)。

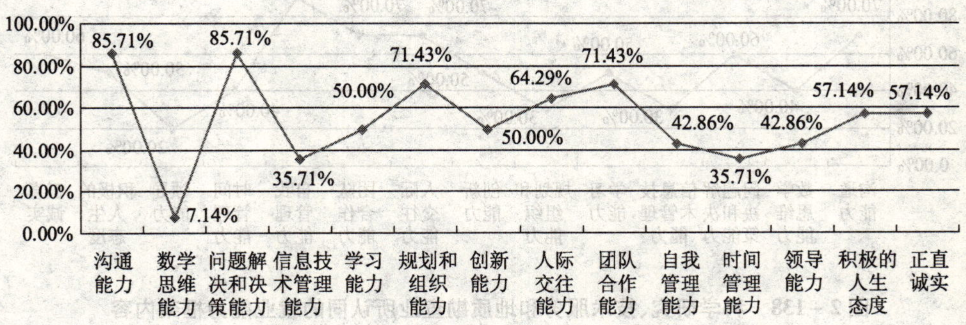

图2-136 建筑业所认同的就业能力框架内容

(14)文化、体育和娱乐业。通过调查和研究可以发现,有50%以上的受访者认为以下能力应纳入就业能力框架:人际交往能力、沟通能力、团队合作能力、问题解决和决策能力、积极的人生态度、正直诚实、创新能力、自我管理能力、学习能力、规划和组织能力、时间管理能力、领导能力和信息技术管理能力。其中人际交往能力所占比例为100%,即所有受访者都选择了这项能力,说明此能力对本行业尤为重要(参见图2-137)。

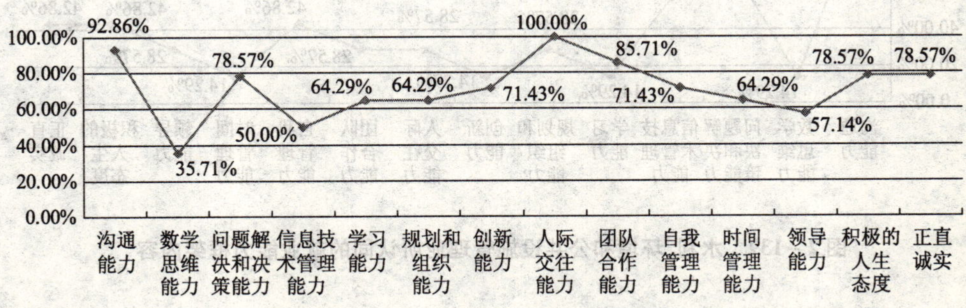

图2-137 文化、体育和娱乐业所认同的就业能力框架内容

(15)科学研究、技术服务和地质勘查业。来自科学研究、技术服务和地质勘查业的50%的受访者都认为应将自我管理能力、沟通能力、人际交往能力、团队合作能力、问题解决和决策能力、正直诚实、学习能力、创新能力和积极的人生态度9项能力纳入本行业的就业能力框架下。其中,自我管理能力被90%以上的受访者认为应纳入此框架(参见图2-138)。

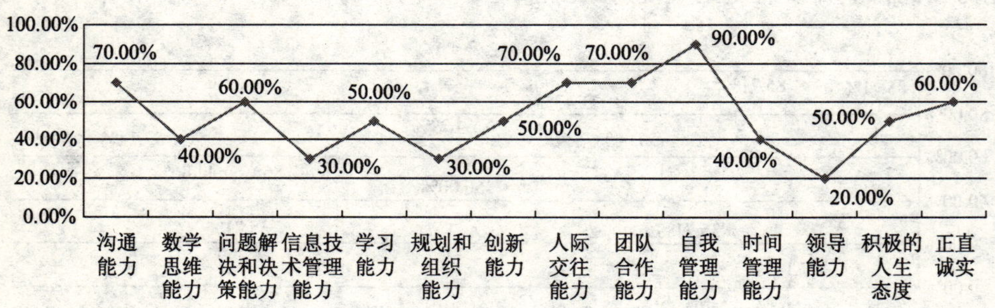

图2-138 科学研究、技术服务和地质勘查业所认同的就业能力框架内容

(16)水利、环境和公共设施管理业。来自水利、环境和公共设施管理业的受访者50%以上的人都认为,以下3种能力应纳入本行业就业能力框架中,依次为(由高到低排列):沟通能力、问题解决和决策能力和信息技术管理能力。其中沟通能力占总数的100%,由此可见沟通能力对水利、环境和公共设施管理业尤为重要(参见图2-139)。

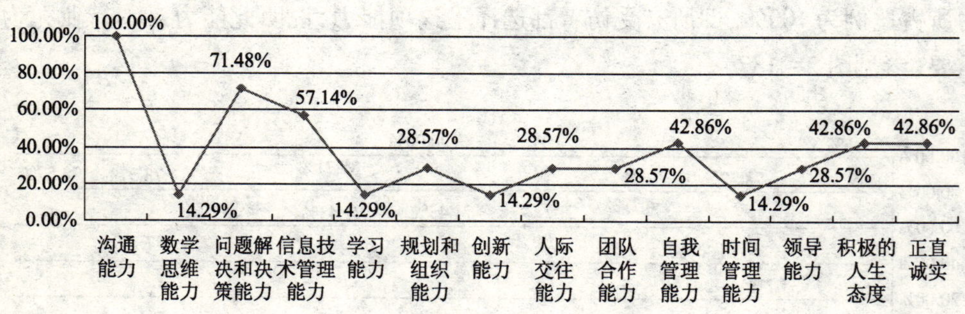

图2-139 水利、环境和公共设施管理业所认同的就业能力框架内容

(17)卫生、社会保障和社会福利业。调查显示,有50%以上的卫生、社会保障和社会福利业受访者认为以下11种能力应纳入就业能力框架,依次为:团队合作能力、人际交往能力、学习能力、沟通能力、自我管理能力、积极的人生态度、正直诚实、问题解决和决策能力、规划和组织能力、时间管理能力和创新能力。其中,团队合作能力的比例占总数的 100%,由此可见此能力对本行业就业能力框架尤为重要(参见图 2－140)。

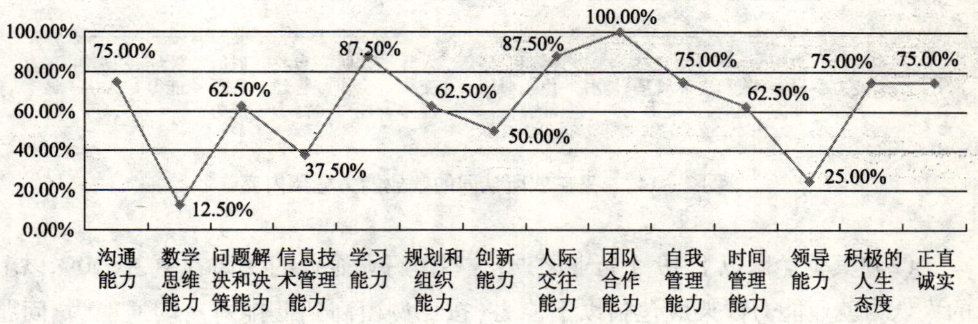

图 2－140 卫生、社会保障和社会福利业所认同的就业能力框架内容

(18)租赁和商务服务业。调查显示,有 50% 以上的受访者认为本行业就业能力框架应包括(按比例由高到低排列):团队合作能力、沟通能力、学习能力、规划和组织能力、人际交往能力、自我管理能力、领导能力和积极的人生态度(参见图 2－141)。

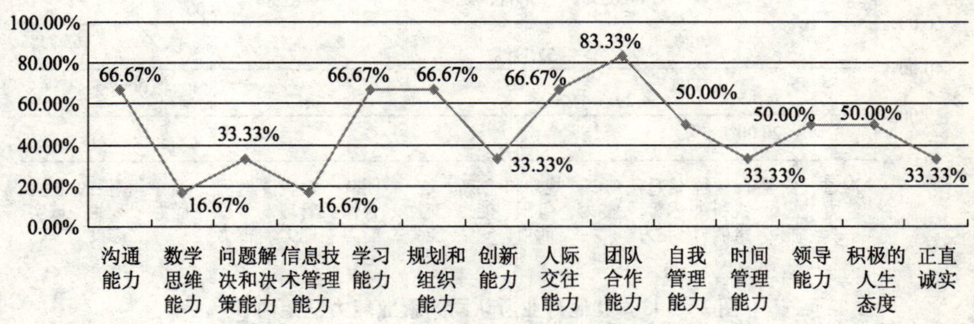

图 2－141 租赁和商务服务业所认同的就业能力框架内容

(19)采矿业。从调查和分析中我们可以看出,在采矿业认同度达到 100% 的能力就有三项,依次为:规划和组织能力、团队合作能力和领导能力。由此可见,以上三项能力在采矿业就业能力框架中受到普遍重视,应纳入其框架内(参见图 2－142)。

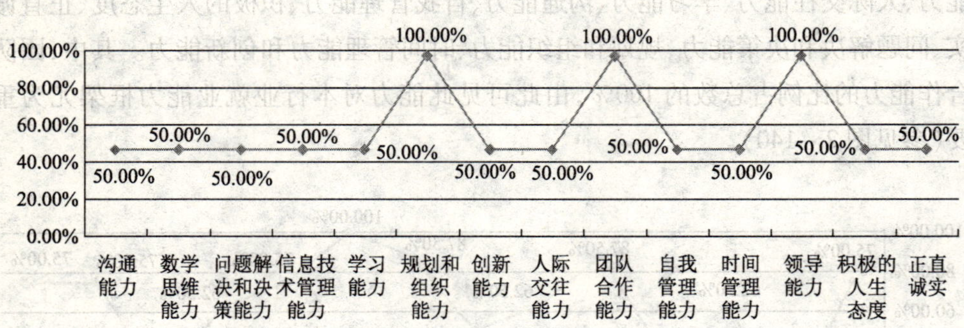

图 2－142 采矿业所认同的就业能力框架内容

(20)其他。除以上 19 个行业之外，一些跨行业企业的受访者中，有 50% 以上的人认为就业能力框架应包括以下能力（按比例由高到低排列）：沟通能力、问题解决和决策能力、团队合作能力、人际交往能力、积极的人生态度、正直诚实、自我管理能力、时间管理能力、学习能力、创新能力和规划和组织能力。其中，有 95% 以上的受访者认为沟通能力应纳入本行业就业能力框架，可见其重要性。由此可知以上 11 种能力应纳入本行业就业能力中（参见图 2－143）。

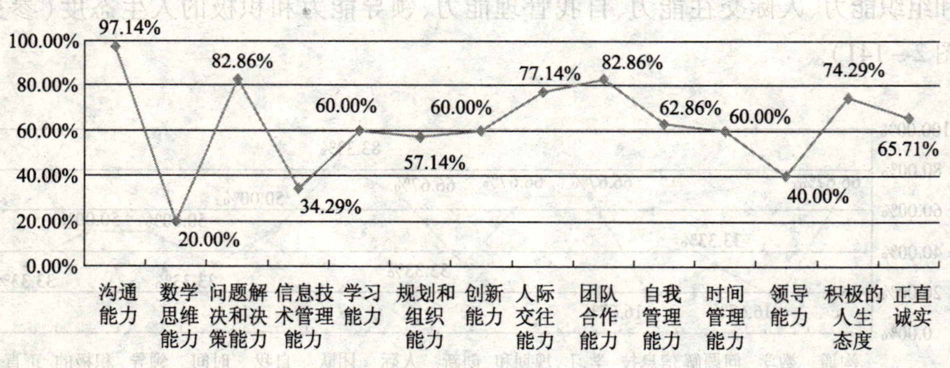

图 2－143 其他行业所认同的就业能力框架内容

2. 招聘员工时重视的条件程度排序

下面一组图（参见图 2－144 至图 2－146）显示了各行业企业在招聘员工时对就业能力、工作经验和受教育程度三个条件重视程度的排序情况。具体情况如下。

第一重视的条件。从总体情况来看，大部分的企业认为在招聘时他们第一重视的

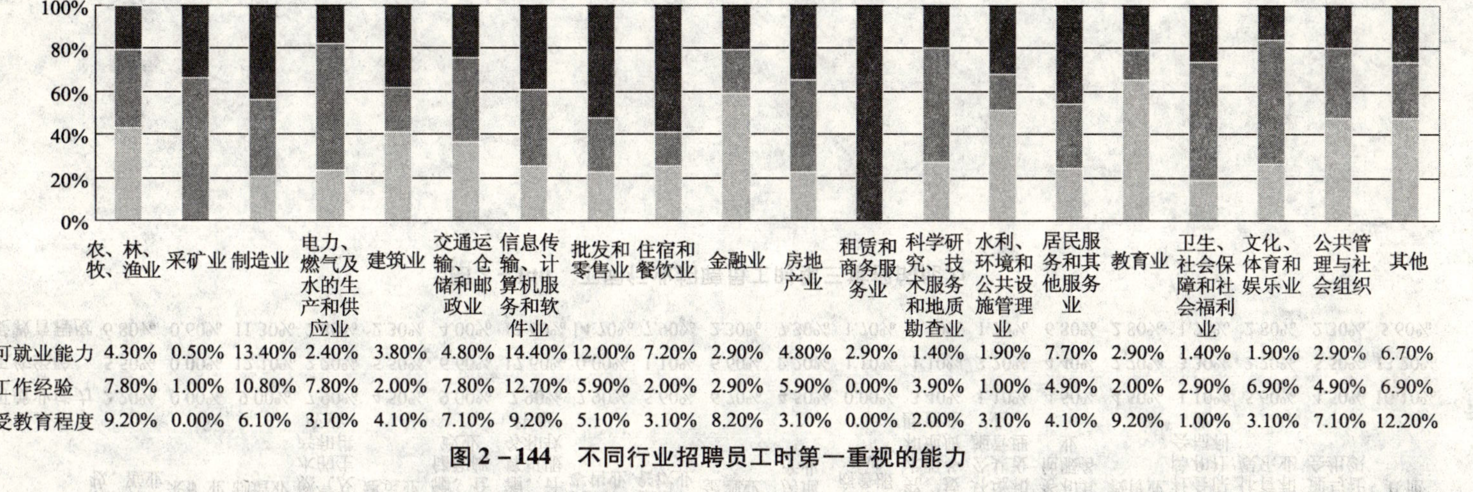

	■可就业能力	■工作经验	■受教育程度
农、林、牧、渔业	4.30%	7.80%	9.20%
采矿业	0.50%	1.00%	0.00%
制造业	13.40%	10.80%	6.10%
电力、燃气及水的生产和供应业	2.40%	7.80%	3.10%
建筑业	3.80%	2.00%	4.10%
交通运输、仓储和邮政业	4.80%	7.80%	7.10%
信息传输、计算机服务和软件业	14.40%	12.70%	9.20%
批发和零售业	12.00%	5.90%	5.10%
住宿和餐饮业	7.20%	2.00%	3.10%
金融业	2.90%	2.90%	8.20%
房地产业	4.80%	5.90%	3.10%
租赁和商务服务业	2.90%	0.00%	0.00%
科学研究、技术服务和地质勘查业	1.40%	3.90%	2.00%
水利、环境和公共设施管理业	1.90%	1.00%	3.10%
居民服务和其他服务业	7.70%	4.90%	4.10%
教育业	2.90%	2.00%	9.20%
卫生、社会保障和社会福利业	1.40%	2.90%	1.00%
文化、体育和娱乐业	1.90%	6.90%	3.10%
公共管理与社会组织	2.90%	4.90%	7.10%
其他	6.70%	6.90%	12.20%

图 2-144 不同行业招聘员工时第一重视的能力

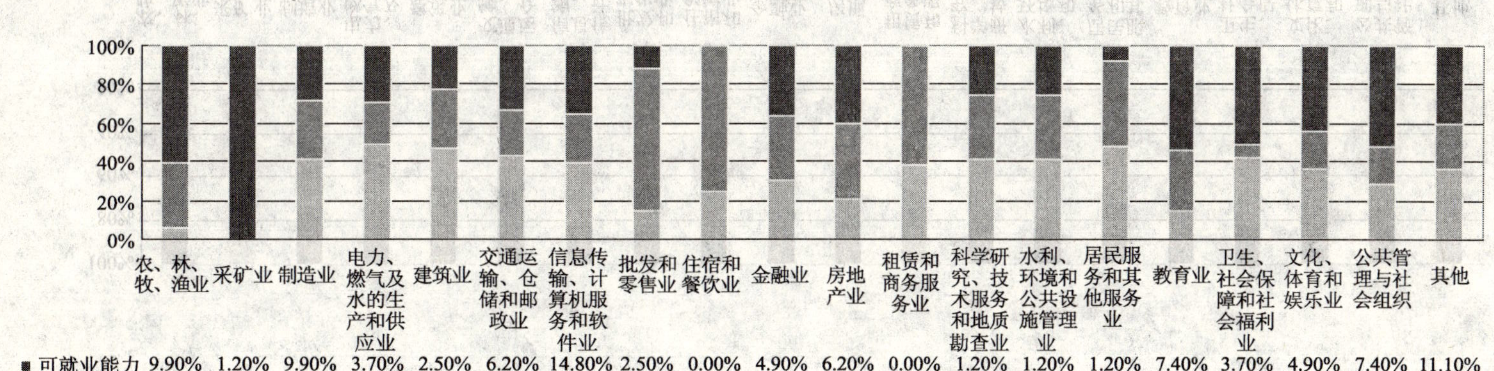

	■可就业能力	■工作经验	■受教育程度
农、林、牧、渔业	9.90%	5.50%	1.00%
采矿业	1.20%	0.00%	0.00%
制造业	9.90%	10.40%	14.30%
电力、燃气及水的生产和供应业	3.70%	2.70%	6.10%
建筑业	2.50%	3.30%	5.10%
交通运输、仓储和邮政业	6.20%	4.40%	8.20%
信息传输、计算机服务和软件业	14.80%	10.90%	16.30%
批发和零售业	2.50%	15.30%	3.10%
住宿和餐饮业	0.00%	9.30%	3.10%
金融业	4.90%	4.40%	4.10%
房地产业	6.20%	6.00%	3.10%
租赁和商务服务业	0.00%	1.60%	1.00%
科学研究、技术服务和地质勘查业	1.20%	1.60%	2.00%
水利、环境和公共设施管理业	1.20%	1.60%	2.00%
居民服务和其他服务业	1.20%	6.60%	7.10%
教育业	7.40%	4.40%	2.00%
卫生、社会保障和社会福利业	3.70%	0.50%	3.10%
文化、体育和娱乐业	4.90%	2.20%	4.10%
公共管理与社会组织	7.40%	2.70%	4.10%
其他	11.10%	6.60%	10.20%

图 2-145 不同行业招聘员工时第二重视的能力

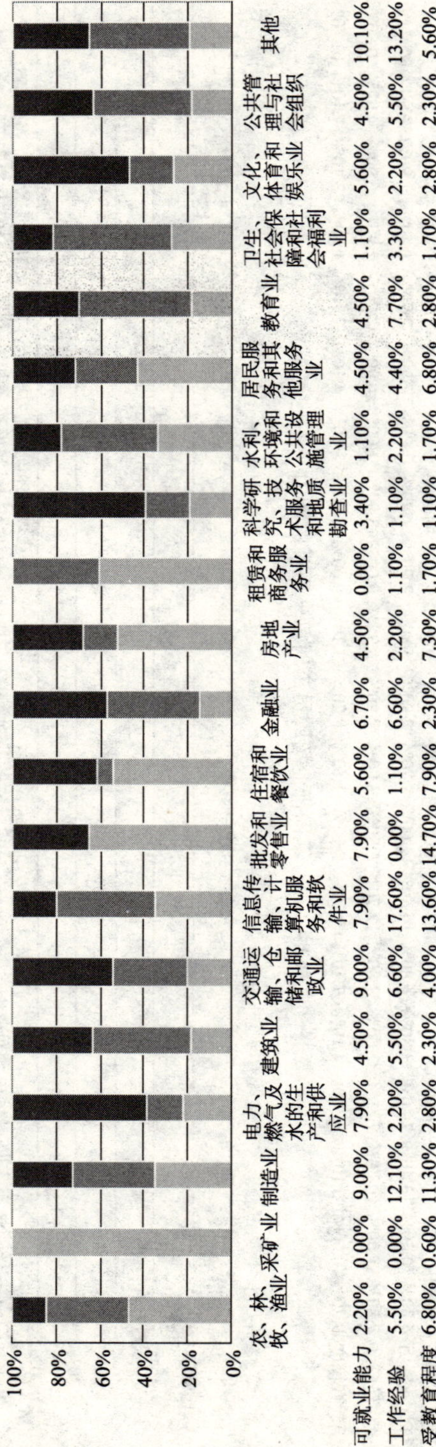

图2-146 不同行业招聘员工时第三重视的能力

条件是应聘者的就业能力，但是不同的行业对此也持不同的态度，比如：农、林、牧、渔业就认为工作经验同受教育程度不相上下，这两项同样是他们关注的重要条件；采矿业则认为就业能力与工作经验同等重要，并且都是他们第一重视的条件；电力、燃气及水的生产和供应业认为工作经验才是他们第一重视的条件；科学研究、技术服务和地质勘查业同样也认为工作经验是最重要的条件；卫生、社会保障和社会福利业把就业能力与工作经验作为同等重视的条件放在第一的位置；文化、体育和娱乐业则认为受教育程度比工作经验和就业能力重要，应列第一位。

第二重视的条件。从总体情况来看，大部分行业都认为工作经验是其招聘员工时第二重视的条件，但是不同的行业类型也有不同的态度和看法，比如：采矿业认为第二重要的条件就是就业能力；卫生、社会保障和社会福利业则认为应该是就业能力是其招聘员工是第二重视的条件；文化、体育和娱乐业认为受教育程度是第二重要的条件。

第三重视的条件。从总体情况来看，大部分行业都认为受教育程度是其招聘员工时第三重视的条件，但是不同的行业类型也有不同的态度和看法。比如：电力、燃气及水的生产和供应业认为是就业能力而不是受教育程度是第三重要的条件；建筑业认为工作经验是其第三重视的条件；电力、燃气及水的生产和供应业认为其招聘员工时第三重视的是就业能力；金融业中的企业和单位则认为就业能力和工作经验才应该是其招聘时第三重视的条件；科学研究、技术服务和地质勘查业认为其招聘员工时第三重视的条件是就业能力；教育行业、公共管理与社会组织以及其他行业类型则认为工作经验是其第三重视的条件。

3. 应聘者能力不符合要求的情况下是否放弃招聘

经过调查我们发现，不同行业类型的单位和企业对于没有应聘者符合就业能力要求的情况下是否会放弃招聘所持的态度不一，但是从总体情况来看会放弃的行业所占的比例更高一点。特别是农、林、牧、渔业、交通运输、仓储和邮政业、住宿和餐饮业、科学研究、技术服务和地质勘查业、居民服务和其他服务业、教育、卫生、社会保障和社会福利业等行业。但是也有一些行业是不会因为招不到符合就业能力要求的员工而放弃招聘的。其中表现比较明显的有电力、燃气及水的生产和供应业、信息传输、计算机服务和软件业、批发和零售业、租赁和商务服务业、水利、环境和公共设施管理业、其他（参见图 2－147）。

4. 员工应聘成功所依赖的重要能力

（1）农林牧渔业。由图 2－148 可见，此行业 50% 以上的受访者认为员工应聘

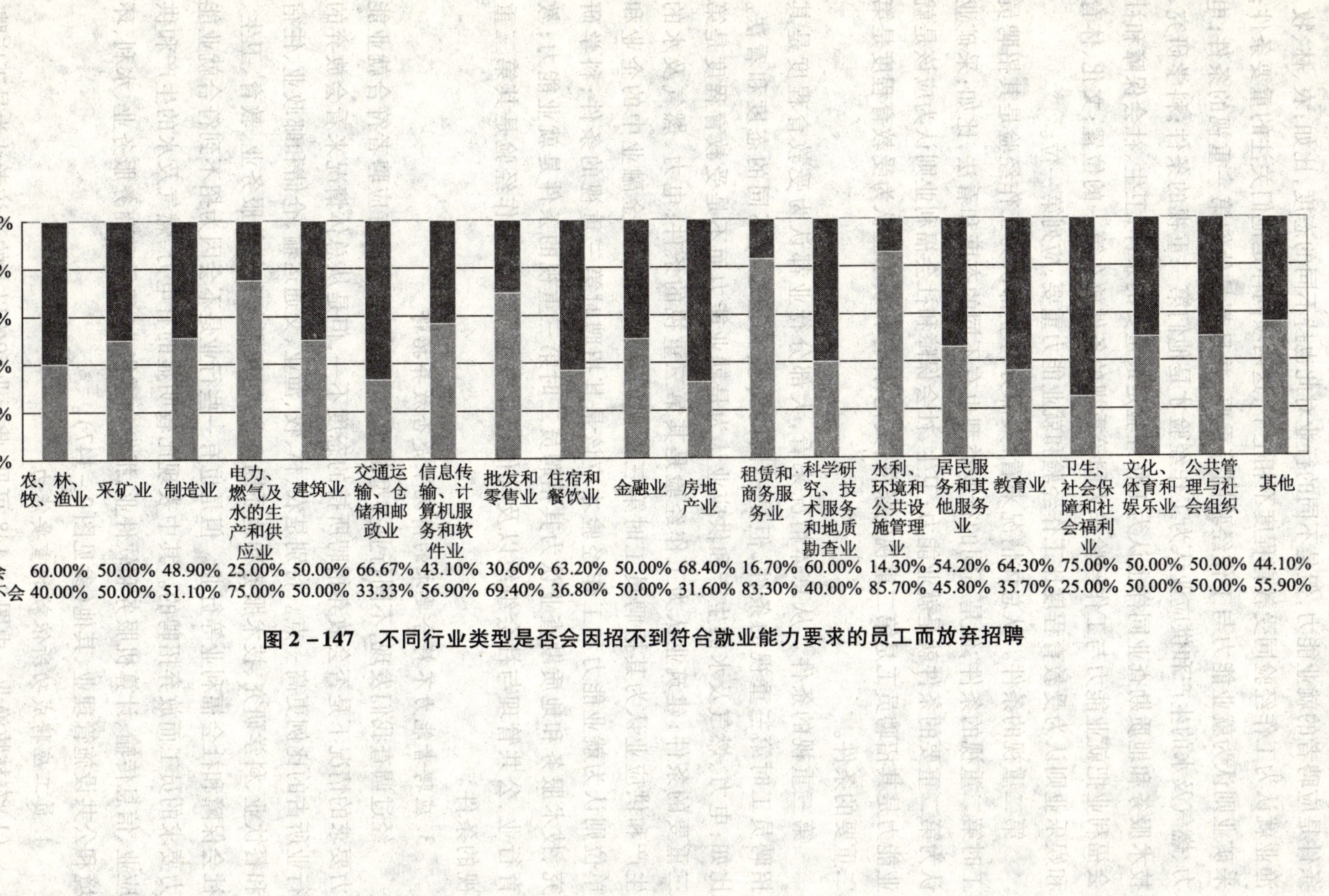

	农、林、牧、渔业	采矿业	制造业	电力、燃气及水的生产和供应业	建筑业	交通运输、仓储和邮政业	信息传输、计算机服务和软件业	批发和零售业	住宿和餐饮业	金融业	房地产业	租赁和商务服务业	科学研究、技术服务和地质勘查业	水利、环境和公共设施管理业	居民服务和其他服务业	教育业	卫生、社会保障和社会福利业	文化、体育和娱乐业	公共管理与社会组织	其他
■会	60.00%	50.00%	48.90%	25.00%	50.00%	66.67%	43.10%	30.60%	63.20%	50.00%	68.40%	16.70%	60.00%	14.30%	54.20%	64.30%	75.00%	50.00%	50.00%	44.10%
■不会	40.00%	50.00%	51.10%	75.00%	50.00%	33.33%	56.90%	69.40%	36.80%	50.00%	31.60%	83.30%	40.00%	85.70%	45.80%	35.70%	25.00%	50.00%	50.00%	55.90%

图2-147　不同行业类型是否会因招不到符合就业能力要求的员工而放弃招聘

成功所依赖的能力包括(按比例由高到低排列):沟通能力、积极的人生态度、团队合作能力、学习能力、人际交往能力和正直诚实。因此对应聘农林牧渔业企业的应聘者来说,以上六种能力比较重要。

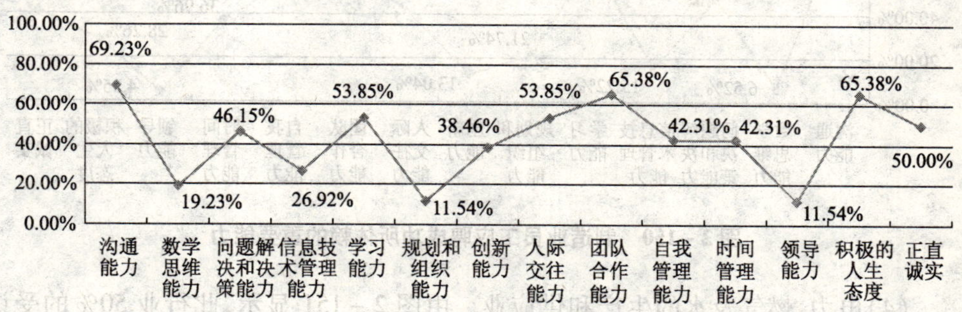

图 2-148 农林牧渔业员工应聘成功所依赖的重要能力

(2)采矿业。图 2-149 中显示,此行业 50% 的受访者认为员工应聘成功所依赖的能力包括(按比例由高到低排列):沟通能力、问题解决和决策能力、规划和组织能力、人际交往能力、团队合作能力和领导能力,以上六种能力对员工成功应聘采矿业有重要作用。

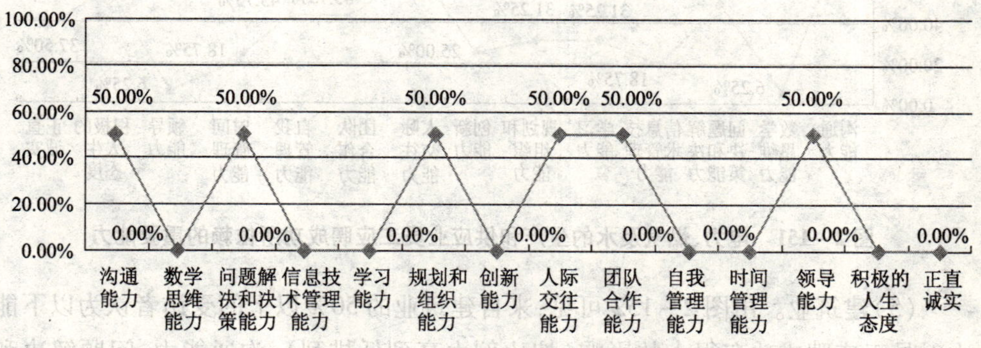

图 2-149 采矿业员工应聘成功所依赖的重要能力

(3)制造业。由图 2-150 中看出,来自制造业的 50% 以上的受访者认为以下能力对员工应聘成功有很大的影响,其中包括(按比例由高到低排列):沟通能力、学习能力、团队合作能力和自我管理能力。因此,如想成功进入制造业,应重视这些能力的培养。

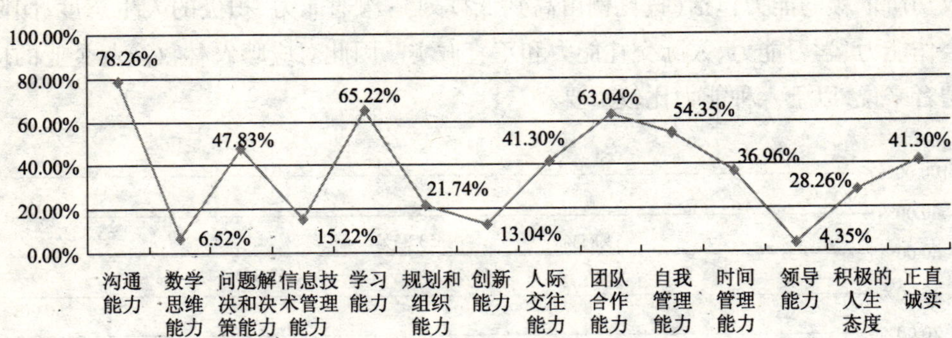

图 2－150　制造业员工应聘成功所依赖的重要能力

(4)电力、燃气及水的生产和供应业。由图 2－151 显示,此行业 50% 的受访者认为员工应聘成功所依赖的能力包括(按比例由高到低排列):沟通能力、人际交往能力、积极的人生态度和问题解决和决策能力。由此可见,以上 4 种能力是员工应聘此行业至关重要的能力,应注意平时的培养。

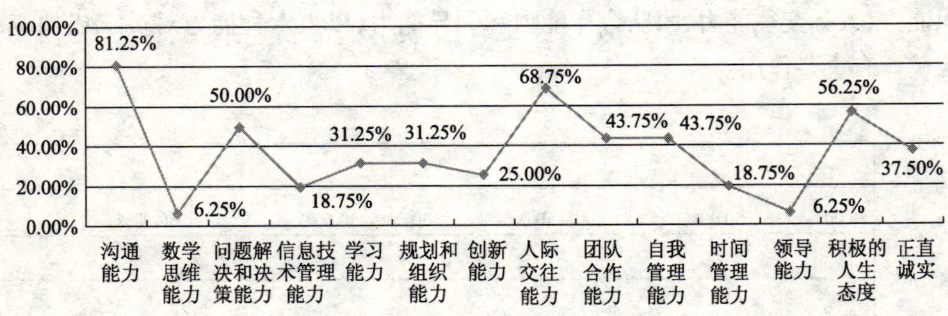

图 2－151　电力、燃气及水的生产和供应业员工应聘成功所依赖的重要能力

(5)建筑业。由图 2－152 可见,来自建筑业的 50% 以上的受访者认为以下能力对员工应聘成功有很大的影响(按比例由高到低排列):沟通能力、问题解决和决策能力、积极的人生态度、正直诚实和人际交往能力。由此可见,以上五种能力在员工应聘此行业的企业时尤为重要。

(6) 交通运输、仓储和邮政业。由图 2－153 可知,来自该行业 50% 以上的受访者认为以下 5 种能力对员工应聘有很大影响(按比例由高到低排列):沟通能力、团队合作能力、正直诚实、人际交往能力和问题解决和决策能力。由此可见以上五种能力对应聘此行业来说至关重要。

(7)信息传输、计算机服务和软件业。由图 2－154 可知,50% 以上的受访者认

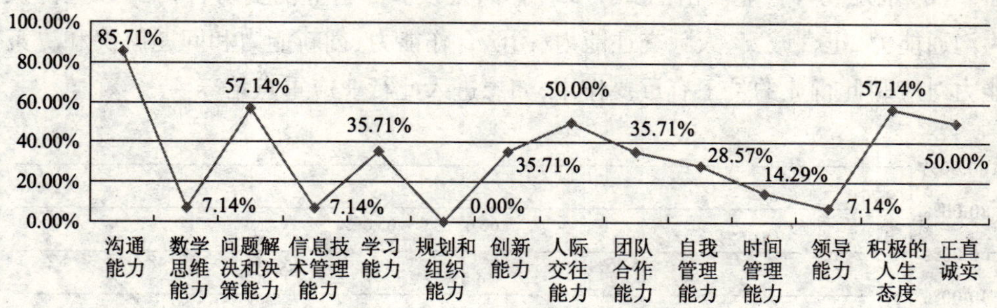

图 2-152 建筑业员工应聘成功所依赖的重要能力

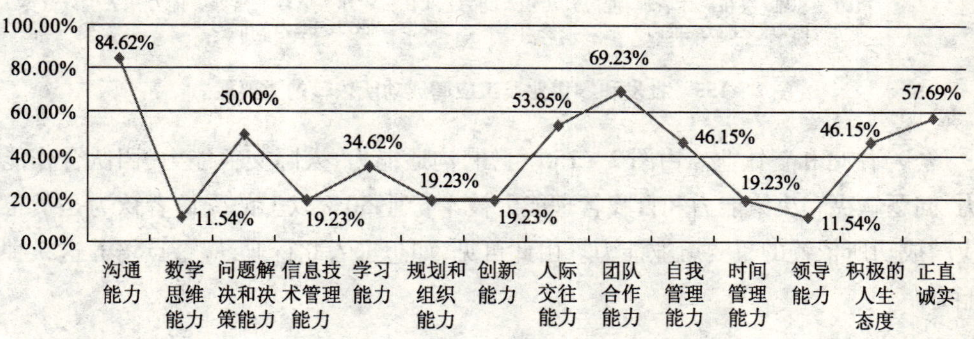

图 2-153 交通运输、仓储和邮政业员工应聘成功所依赖的重要能力

为以下 4 种能力对员工应聘本行业有重要影响(按比例由高到低排列):沟通能力、问题解决和决策能力、团队合作能力和积极的人生态度。由此可见这 4 种能力对应聘此行业的员工十分重要,应重点培养。

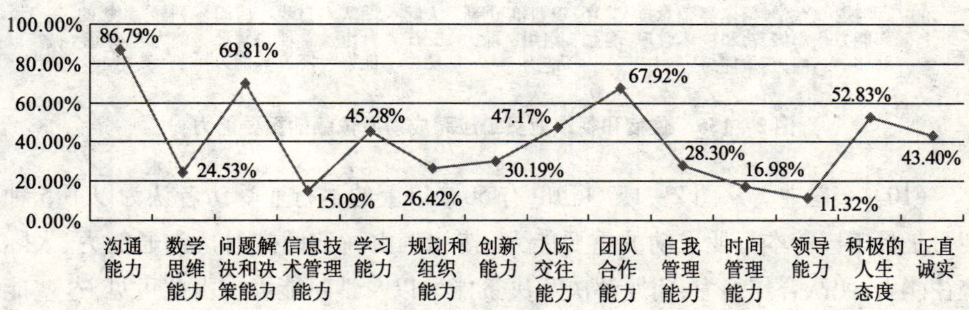

图 2-154 信息传输、计算机服务和软件业员工应聘成功所依赖的重要能力

(8)批发和零售业。由图 2－155 可知，批发和零售业的受访者 50% 以上都认为沟通能力、正直诚实、人际交往能力、团队合作能力、创新能力和问题解决和决策能力对应聘此行业的员工有重要作用，如想进入此行业应重点培养。

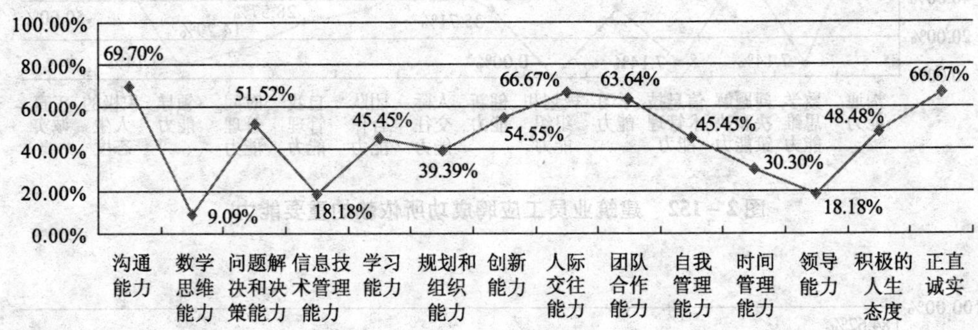

图 2－155　批发和零售业员工应聘成功所依赖的重要能力

(9)住宿和餐饮业。由图 2－156 可知，沟通能力、人际交往能力、团队合作能力、问题解决和决策能力和自我管理能力被本行业 50% 以上的受访者认为是员工应聘成功所依赖的重要就业能力。由此可见，如想进入此行业，应重点培养这 5 种能力。

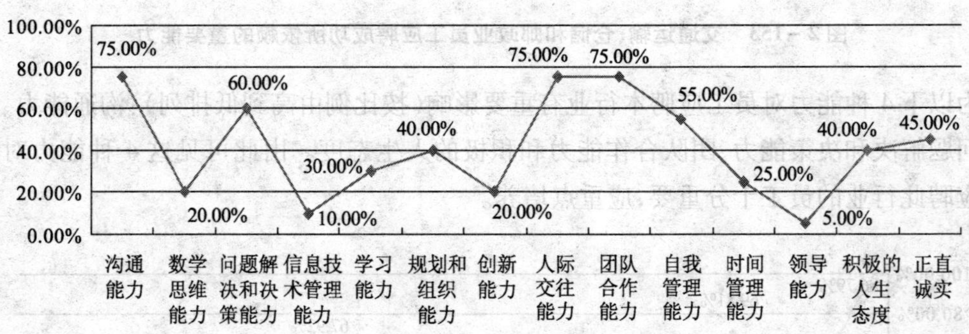

图 2－156　住宿和餐饮业员工应聘成功所依赖的重要能力

(10) 金融业。从图 2－157 可知，有 50% 以上的本行业受访者认为以下 5 种能力是员工应聘本行业成功的重要能力(按比例由高到低排列)：沟通能力、人际交往能力、团队合作能力、问题解决和决策能力以及学习能力。由此可见，这些能力对应聘金融业企业的员工来说比较重要。

(11) 房地产业。图 2－158 中显示，有 50% 以上的本行业受访者认为以下 7

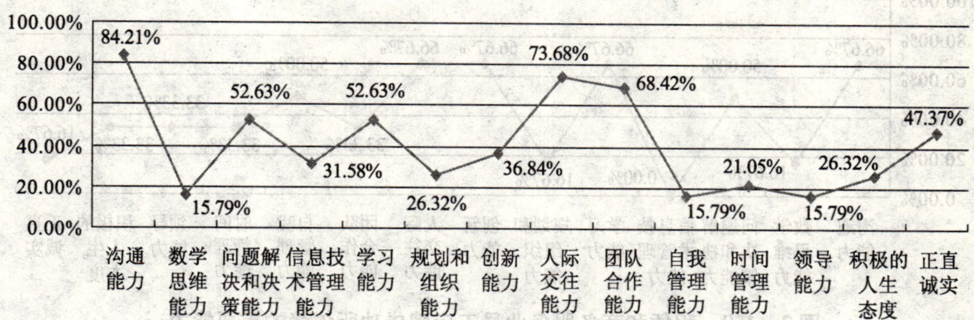

图 2-157 金融业员工应聘成功所依赖的重要能力

项能力是员工应聘本行业成功的重要能力(按比例由高到低排列):沟通能力、正直诚实、问题解决和决策能力、学习能力、积极的人生态度、团队合作能力和人际交往能力。其中沟通能力的受选率高达 90% 以上。由此可见,以上 7 种能力对员工成功应聘该行业有重要影响。

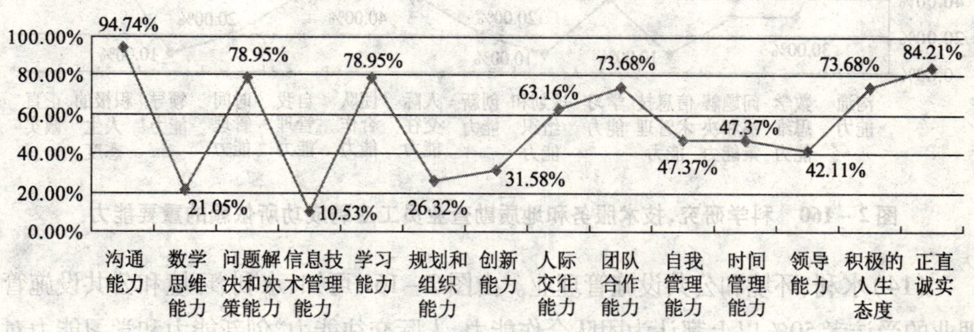

图 2-158 房地产业员工应聘成功所依赖的重要能力

(12) 租赁和商务服务业。图 2-159 中显示,有 50% 以上的本行业受访者认为以下 6 项能力是员工应聘本行业成功的重要能力(按比例由高到低排列):沟通能力、学习能力、创新能力、人际交往能力、问题解决和决策能力和自我管理能力。由此可见,此 6 种能力对应聘租赁和商务服务业有重要影响。从图中可以看出信息技术管理能力在租赁和商务服务业没有人选择,说明此能力对员工进入本行业影响很小。

(13)科学研究、技术服务和地质勘查业。图 2-160 中显示,有 50% 以上的本行业受访者认为以下 3 项能力是员工应聘本行业成功的重要能力(按比例由高到低排列):沟通能力、积极的人生态度和正直诚实。这 3 项能力对于应聘此行业有

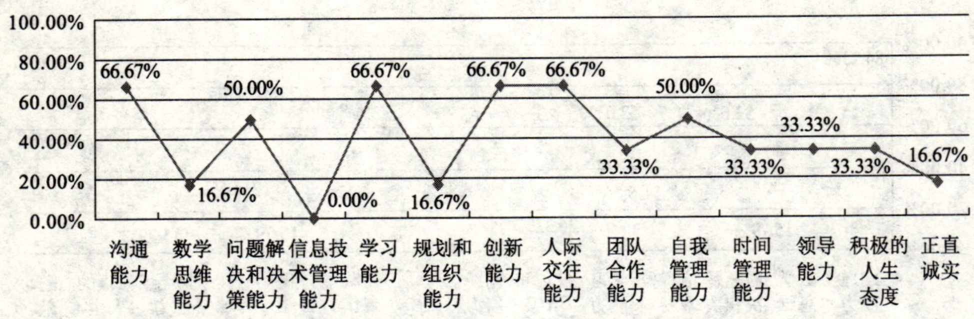

图 2－159　租赁和商务服务业员工应聘成功所依赖的重要能力

重要影响，其中沟通能力的受选率高达 90% 以上，说明此项能力对应聘科学研究、技术服务和地质勘查业有很大影响。

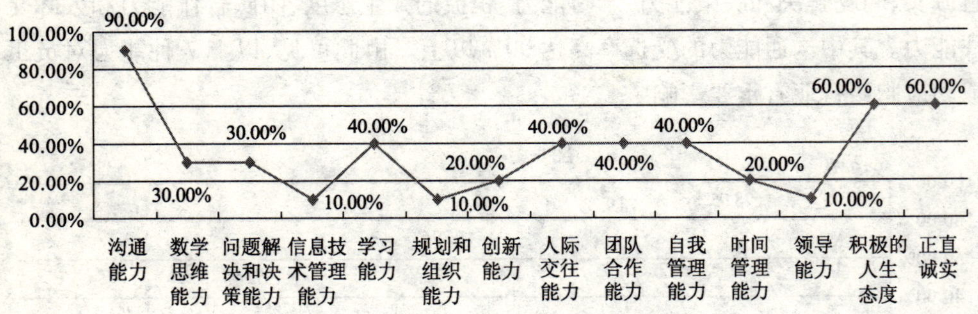

图 2－160　科学研究、技术服务和地质勘查业员工应聘成功所依赖的重要能力

（14）水利、环境和公共设施管理业。由图 2－161 可知，水利、环境和公共设施管理业的受访者 50% 以上都认为团队合作能力、人际交往能力、创新能力和学习能力对此行业有重要影响。由此可见，此 4 种能力是员工应聘成功所依赖的重要能力。

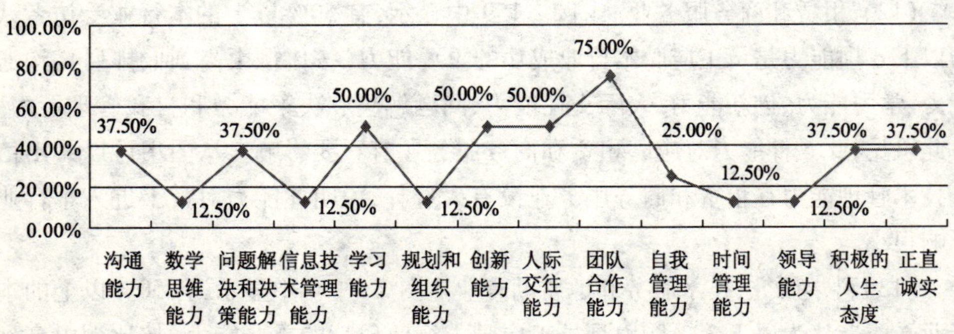

图 2－161　水利、环境和公共设施管理业员工应聘成功所依赖的重要能力

(15)居民服务和其他服务业。图 2－162 中显示,有 50% 以上的本行业受访者认为以下 3 项能力是员工应聘本行业成功的重要能力(按比例由高到低排列):沟通能力、人际交往能力和团队合作能力。这 3 种能力对员工应聘本行业有重要影响,如想进入本行业,需重点培养。

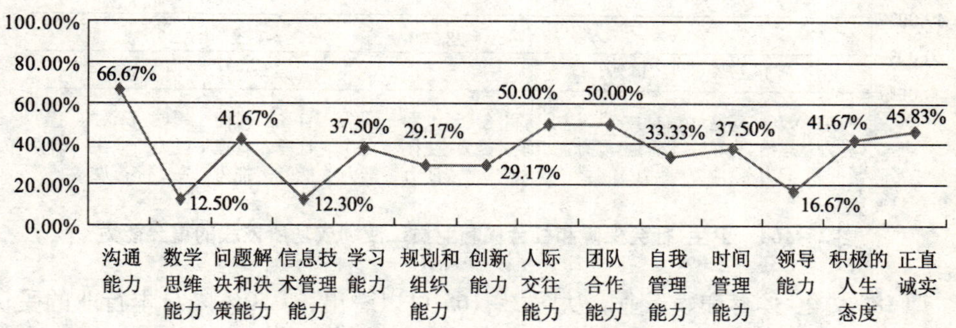

图 2－162 居民服务和其他服务业员工应聘成功所依赖的重要能力

(16)教育业。图 2－163 中显示,有 50% 以上的本行业受访者认为以下 3 项能力是员工应聘本行业成功的重要能力(按比例由高到低排列):人际交往能力、沟通能力和团队合作能力。由此可见如想成功应聘教育业,那么这 3 种能力必不可少。

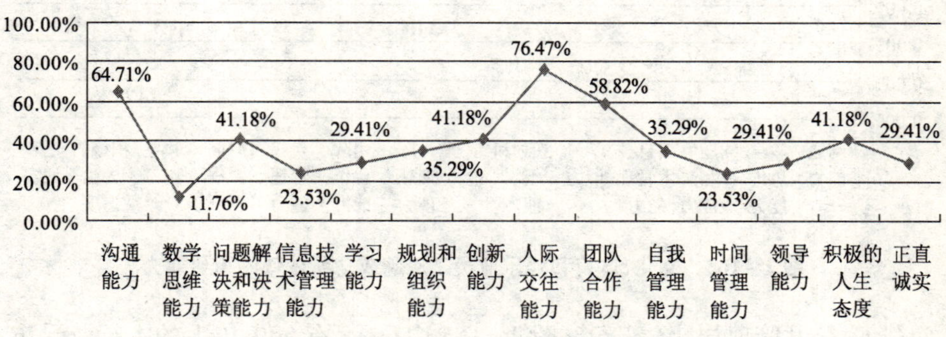

图 2－163 教育业员工应聘成功所依赖的重要能力

(17)卫生、社会保障和社会福利业。由图 2－164 可见,50% 以上来自此行业的受访者都认为以下 8 项能力是员工应聘成功的重要条件,其中包括:正直诚实、积极的人生态度、人际交往能力、沟通能力、问题解决和决策能力、团队合作能力、学习能力和规划和组织能力。其中正直诚实、积极的人生态度和人际交往能力所占比例为100%,可见此3项能力的重要性,应聘者要重点培养。

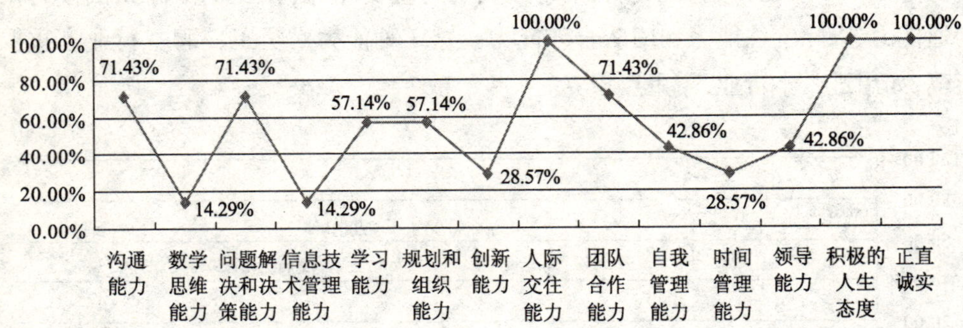

图2－164　卫生、社会保障和社会福利业员工应聘成功所依赖的重要能力

(18)文化、体育和娱乐业。从图2－165可以看出,有50%来自本行业的受访者认为以下9项能力为员工成功应聘所依赖的能力(按比例由高到低排列):沟通能力、人际交往能力、团队合作能力、学习能力、规划和组织能力、创新能力、积极的人生态度、正直诚实和问题解决和决策能力。可见以上9种能力对员工成功应聘此行业有重要影响。

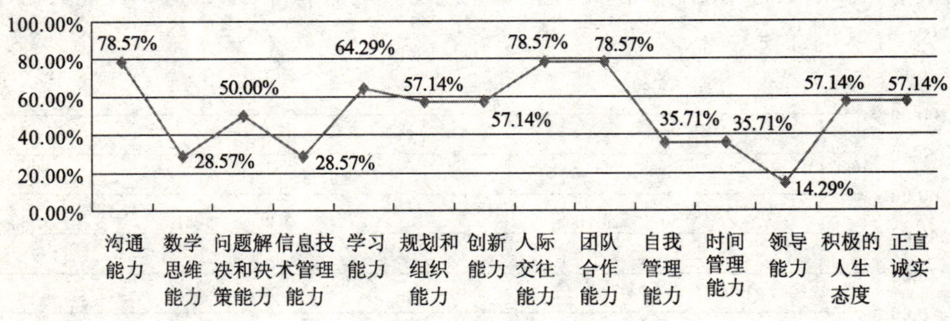

图2－165　文化、体育和娱乐业员工应聘成功所依赖的重要能力

(19)公共管理与社会组织。图2－166中显示,有50%以上的本行业受访者认为以下5项能力是员工应聘本行业成功的重要能力(按比例由高到低排列):沟通能力、人际交往能力、团队合作能力、问题解决和决策能力和积极的人生态度。而从图中可看出数学思维能力和领导能力对成功应聘公共管理与社会组织影响较小。

(20)其他行业。由图2－167可以看出,有50%以上的本行业受访者认为以下6项能力是员工应聘本行业成功的重要能力(按比例由高到低排列):沟通能力、

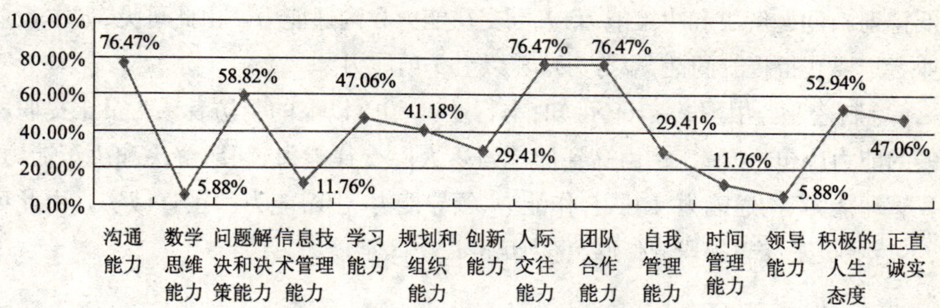

图 2－166 公共管理与社会组织员工应聘成功所依赖的重要能力

团队合作能力、问题解决和决策能力、人际交往能力、自我管理能力和积极的人生态度。由此可见，以上 6 种能力对成功应聘其他行业有重要影响。

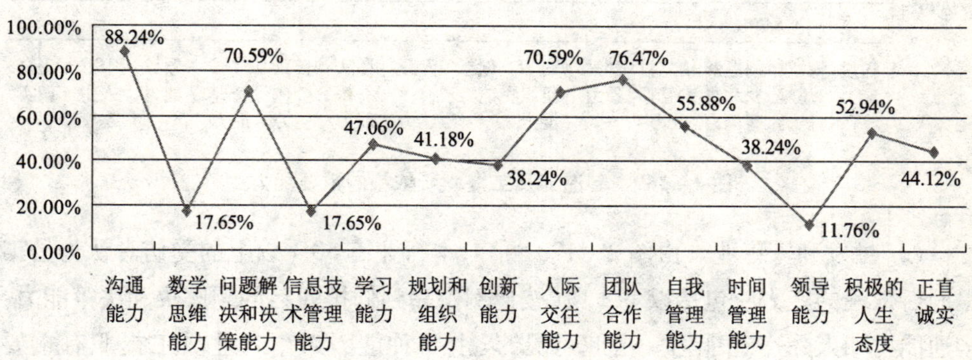

图 2－167 其他行业员工应聘成功所依赖的重要能力

5. 员工提职所依赖的重要能力

(1)信息传输、计算机服务和软件业。从图 2－168 中可以看出，本行业有 30% 以上的受访者认为员工提职所依赖的能力应包括以下 3 项能力(按比例由高

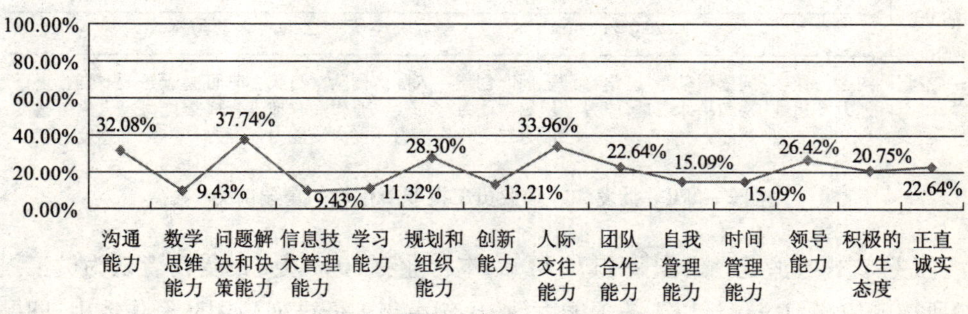

图 2－168 信息传输、计算机服务和软件业员工提职所依赖的重要能力

到低排列):问题解决和决策能力、人际交往能力和沟通能力。由此可见,如本行业从业者想要获得提升的话,应努力培养以上3项能力。

(2)制造业。由图2-169可知,本行业有50%以上的受访者认为员工提职所依赖的能力应包括(按比例由高到低排列):人际交往能力、问题解决和决策能力、自我管理能力、沟通能力、团队合作能力、领导能力、学习能力和正直诚实。由此可见,本行业员工如想提职,必须要努力培养以上8项能力。

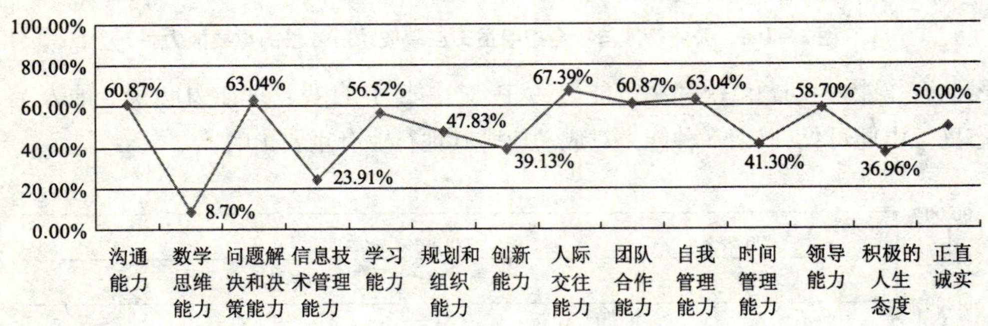

图2-169 制造业员工提职所依赖的重要能力

(3)批发和零售业。由图2-170可知,本行业有50%以上的受访者认为员工提职所依赖的能力应包括以下3项(按比例由高到低排列):问题解决和决策能力、沟通能力和人际交往能力。由此可见,以上3种能力对本行业员工提职有重要影响。

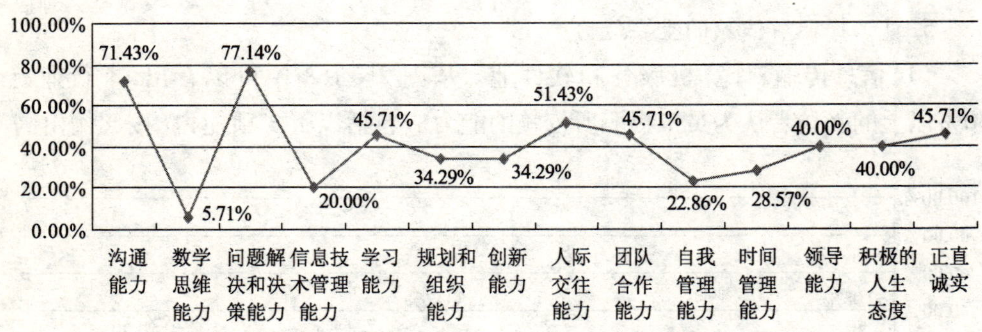

图2-170 批发和零售业员工提职所依赖的重要能力

(4)农林牧渔业。由图2-171可知,本行业有50%以上的受访者认为员工提职所依赖的能力应包括以下7项能力(按比例由高到低排列):团队合作能力、问题解决和决策能力、沟通能力、规划和组织能力、人际交往能力、领导能力和创新能力。由此可见以上7种能力对本行业的从业者来说格外重要,如想提职则要重点提升以上能力,充实自己。

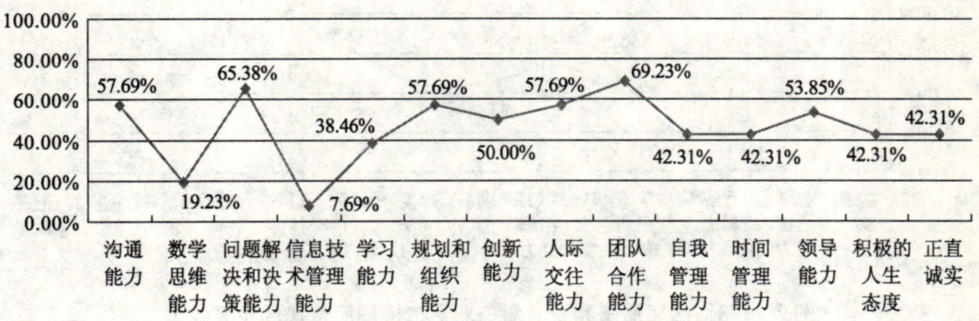

图2-171 农林牧渔业员工提职所依赖的重要能力

(5)交通运输、仓储和邮政业。由图2-172可知,本行业有50%以上的受访者认为员工提职所依赖的能力应包括以下5项(按比例由高到低排列):问题解决和决策能力、人际交往能力、沟通能力、规划和组织能力和领导能力。由此可见,以上5项能力是本行业员工提职时的重要参考因素,所以如果想顺利提职,则应加强此能力的培养。

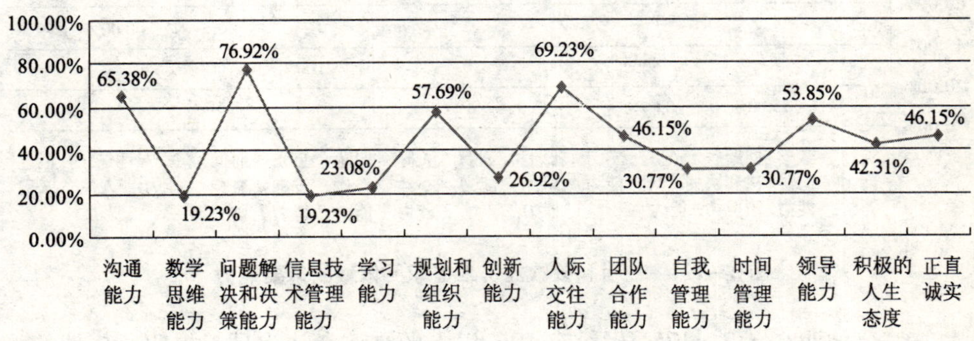

图2-172 交通运输、仓储和邮政业员工提职所依赖的重要能力

(6)居民服务和企业服务业。如图2-173显示,有50%以上的受访者认为员工提职所依赖的能力应包括以下7项(按比例由高到低排列):团队合作能力、学习能力、沟通能力、问题解决和决策能力、规划和组织能力、自我管理能力和时间管理能力。以上7项能力被本行业受访者普遍列为员工提职所需的能力。由此可见,

此7项能力是本行业员工提职时的重要参考因素,所以如果想顺利提职,则应加强此能力的培养。

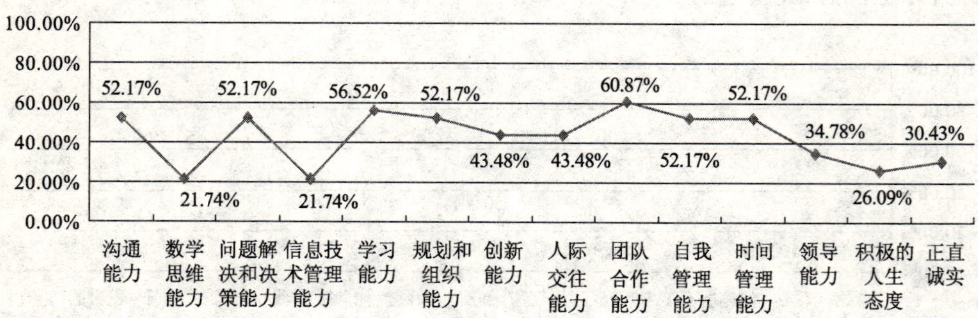

图2－173　居民服务和企业服务业员工提职所依赖的重要能力

(7)住宿和餐饮业。图2－174中显示,有50%以上的受访者认为员工提职所依赖的能力应包括以下6项(按比例由高到低排列):问题解决和决策能力、团队合作能力、规划和组织能力、人际交往能力、沟通能力和正直诚实。以上6项能力是本行业员工提职时的重要参考因素。

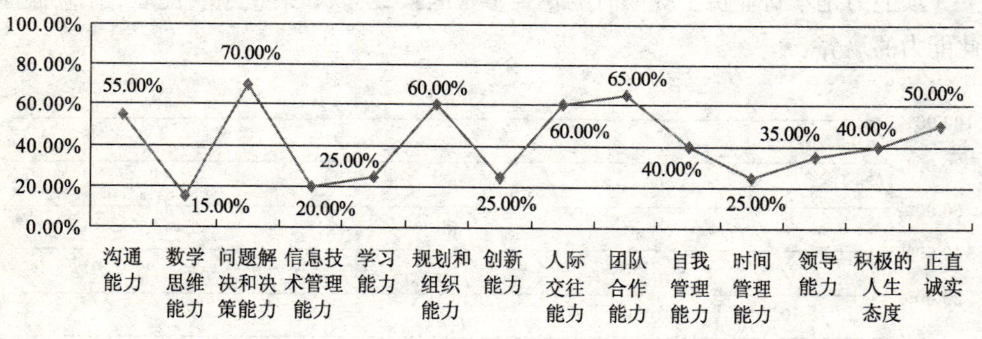

图2－174　住宿和餐饮业员工提职所依赖的重要能力

(8)金融业。图2－175显示,有50%以上的受访者认为员工提职所依赖的能力应包括以下7项(按比例由高到低排列):沟通能力、问题解决和决策能力、人际交往能力、团队合作能力、领导能力、学习能力和规划和组织能力。由此可见,以上7项能力对员工提职有重要影响。

(9)房地产业。图2－176显示,有50%以上的受访者认为员工提职所依赖的能力应包括以下8项(按比例由高到低排列):问题解决和决策能力、时间管理能力、领导能力、沟通能力、正直诚实、人际交往能力、学习能力和团队合作能力、积极的人生态度。由此可见,房地产业的从业者普遍认为以上8种能力对员工来说是提职必备的。

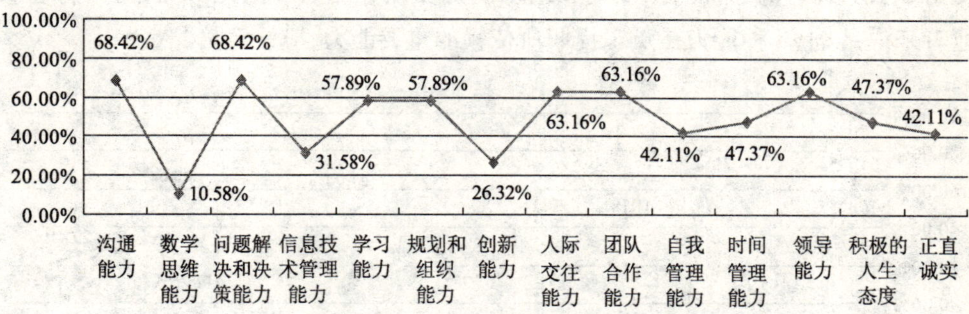

图 2－175 金融业员工提职所依赖的重要能力

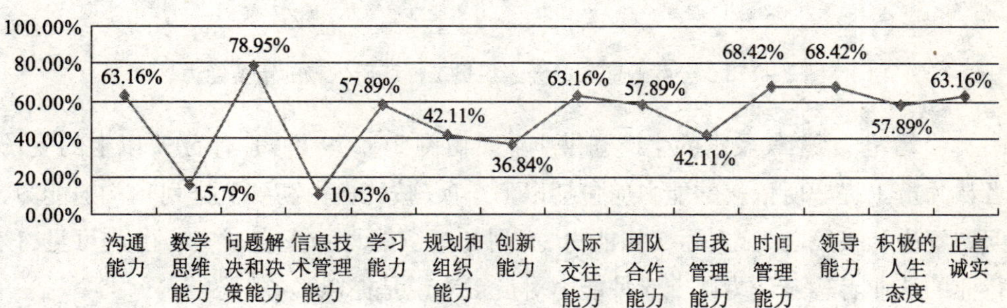

图 2－176 房地产业员工提职所依赖的重要能力

(10)教育业。图2－177显示,有50%以上的受访者认为员工提职所依赖的能力应包括以下5项能力(按比例由高到低排列):创新能力、沟通能力、积极的人生态度、正直诚实和团队合作能力。由此可见,对教育业从业者来说,以上5种能力是员工提职所依赖的重要能力。

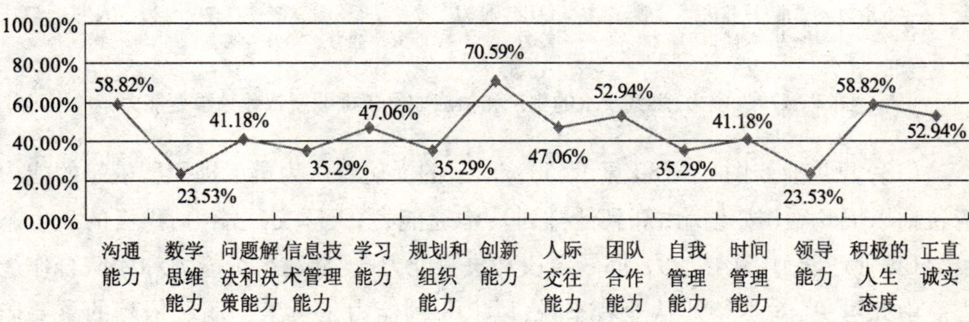

图 2－177 教育业员工提职所依赖的重要能力

(11)公共管理和社会组织。由图2－178可知,有50%以上的受访者认为员工提职所依赖的能力应包括以下5项(按比例由高到低排列):人际交往能力、沟通能力、问题解决和决策能力、规划和组织能力和领导能力。由此可见,对本行业从业者来说,以上5种能力是员工提职所依赖的重要能力,应注意培养。

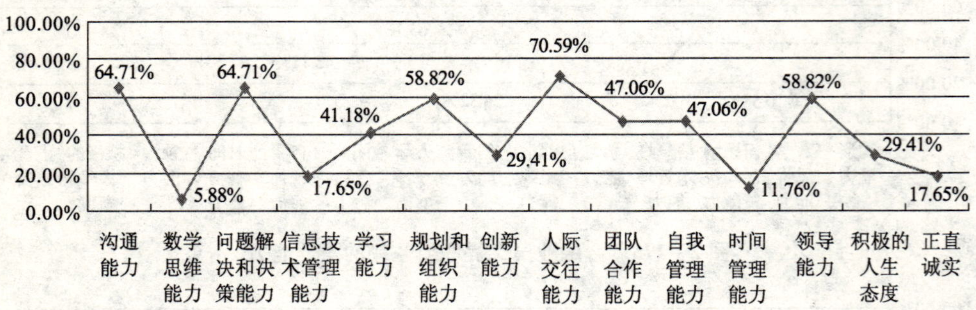

图2－178　公共管理和社会组织员工提职所依赖的重要能力

(12)电力、燃气及水的生产和供应业。由图2－179可知,有50%以上的受访者认为员工提职所依赖的能力应包括以下5项(按比例由高到低排列):沟通能力、问题解决和决策能力、人际交往能力、规划和组织能力和正直诚实。由此可见,该行业的从业者普遍认为以上5种能力对员工来说是提职必备的。

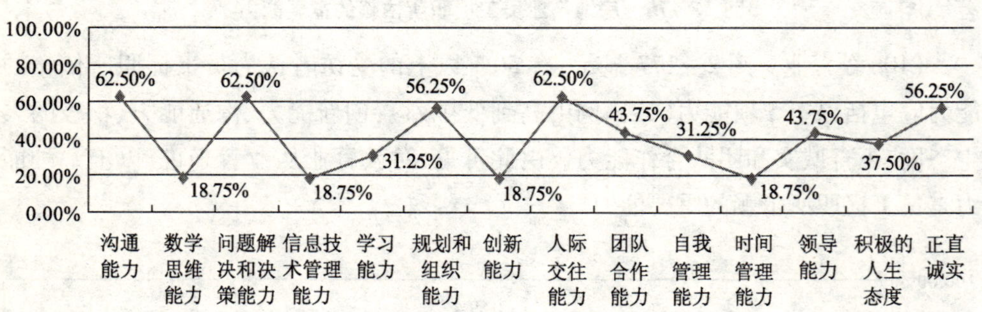

图2－179　电力、燃气及水的生产和供应业员工提职所依赖的重要能力

(13)建筑业。图2－180显示,50%以上的受访者认为员工提职所依赖的能力应包括以下8项(按比例由高到低排列):沟通能力、人际交往能力、积极的人生态度、自我管理能力、领导能力、问题解决和决策能力、规划和组织能力和团队合作能力。由此可见,对本行业从业者来说,以上8种能力是员工提职所依赖的重要能力,应注意培养。

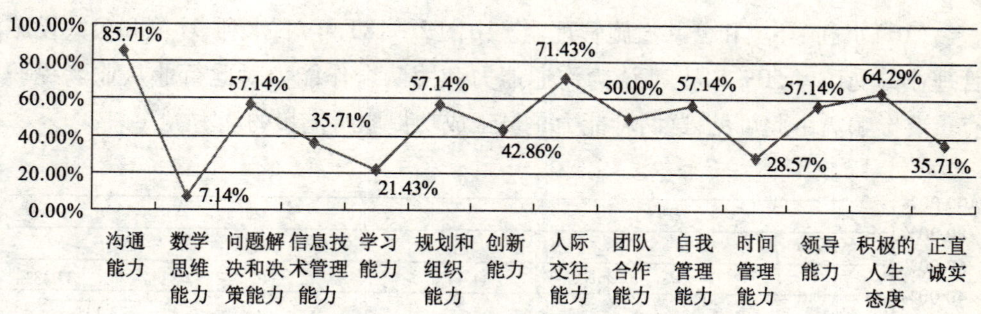

图 2-180 建筑业员工提职所依赖的重要能力

(14)文化、体育和娱乐业。由图 2-181 显示 50% 以上的受访者认为员工提职所依赖的能力应包括以下 4 项(按比例由高到低排列):人际交往能力、沟通能力、问题解决和决策能力和规划和组织能力。以上 4 种能力对本行业员工提职非常重要。

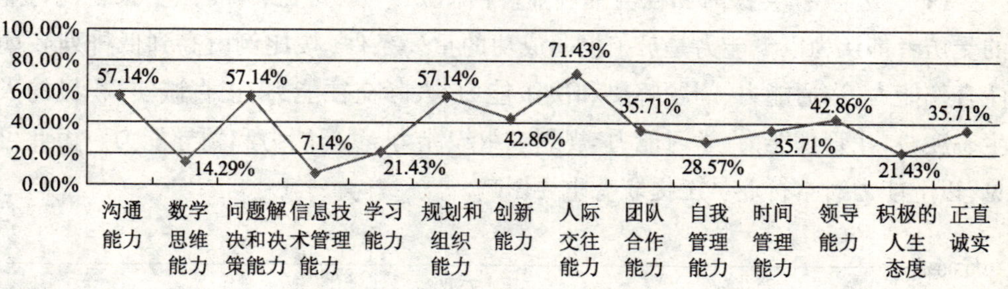

图 2-181 文化、体育和娱乐业员工提职所依赖的重要能力

(15)科学研究、技术服务和地质勘查业。图 2-182 显示 50% 以上的受访者认为员工提职所依赖的能力应包括以下 5 项(按比例由高到低排列):规划和组织能力、团队合作能力、沟通能力、问题解决和决策能力和人际交往能力。由此可见对本行业从业者来说,以上 5 种能力是员工提职所依赖的重要能力,应注意培养。

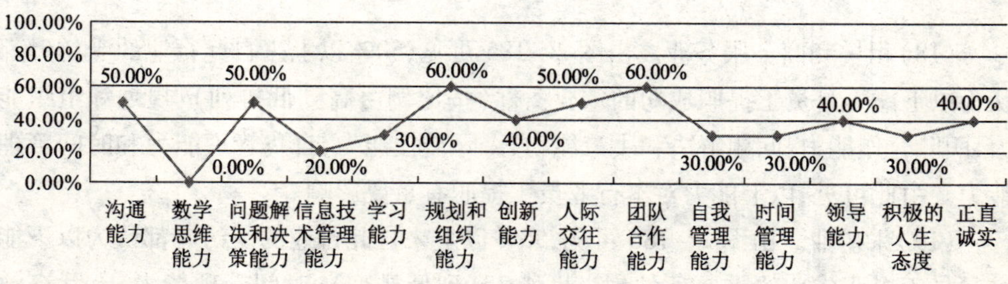

图 2-182 科学研究、技术服务和地质勘查业员工提职所依赖的重要能力

(16)水利、环境和公共设施管理业。由图2－183可知，水利、环境和公共设施管理业的受访者50%以上都认为沟通能力和团队合作能力对此行业从业者提职有重要影响。由此可见，这两种能力是员工成功提职所依赖的能力。

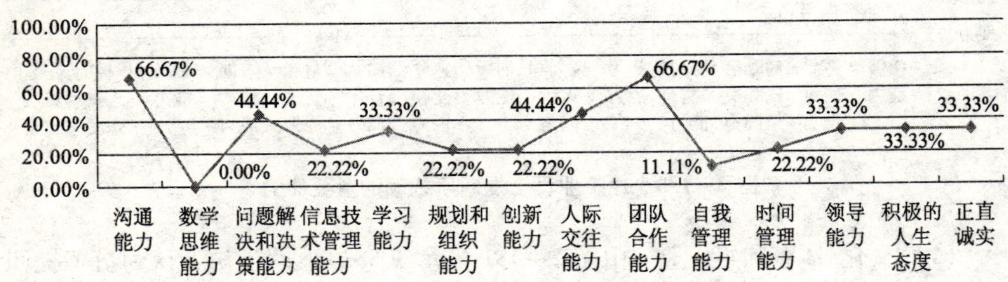

图2－183　水利、环境和公共设施管理业员工提职所依赖的重要能力

(17)卫生、社会保障和社会福利业。由图2－184可见，50%以上来自此行业的受访者都认为以下能力是员工提职成功的重要条件(按比例由高到低排列)：团队合作能力、沟通能力、问题解决和决策能力、人际交往能力、正直诚实、积极的人生态度、自我管理能力、学习能力、规划和组织能力、创新能力和领导能力。由此可见，以上能力对本行业员工提职有重要影响。

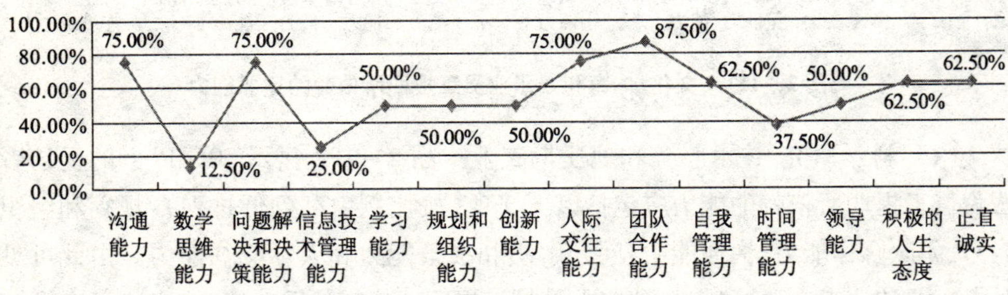

图2－184　卫生、社会保障和社会福利业员工提职所依赖的重要能力

(18)租赁和商务服务业。由图2－185可见，50%以上来自此行业的受访者都认为以下能力是员工提职成功的重要条件(按比例由高到低排列)：规划和组织能力、团队合作能力、问题解决和决策能力、人际交往能力、自我管理能力和时间管理能力。由此可见，以上能力对本行业员工提职有重要影响。

(19)采矿业。由图2－186可见，50%以上来自此行业的受访者都认为以下能力是员工提职成功的重要条件(按比例由高到低排列)：时间管理能力、人际交往能力、正直诚实、领导能力、信息技术管理能力、学习能力、规划和组织能力和团队

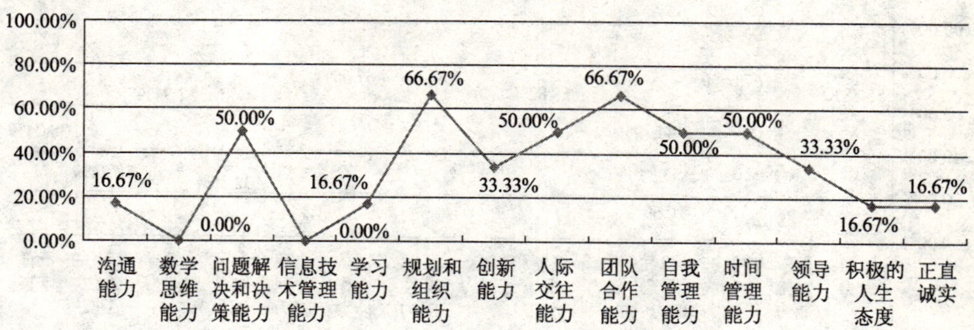

图 2－185 租赁和商务服务业员工提职所依赖的重要能力

合作能力。显然以上能力对本行业员工提职有重要影响。其中,时间管理能力和人际交往能力所占比例更是高达 100%,足见其重要性,应加以重视。

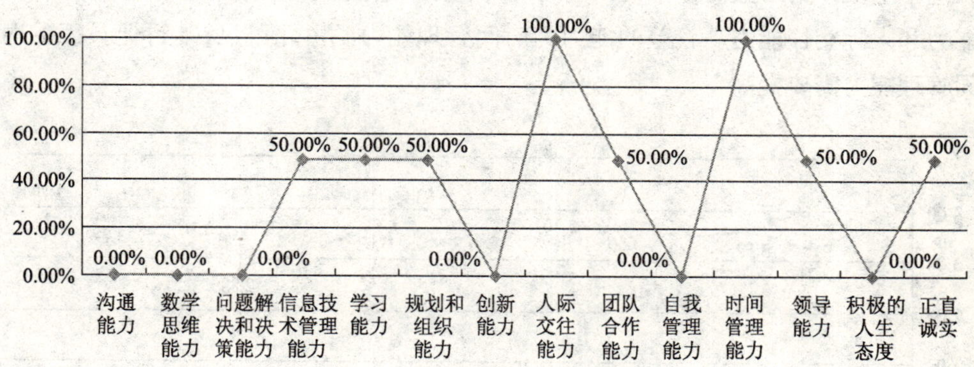

图 2－186 采矿业员工提职所依赖的重要能力

(20)其他行业。由图 2－187 可见,50% 以上来自此行业的受访者都认为以下能力是员工提职成功的重要条件(按比例由高到低排列):问题解决和决策能力、团队合作能力、人际交往能力、规划和组织能力、沟通能力和领导能力。由此可见,以上能力对本行业员工提职有重要影响。

6. 调查对象所在单位员工总体的就业能力

本次调查采用了简单的五分制评价体系,每个就业能力分成 5 个程度,分别是“很强”、“强”、“一般”、“差”和“很差”,在进行数据统计和分析时我们把“很强”计算为 5 分,“强”计算为 4 分,“一般”计算为 3 分,“差”计算为 2 分,“很差”计算为 1 分。调查显示,对于不同的能力,不同行业的企业和单位对自己的员工有不同的

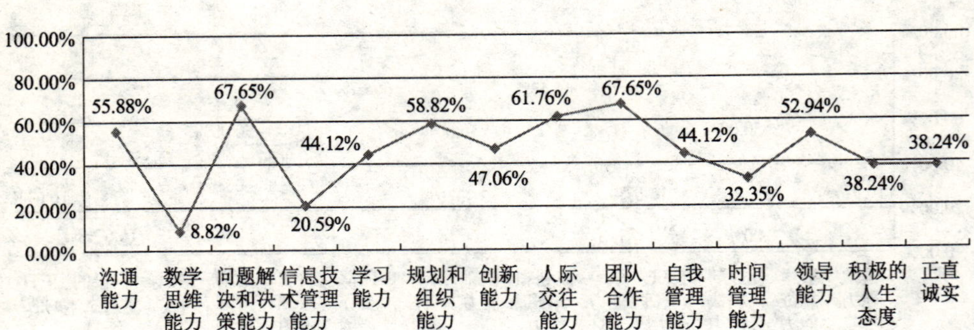

图 2－187　其他行业员工提职所依赖的重要能力

评价，我们的调查结果如下。

（1）信息传输、计算机服务和软件业。图 2－188 显示，本行业员工就业能力现状基本上被评为一般。以下两项能力的评价水平接近好（由高到低依次为）：沟通能力和人际交往能力。较差的能力为时间管理能力。由此可见，本行业员工的时间管理能力需要提高。

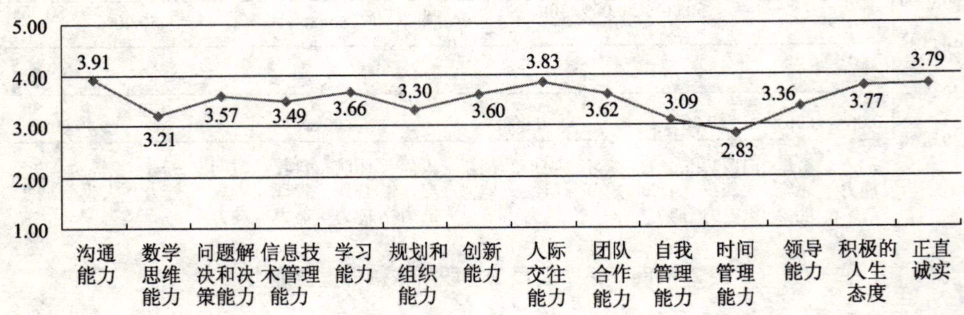

图 2－188　信息传输、计算机服务和软件业员工总体的就业能力

（2）制造业。由图 2－189 可知，本行业员工就业能力现状基本上被评为一般，各个能力的差距不大。有些能力被评为较好，分别是（由高到低依次为）：正直诚实、沟通能力、人际交往能力和积极的人生态度。暂时没有哪一项能力被受访者评为较差。

（3）批发和零售业。由图 2－190 可知，受访者认为本行业从业人员的各个能力差距较大。其中被评为好的等级的能力有：正直诚实。被评为差的能力为问题解决和决策能力、规划和组织能力、信息技术管理能力、自我管理能力和时间管理能力。其他能力为一般水平。由此可见本行业有些能力需要提高。

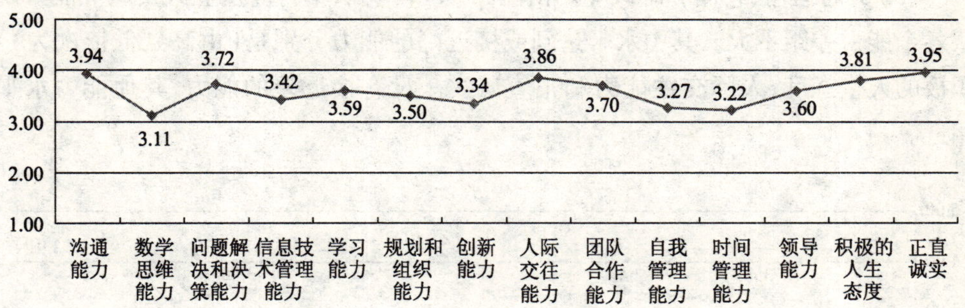

图 2－189 制造业员工总体的就业能力

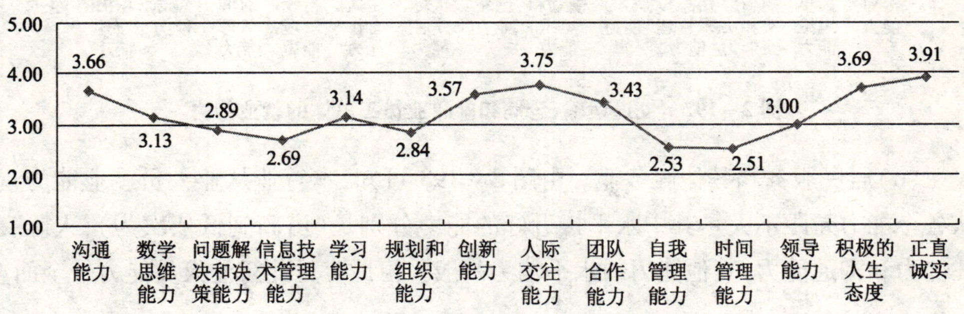

图 2－190 批发和零售业员工总体的就业能力

(4)农、林、牧、渔业。由图 2－191 可知，本行业从业人员就业能力现状各个能力差距不大。其中水平接近好的能力分别是(由高到低依次为)：学习能力、创新能力和沟通能力。而其他能力都被评为一般的水平。

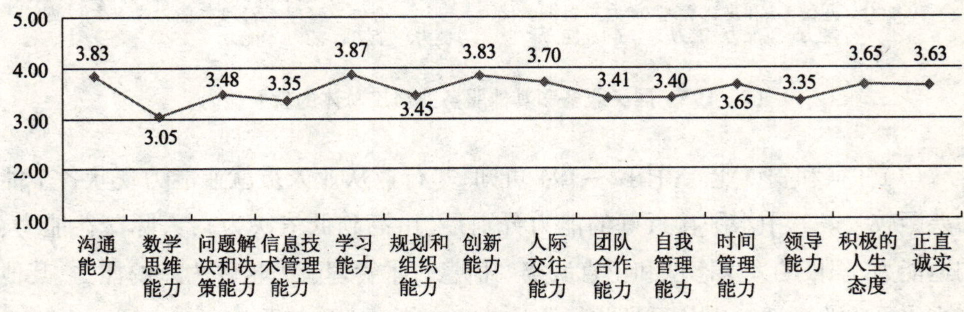

图 2－191 农、林、牧、渔业员工总体的就业能力

(5)交通运输、仓储和邮政业。由图2－192可知,本行业从业人员就业能力现状各个能力差距不大。其中水平达到或接近好的能力分别是(由高到低依次为):积极的人生态度、人际交往能力和正直诚实。没有接近差的能力,其他能力水平相近。

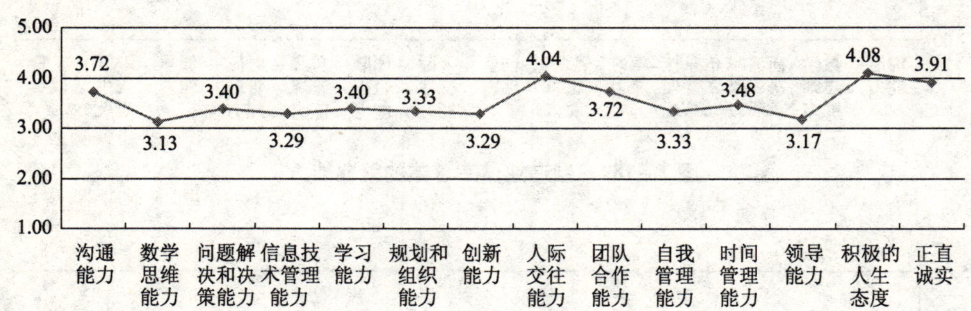

图2－192　交通运输、仓储和邮政业员工总体的就业能力

(6)居民服务和其他服务业。由图2－193可知,本行业从业人员就业能力现状各个能力差距不大。其中水平接近好的能力分别是(由高到低依次为):人际交往能力和沟通能力,其他能力的水平均为一般。由此可见此行业人员能力较全面。

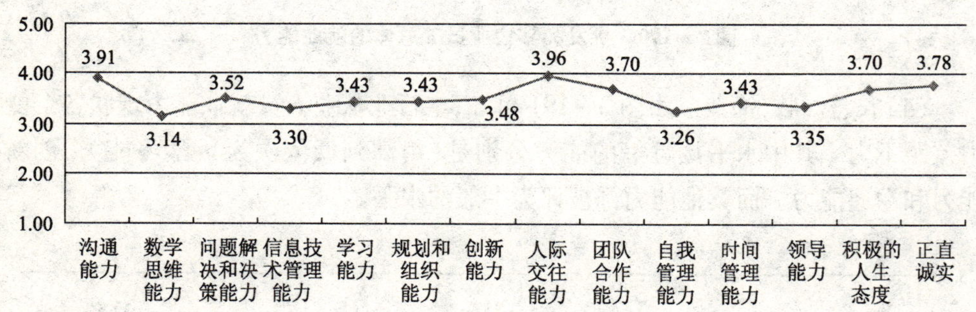

图2－193　居民服务和其他服务业员工总体的就业能力

(7)住宿和餐饮业。由图2－194可知,本行业从业人员就业能力现状各个能力差距较大。其中水平接近好的能力分别是(由高到低依次为):人际交往能力、沟通能力、积极的人生态度和正直诚实。信息技术管理能力被评为差的能力,其他能力水平均为一般。由此可见此行业员工各个能力水平差距较大。

(8)金融业。由图2－195可知,本行业从业人员就业能力现状各个能力差距较大。其中水平达到好的能力分别是(由高到低依次为):人际交往能力和沟通能

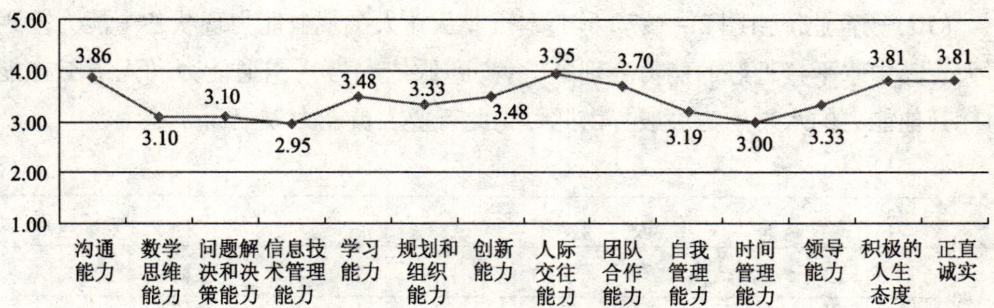

图 2-194 住宿和餐饮业员工总体的就业能力

力。创新能力被评为差的能力,其他能力水平均为一般。由此可见此行业员工各个能力水平差距较大。

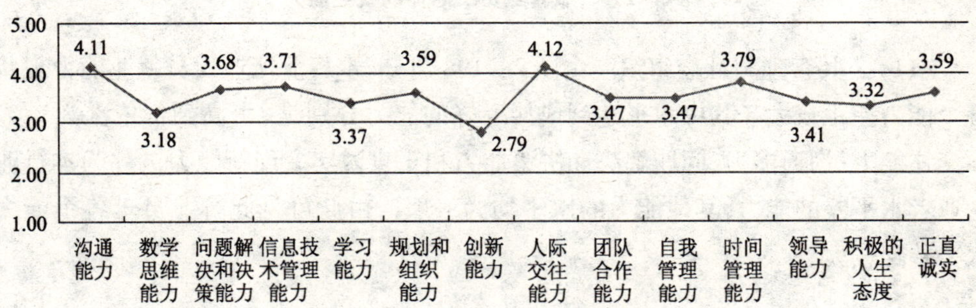

图 2-195 金融业员工总体的就业能力

(9)房地产业。由图 2-196 可知,本行业从业人员就业能力现状各个能力差距较大。其中水平接近好的能力为正直诚实和人际交往能力。而信息技术管理能力、规划和组织能力、自我管理能力和时间管理能力被评为差的能力,其他能力水平均为一般。由此可见,此行业员工水平较差的能力较多,需要进一步培养。

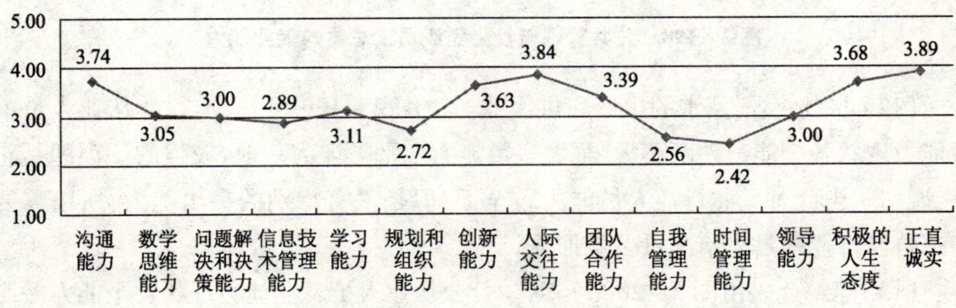

图 2-196 房地产业员工总体的就业能力

(10)教育业。由图2－197可知,本行业从业人员就业能力现状各个能力差距不大。其中水平接近好的能力分别是(由高到低依次为):沟通能力和人际交往能力。其他能力的水平均为一般。由此可见此行业人员能力较全面。

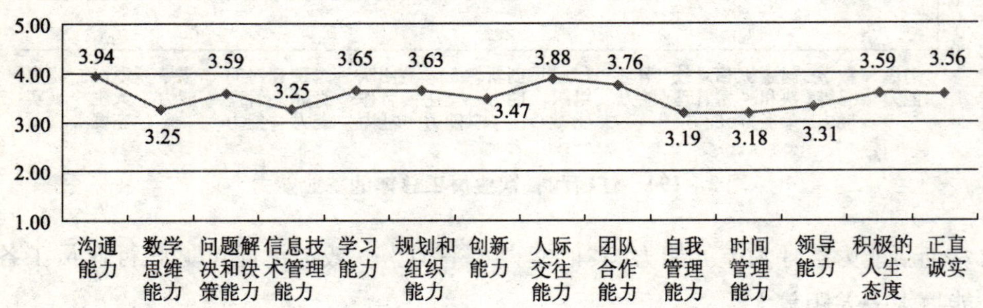

图2－197 教育业员工总体的就业能力

(11)公共管理与社会组织。由图2－198可知,本行业从业人员就业能力现状各个能力差距较大。其中水平达到或接近好的能力分别是(由高到低依次为):人际交往能力、沟通能力、问题解决和决策能力和正直诚实。创新能力被评为本行业从业者水平差的能力,其他能力的水平均为一般。由此可见此行业员工各个能力水平差距较大。

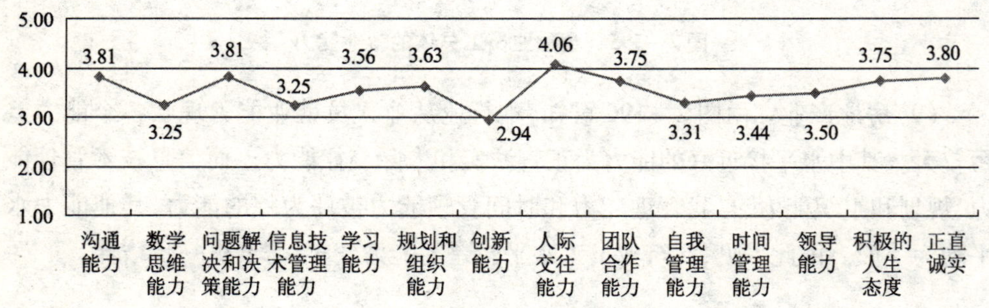

图2－198 公共管理与社会组织员工总体的就业能力

(12)电力、燃气及水的生产和供应业。由图2－199可知,本行业从业人员就业能力现状各个能力差距不大,绝大多数能力水平被评为一般,较强的一项即是正直、诚实。由此可见此行业人员能力较全面,但是没有特别的突出能力,所以需要根据自己行业的具体情况进一步加强。

(13)建筑业。由图2－200可知,本行业从业人员就业能力现状各个能力差距

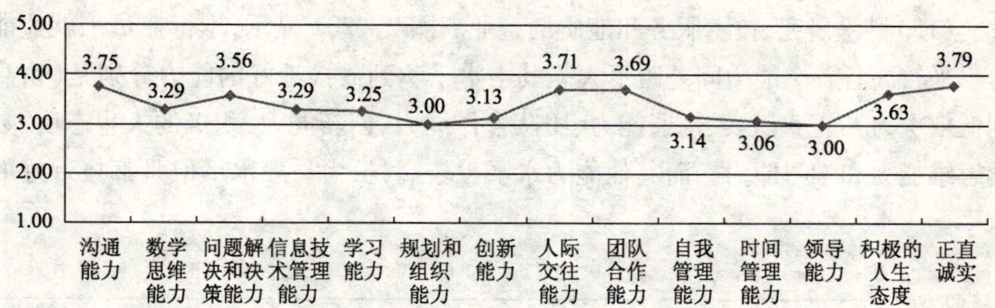

图 2－199 电力、燃气及水的生产和供应业员工总体的就业能力

较大。其中水平接近好的能力较少，大部分能力被评为一般水平，较强的一项是正直、诚实。被评为较差的能力分别是：规划和组织能力、领导能力、时间管理能力。由此可见，此行业员工水平较差的能力较多，需要进一步提高。

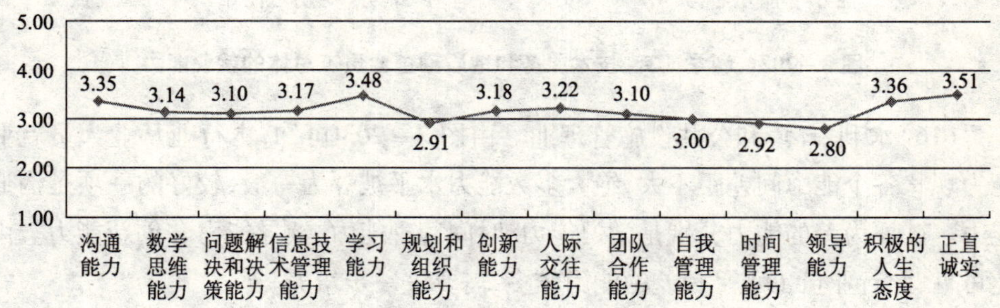

图 2－200 建筑业员工总体的就业能力

（14）文化、体育和娱乐业。由图 2－201 可知，本行业从业人员就业能力现状各个能力差距较大。其中水平达到或接近好的能力分别是（由高到低依次为）：积极的人生态度、正直诚实、沟通能力和人际交往能力。而被评为较差的能力是数学思维能力，其他能力的水平多为一般。由此可见此行业员工各个能力差距较大。

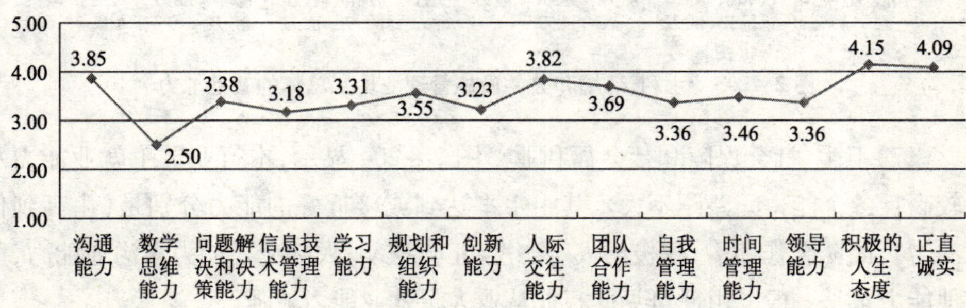

图 2－201 文化、体育和娱乐业员工总体的就业能力

(15)科学研究、技术服务和地质勘查业。图2－202显示,本行业员工就业能力水平较高且各个能力间差距不大。其中水平达到或接近好的能力分别是(由高到低依次为):正直诚实、沟通能力、团队合作能力、创新能力、积极的人生态度、数学思维能力和学习能力。而其他能力水平也较高,虽为一般水平但是都接近好的水平。

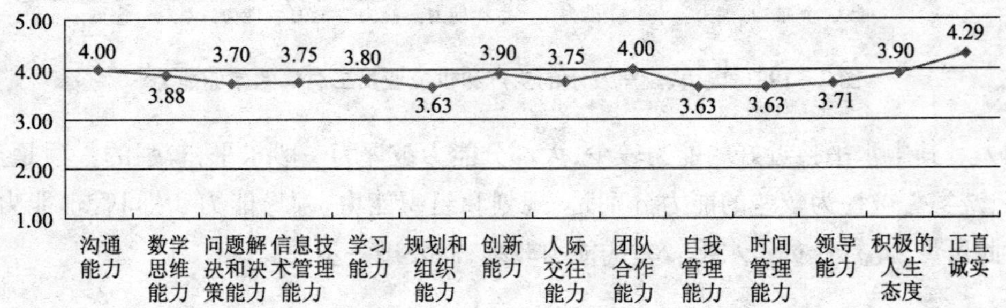

图2－202　科学研究、技术服务和地质勘查业员工总体的就业能力

(16)水利、环境和公共设施管理业。由图2－203可知,本行业从业人员就业能力现状各个能力间差距不大,绝大多数能力水平被评为一般,较好的一项是沟通能力。被评为差的能力分别是学习能力、时间管理能力、领导能力和创新能力。由此可见,此行业员工水平较差的能力较多,需要进一步培养。

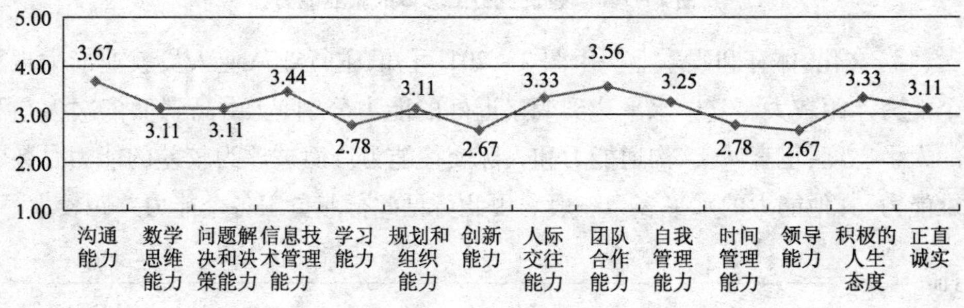

图2－203　水利、环境和公共设施管理业员工总体的就业能力

(17)卫生、社会保障和社会福利业。图2－204显示,本行业员工就业能力水平较高且各个能力间差距不大。其中水平达到或接近好的能力分别是(由高到低依次为):团队合作能力、积极的人生态度、正直诚实、人际交往能力和沟通能力,而其他能力水平一般。由此可见此行业从业人员就业能力较强。

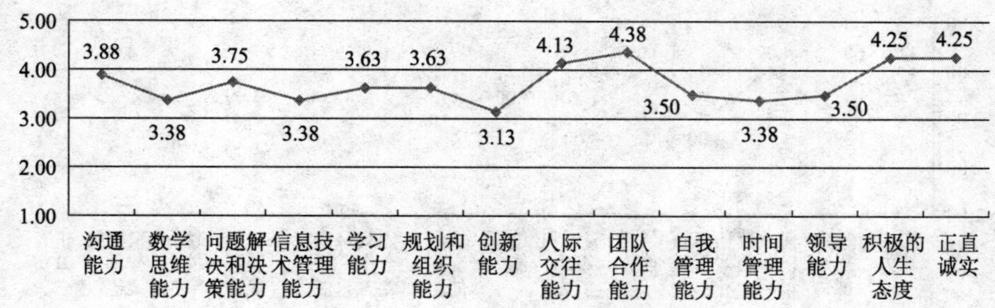

图 2-204 卫生、社会保障和社会福利业员工总体的就业能力

(18)租赁和商务服务业。由图 2-205 可知,本行业从业人员就业能力现状各个能力间差距较大。其中水平达到好的能力分别是(由高到低依次为):沟通能力和人际交往能力,被评为差的能力分别是团队合作能力和问题解决和决策能力,而其他能力水平一般。由此可见此行业员工各个能力水平差距较大,需进一步提高。

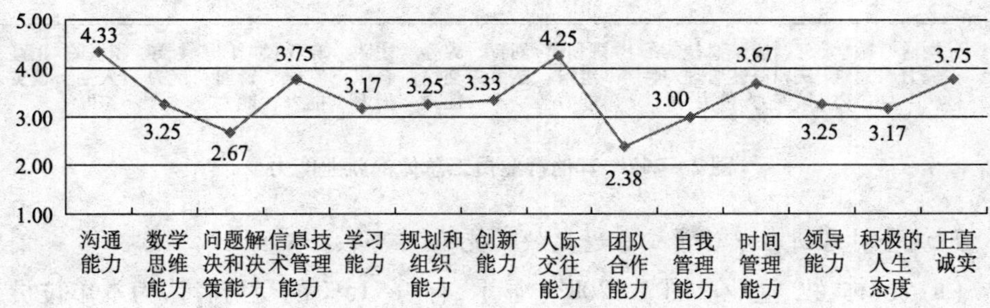

图 2-205 租赁和商务服务业员工总体的就业能力

(19)采矿业。图 2-206 显示,本行业员工就业能力水平较高且各个能力间差距不大。其中水平达到好的能力分别是(由高到低依次为):沟通能力、问题解决和决策能力、学习能力和积极的人生态度,而其他能力水平一般。由此可见此行业从业人员就业能力较强。

(20)其他。由图 2-207 可知,本行业从业人员就业能力现状各个能力差距较大。其中水平达到或接近好的能力分别是(由高到低依次为):正直诚实、人际交往能力、沟通能力和积极的人生态度。而其他能力评价多为一般。由此可见此行业从业人员就业能力较强。

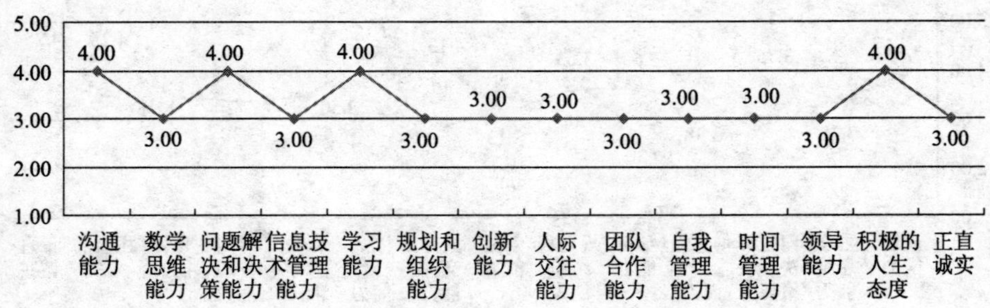

图 2－206　采矿业员工总体的就业能力

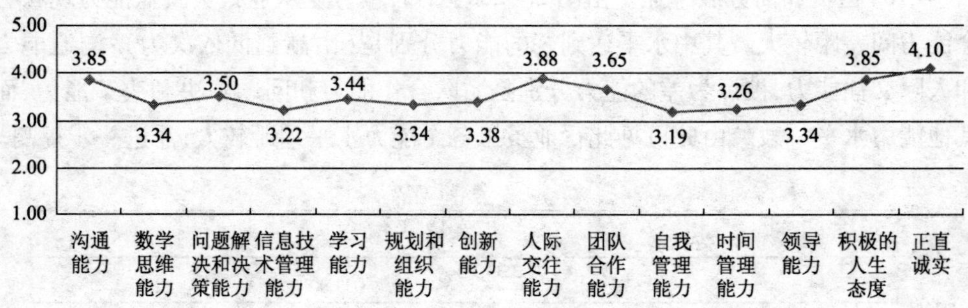

图 2－207　其他行业员工总体的就业能力

7. 调查对象所在单位员工普遍欠缺的能力

(1)农、林、牧、渔业。图 2－208 中显示，有 46.15% 的受访者认为本单位员工缺乏数学思维能力，其次是同为 42.31% 的问题解决和决策能力以及创新能力，而积极的人生态度是该行业员工最不欠缺的能力。

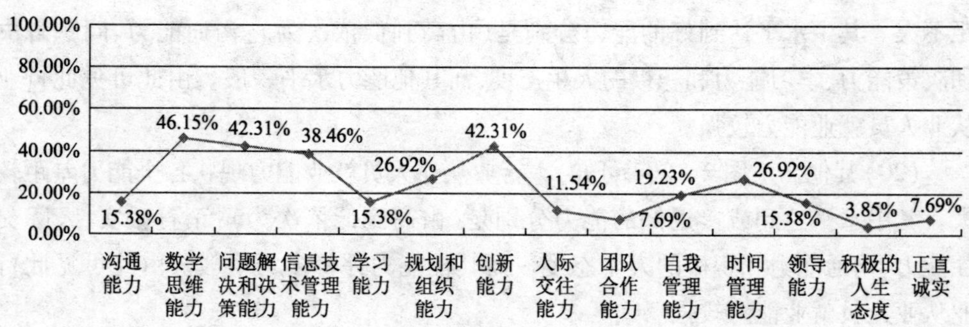

图 2－208　农、林、牧、渔业员工普遍欠缺的能力

(2)交通运输、仓储和邮政业。如图2－209所示,该行业类型中的单位和企业认为其员工普遍欠缺的能力中,53.85%的被调查者选择了创新能力,其次是50%的人选择了数学思维能力。而沟通能力和人际交往能力是该行业员工最不欠缺的能力。

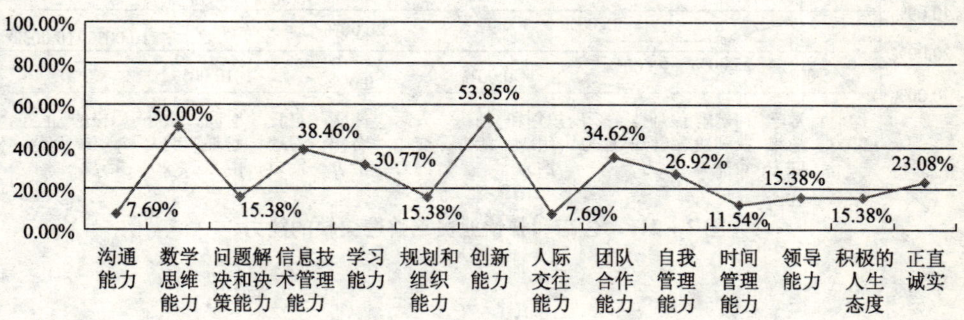

图2－209 交通运输、仓储和邮政业员工普遍欠缺的能力

(3)居民服务和其他服务业。如图2－210所示,该行业中有37.5%的被调查者认为其员工普遍欠缺的是沟通能力、数学思维能力以及自我管理能力,这是其认为员工欠缺的能力中所占比例较高的两项。而其认为积极的人生态度如正直、诚实是该行业中员工最不缺乏的能力。

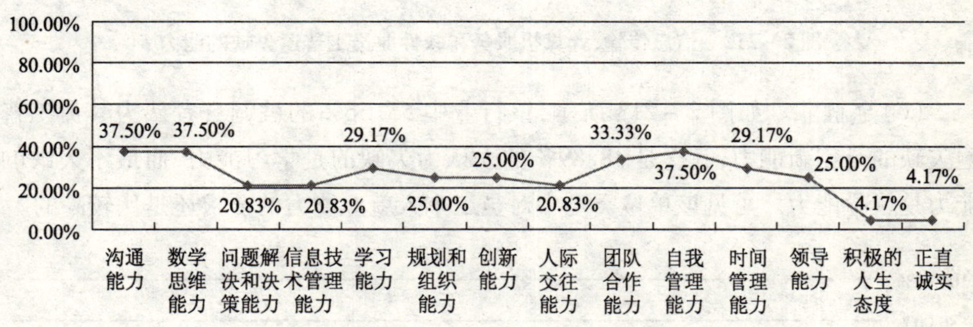

图2－210 居民服务和其他服务业员工普遍欠缺的能力

(4)住宿和餐饮业。如图2－211所示,该行业的单位和企业中有40%的被调查者认为其员工普遍欠缺的是创新能力,其次有35%的被调查者认为欠缺的是数学思维能力,而最不缺乏的能力是规划和组织能力及人际交往能力。

(5)信息传输、计算机服务和软件业。如图2－212所示,该行业中有44%的被调查者认为其员工最欠缺的能力是创新能力,而最不欠缺的是信息技术管理能力,这是和其行业类型联系非常密切的。

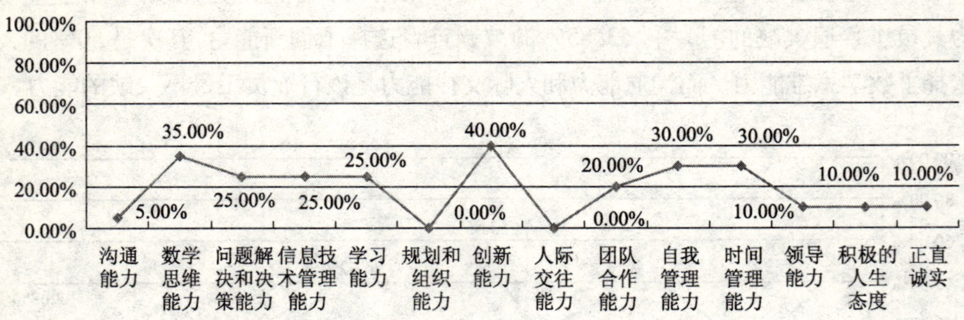

图 2－211　住宿和餐饮业员工普遍欠缺的能力

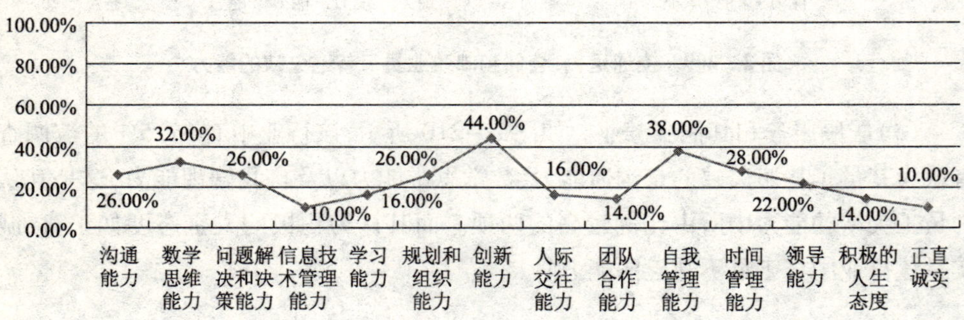

图 2－212　信息传输、计算机服务和软件业员工普遍欠缺的能力

(6)金融业。如图 2－213 所示，该行业中 55.56% 的被调查者认为其员工普遍欠缺的是创新能力，其次是 38.89% 的人认为欠缺的是学习能力，而最不欠缺的能力是领导能力。可见该单位类型中对员工个人就业能力的要求还是比较高的。

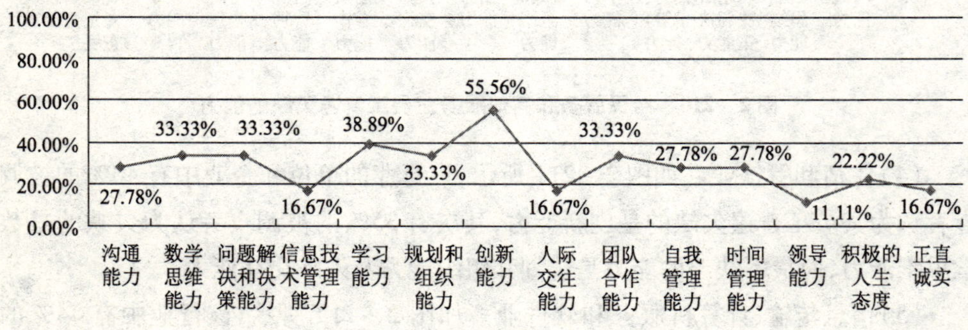

图 2－213　金融业员工普遍欠缺的能力

(7)制造业。如图2－214所示,该行业中有58.7%的被调查者认为其员工最欠缺的是创新能力,其次是数学思维能力、规划和组织能力,而最不欠缺的是正直诚实的人生态度,其比例只占8.20%

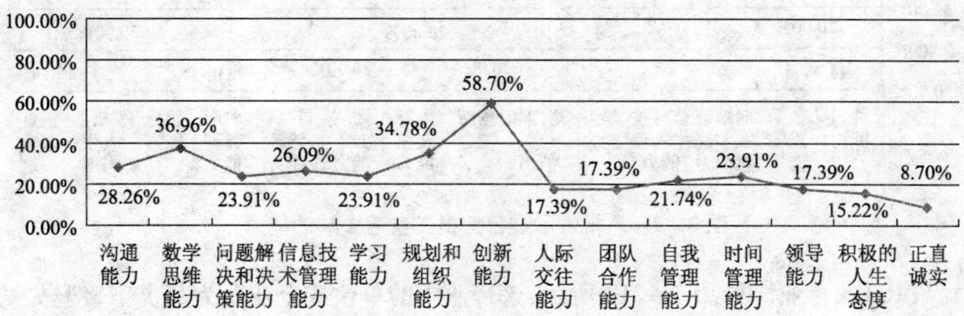

图2－214 制造业员工普遍欠缺的能力

(8)房地产业。如图2－215所示,该行业中的单位或企业认为其员工普遍缺乏的能力中所占比例最大的是创新能力和自我管理能力,其比例均为55.56%,此外还有50%的被调查者认为其员工还欠缺数学思维能力、问题解决和决策能力以及时间管理能力,而积极的人生态度和正直、诚实是其行业中的员工不缺乏的能力。

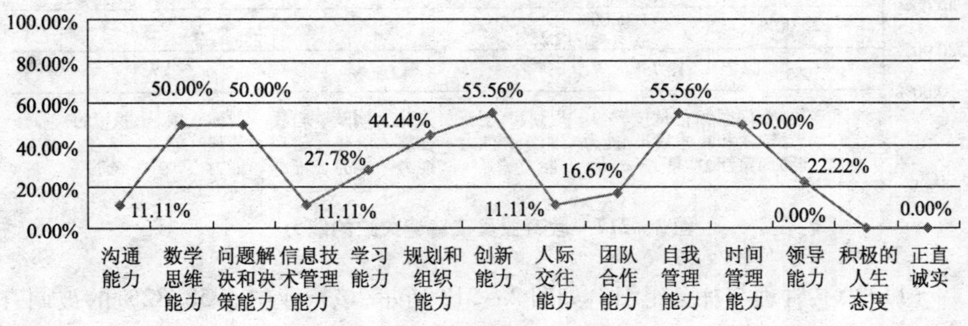

图2－215 房地产业员工普遍欠缺的能力

(9)批发和零售业。如图2－216所示,该行业类型中,48.57%的单位或企业认为其员工普遍缺乏的是创新能力,其次是42.86%的认为欠缺的是问题解决和决策能力,再次是40%的认为缺乏的是自我管理能力。并且从总体情况来看,该行业中的被调查者认为所有的14项能力中只有沟通能力这一项是其员工不太欠缺的能力,其他的都在一定程度上不太尽如人意。

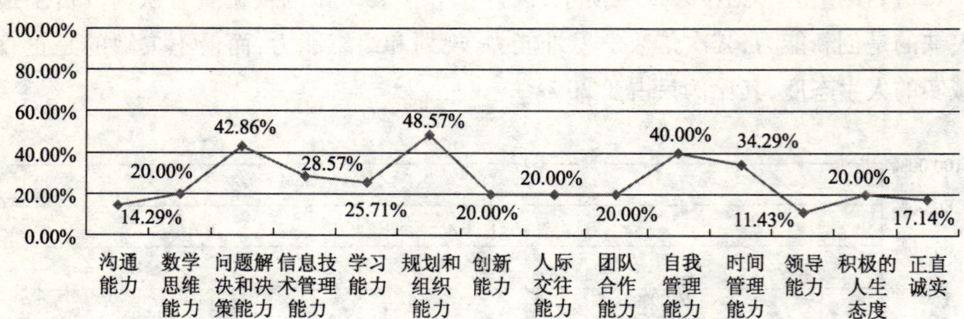

图 2－216　批发和零售业员工普遍欠缺的能力

(10)教育业。如图 2－217 所示,该行业中的单位或企业认为其员工普遍欠缺的能力中有 50% 的被调查者选择了自我管理能力,其次是 37.5% 的团队合作能力,再次是所占比例同为 31.25% 的创新能力、积极的人生态度以及正直诚实,可见该行业对员工就业能力的要求比较高,也比较严格,需要其员工具有较高的个人素质。

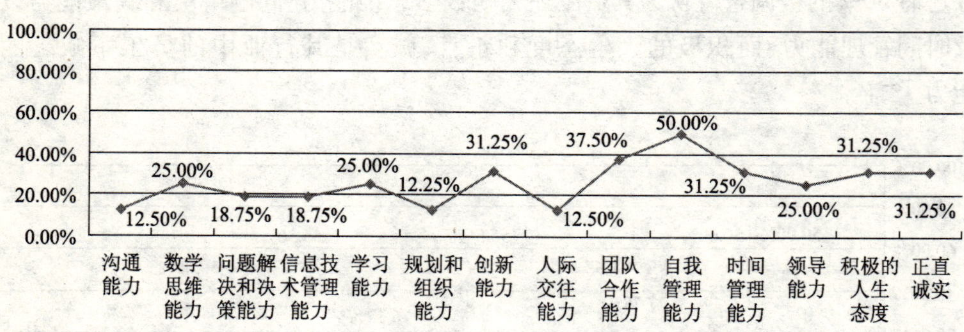

图 2－217　教育业员工普遍欠缺的能力

(11)公共管理与社会组织。如图 2－218 所示,该行业中有 58.82% 的被调查者认为其员工普遍欠缺的是创新能力,其次是 41.18% 的被调查者认为欠缺的是数学思维能力,再次是 35.29% 的认为是信息技术管理能力。而对该行业来说其员工并不缺乏正直诚实。

(12)电力、燃气及水的生产和供应业。如图 2－219 所示,该行业类型中的单位或企业认为其员工普遍欠缺的能力是创新能力,其次是所占比例同为 37.5% 的问题解决和决策能力、规划和组织能力以及领导能力。

(13)建筑业。如图 2－220 所示,该行业类型中有 50% 的单位和企业认为其员工普遍欠缺的是学习能力和领导能力，而最不欠缺的是信息技术管理能力，其他的能力虽然都有一定程度的欠缺，但是所占比例并不大。

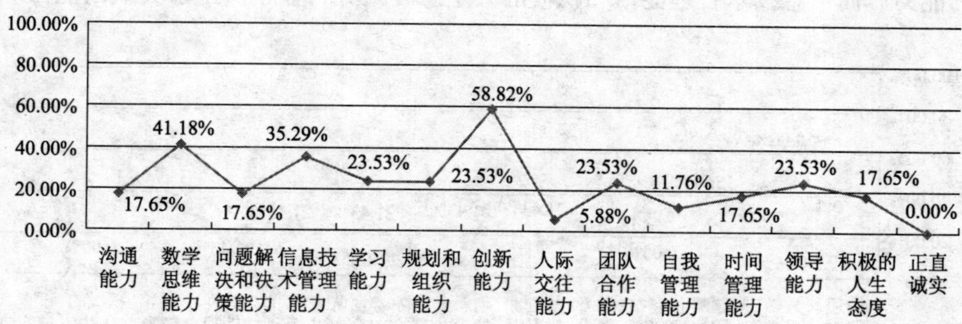

图 2－218 公共管理与社会组织员工普遍欠缺的能力

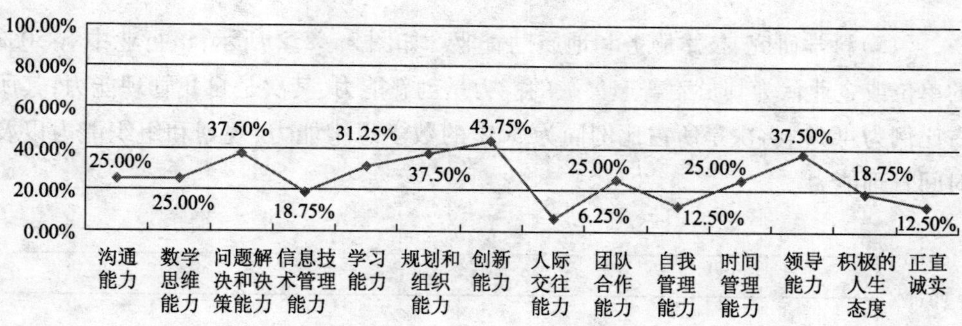

图 2－219 电力、燃气及水的生产和供应业员工普遍欠缺的能力

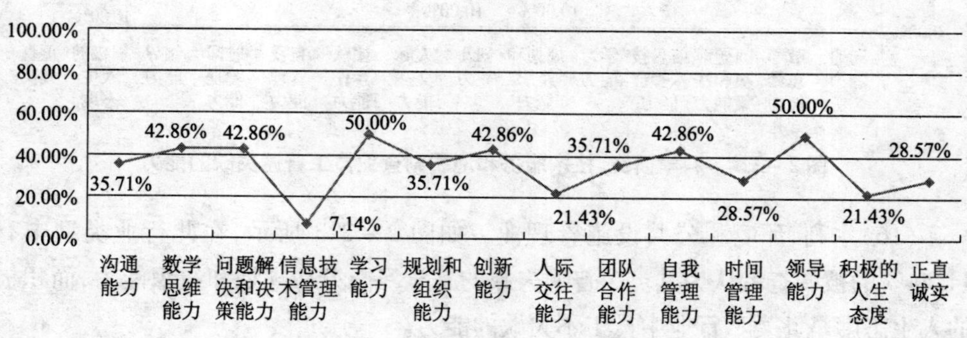

图 2－220 建筑业员工普遍欠缺的能力

（14）文化、体育和娱乐业。如图 2－221 所示，该行业类型中有 50% 的单位或企业都认为其员工普遍欠缺的能力是数学思维能力，其次是同为35.71%的问题解决和决策能力以及领导能力，这两项能力也被该行业类型认为是其员工比较欠缺的能力。而信息技术管理能力和积极的人生态度是此行业中员工不欠缺的能力。

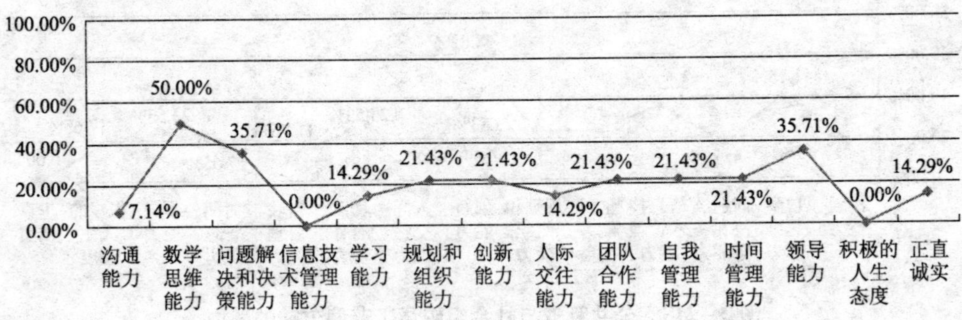

图 2－221　文化、体育和娱乐业员工普遍欠缺的能力

(15)科学研究、技术服务和地质勘查业。如图 2－222 所示，该行业中有 50%的单位或企业认为其员工普遍欠缺的能力是创新能力，其次是自我管理能力，其所占比例为 40%，再次是所占比例同为 30%的数学思维能力、规划和组织能力以及时间管理能力。

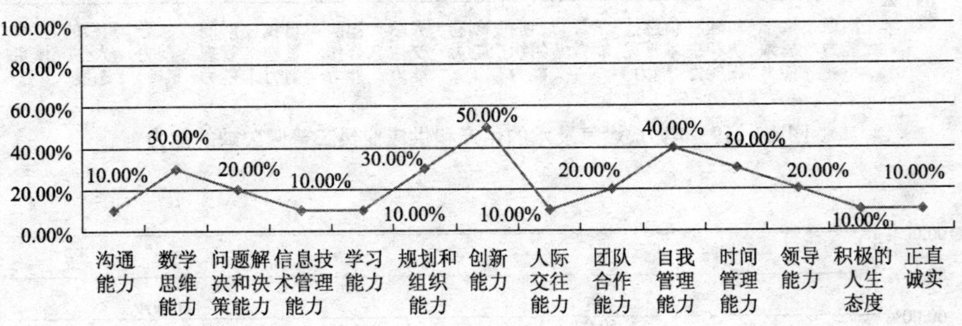

图 2－222　科学研究、技术服务和地质勘查业员工普遍欠缺的能力

(16)水利、环境和公共设施管理业。如图 2－223 所示，在此行业类型中有44.44%的被调查者认为其员工普遍欠缺的是学习能力和规划和组织能力，而积极的人生态度是此类型行业中员工不欠缺的能力。

(17)卫生、社会保障和社会福利业。如图 2－224 所示，该行业类型中57.14%的被调查者表示其员工普遍欠缺创新能力，其次占42.86%的被调查者认为其员工欠缺数学思维能力、信息技术管理能力、时间管理能力以及领导能力。而沟通能

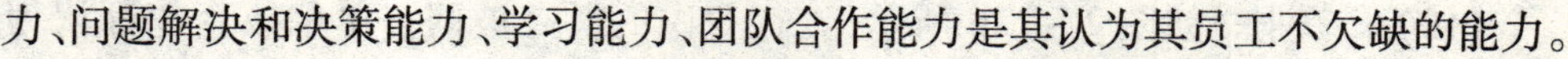

力、问题解决和决策能力、学习能力、团队合作能力是其认为其员工不欠缺的能力。

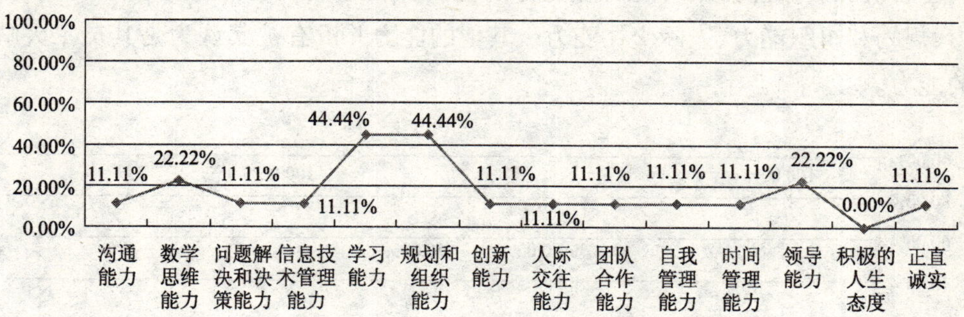

图 2－223 水利、环境和公共设施管理业员工普遍欠缺的能力

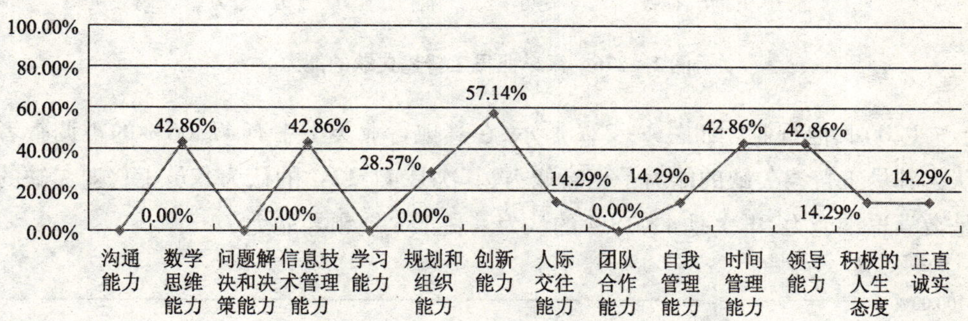

图 2－224 卫生、社会保障和社会福利业员工普遍欠缺的能力

(18)租赁和商务服务业。如图 2－225 所示，该行业类型中有高达 83.33% 的被调查者认为其员工普遍欠缺的是数学思维能力，其次是 66.67% 的被调查者认为其员工欠缺的是创新能力，再次是 50% 的认为欠缺的是自我管理能力。

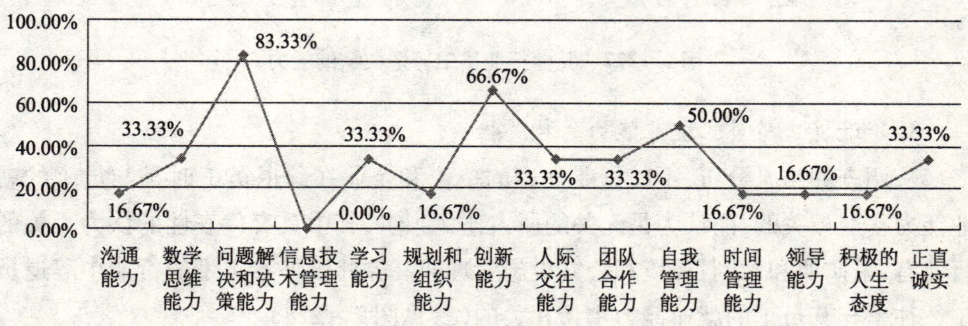

图 2－225 租赁和商务服务业员工普遍欠缺的能力

(19)采矿业。如图 2－226 所示,该行业中的所有被调查单位或企业都认为问题解决和决策能力及时间管理能力是其员工普遍欠缺的能力,其次是学习能力、规划和组织能力、人际交往能力。其他的能力并没有被其认为是其员工欠缺的能力。

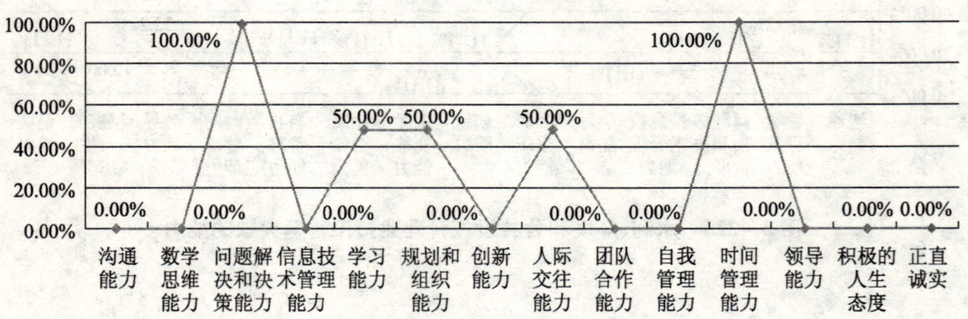

图 2－226　采矿业员工普遍欠缺的能力

(20)其他行业。如图 2－227 所示,在其他行业类型中有 47.06% 的被调查者认为其员工普遍欠缺的能力是创新能力,其次是 44.12% 的认为其员工普遍欠缺的是数学思维能力,再次是 41.18% 的认为其员工欠缺领导能力。

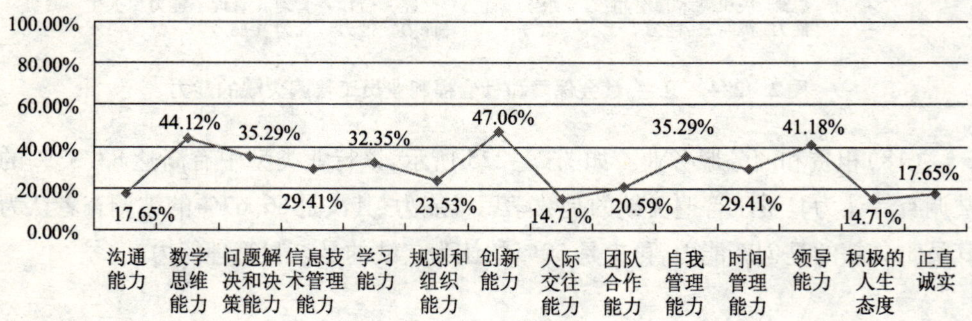

图 2－227　其他行业员工普遍欠缺的能力

8. 辞退员工与员工就业能力的相关性

从调查的结果分析,不同行业类型的单位和企业在辞退员工时是与员工的就业能力普遍相关的,而认为是无关的所占比例很少,其中具有代表性的认为无关的行业有:采矿业和水利、环境和公共设施管理业。除此以外各类型的行业中辞退员工往往是与其员工的就业能力密切相关的(参见图 2－228)。

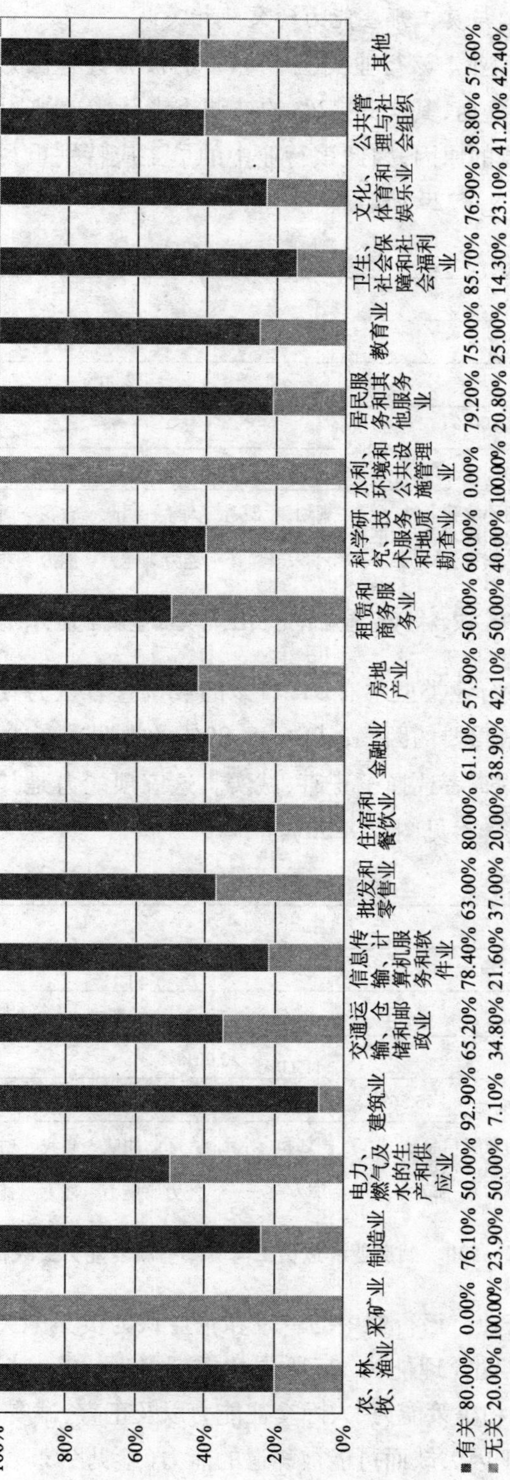

图 2－228 不同行业类型辞退员工的原因是否与其就业能力有关

9. 单位辞退员工与员工哪些能力的欠缺相关

(1)农、林、牧、渔业。该行业类型中44%的被调查者认为其员工如果欠缺正直、诚实的品德会被辞退,其次是32%的被调查者认为欠缺团队合作能力也是其员工被辞退的较重要的原因,因此该行业中的员工应特别重视这两项能力在平时的培养和表现(如图2-229所示)。

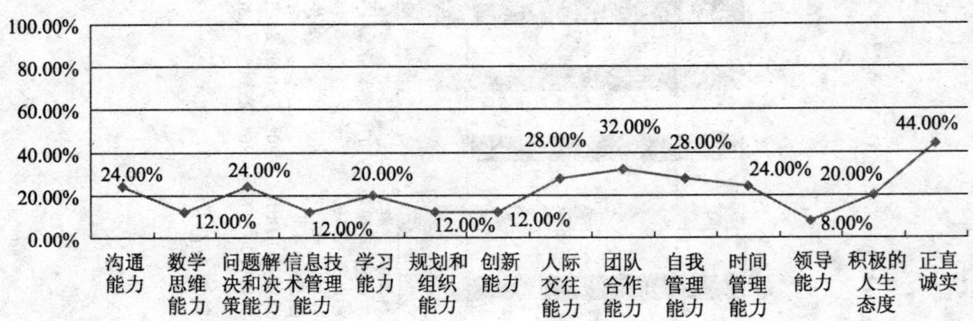

图2-229 农、林、牧、渔业辞退员工与其哪些就业能力的欠缺相关

(2)制造业。该行业类型中有51.11%的被调查者认为其员工欠缺团队合作能力是其被辞退的最重要的因素;其次,48.89%的被调查者选择了自我管理能力;再次,42.22%的被调查者选择了正直、诚实。这三项能力是其员工因欠缺而会被辞退的最大影响因素(参见图2-230)。

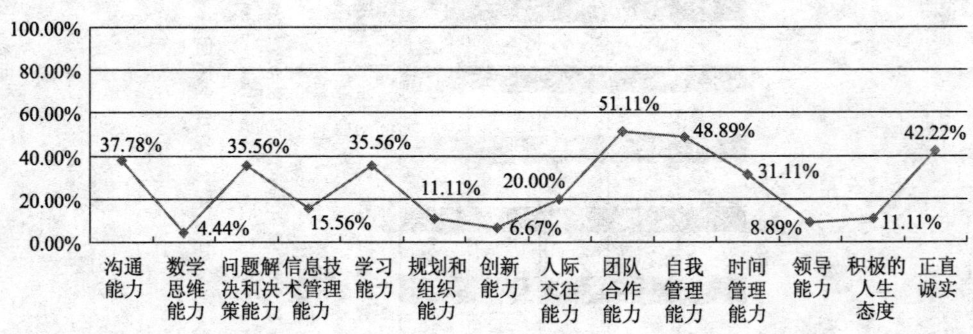

图2-230 制造业辞退员工与其哪些就业能力欠缺相关

(3)批发和零售业。该行业中的单位和企业认为员工因欠缺而被辞退的能力中影响最大的是自我管理能力,其所占比重是48.48%,其次是所占比例同为39.39%的问题解决和决策能力、人际交往能力以及正直、诚实,这些都是该行业的被调查者认为的员工因欠缺而可能被辞退的能力(参见图2-231)。

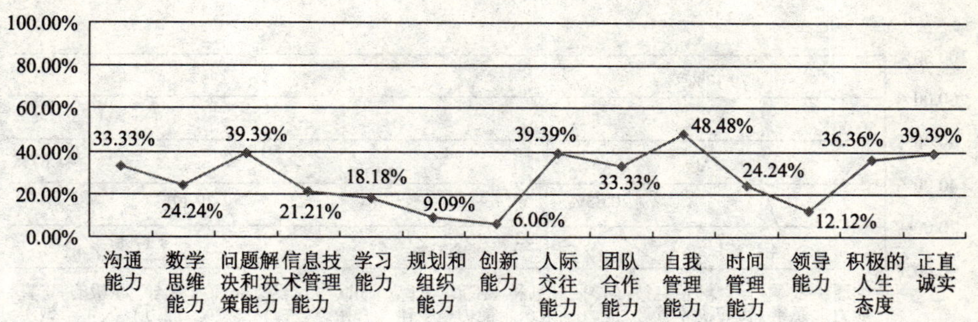

图2-231　批发和零售业辞退员工与其哪些就业能力欠缺相关

(4)信息传输、计算机服务和软件业。该行业类型中的单位或企业认为员工因欠缺而被辞退的能力中最可能的是团队合作能力,这项能力的欠缺是其员工被辞退的重要因素,其次是沟通能力,再次是问题解决和决策能力,这两项能力的欠缺也是其员工被辞退的比较重要的因素(参见图2-232)。

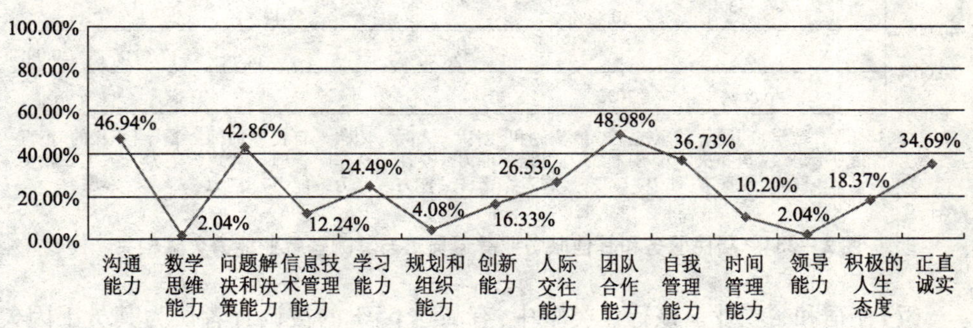

图2-232　信息传输、计算机服务和软件业辞退员工与其哪些就业能力欠缺相关

(5)交通运输、仓储和邮政业。在该行业类型中的单位和企业中,高达79.17%的被调查者认为其员工欠缺问题解决和决策能力是其被辞退的最重要的因素,其次是占50%的被调查者认为其员工在欠缺沟通能力和自我管理能力时也很可能会遭到辞退,第三个所占比例较高的是正直、诚实,缺乏这样人品的员工也是会被辞退的(参见图2-233)。

(6)居民服务和其他服务业。该行业中有52.17%的被调查者认为其员工在欠缺沟通能力时最可能被单位辞退,其次是47.83%的被调查者认为欠缺团队合作能力也是其会被辞退的比较重要的因素,再次是所占比例同为43.48%的问题解决和决策能力及人际交往能力,这两项能力的欠缺与否也会影响其员工是否被辞退(参见图2-234)。

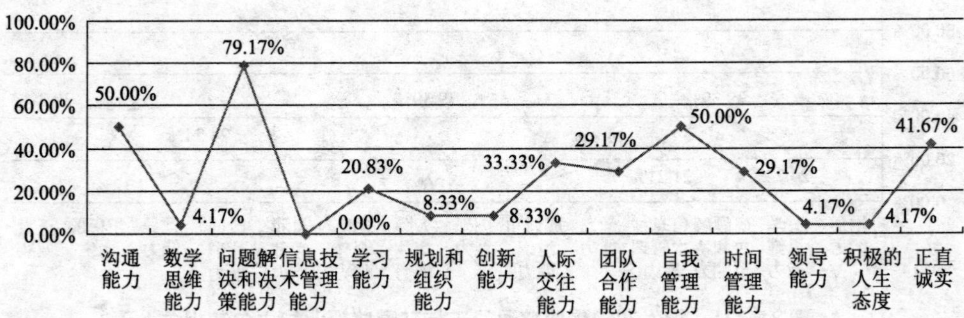

图 2－233　交通运输、仓储和邮政业辞退员工与其哪些就业能力欠缺相关

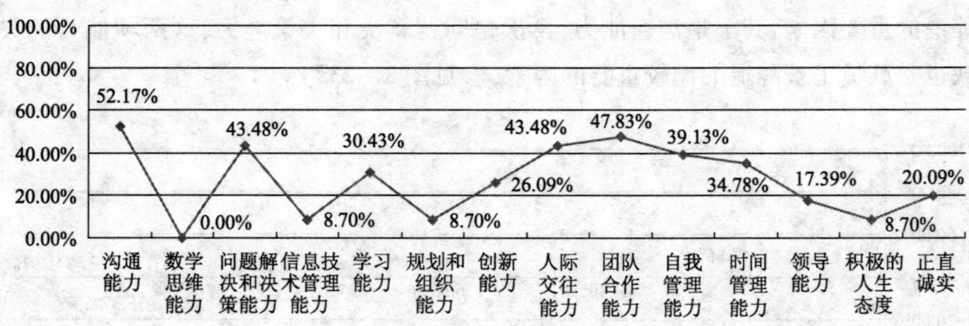

图 2－234　居民服务和其他服务业辞退员工与其哪些就业能力欠缺相关

(7)住宿和餐饮业。该行业类型中,有高达 65% 的被调查者认为其员工因欠缺自我管理能力而被辞退的可能性很大,再次是 55% 的被调查者认为团队合作能力的欠缺也是其员工被辞退的比较重要的因素。因此该行业的员工应特别重视这两项能力在平时工作中的培养和形成(参见图 2－235)。

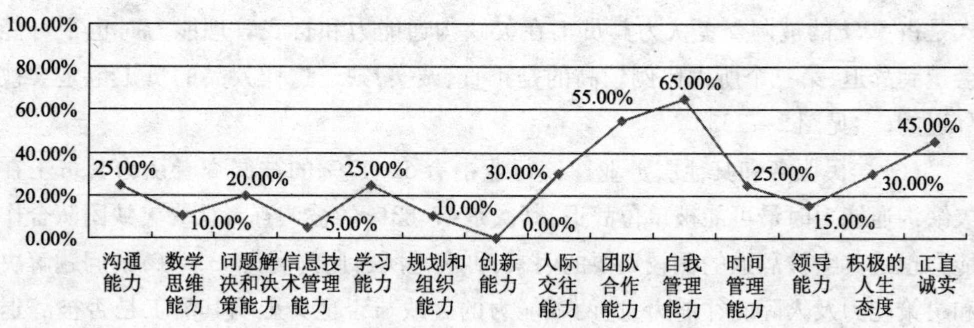

图 2－235　住宿和餐饮业辞退员工与其哪些就业能力欠缺相关

(8)金融业。该行业类型中的单位或企业有61.54%的被调查者认为员工因欠缺问题解决和决策能力而被辞退的可能性最大,其次是同样占53.85%的被调查者认为欠缺学习能力和团队合作能力也是其被辞退的比较重要的原因(参见图2-236)。

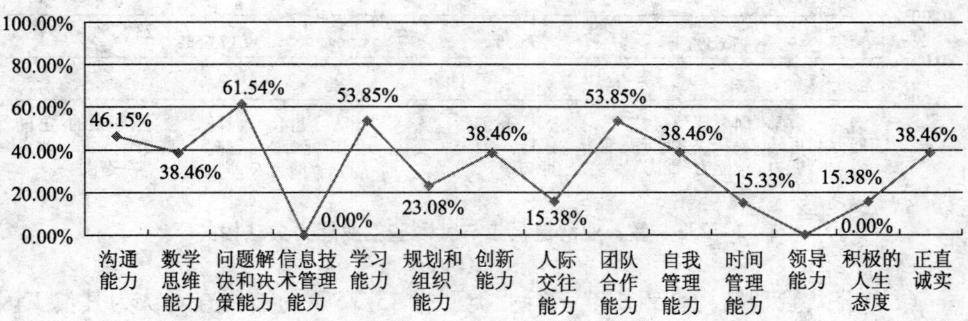

图2-236 金融业辞退员工与其哪些就业能力欠缺相关

(9)房地产业。该行业中有高达73.68%的被调查者认为其员工被辞退时因为欠缺了正直、诚实的品德,可见该行业中员工的个人品德和素质是很受重视的,这虽然是最基本的,但却是决定性的因素。其次,47.37%的被调查者认为欠缺积极的人生态度也很可能被辞退,这同第一个能力有相似性,可见该行业对人的要求是很高的。再次,还有42.11%的被调查者认为欠缺沟通能力和人际交往能力也是其员工被辞退的比较重要的原因(参见图2-237)。

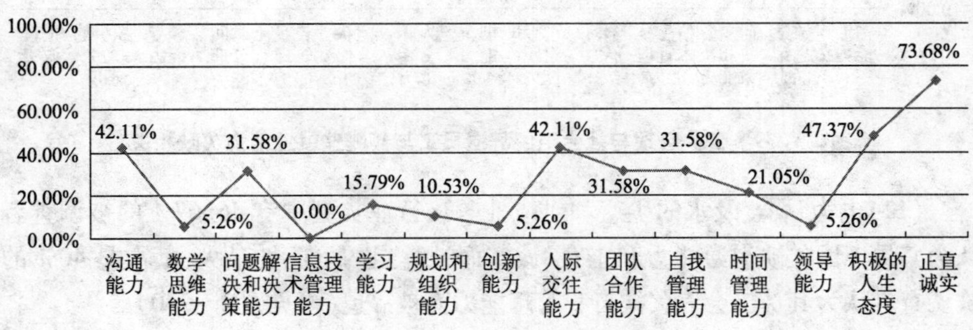

图2-237 房地产业辞退员工与其哪些就业能力欠缺相关

(10)教育业。该行业类型中有47.06%的被调查者认为员工欠缺沟通能力和正直、诚实的品德是第一个被辞退的原因,其次是人际交往能力和自我管理能力,这几项能力的欠缺都会影响员工的职业生涯,甚至被辞退(参见图2－238)。

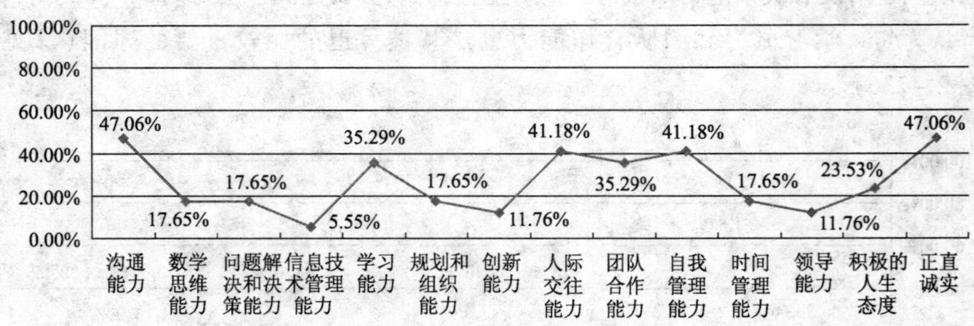

图2－238　教育业辞退员工与其哪些就业能力欠缺相关

(11)公共管理与社会组织。该行业类型中43.75%的被调查者认为其员工因欠缺学习能力和正直、诚实而被辞退的可能性比较大,其次是37.5%的被调查者选择了团队合作能力,再次是31.25%的被调查者选择了沟通能力,因此这两项能力的欠缺也是影响其员工是否会被辞退的因素(参见图2－239)。

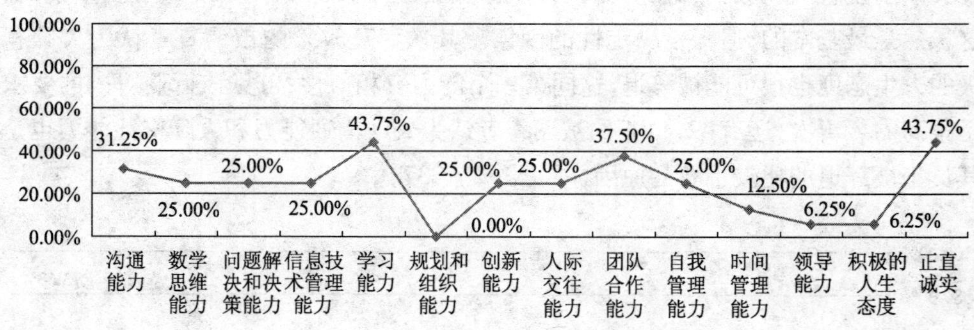

图2－239　公共管理与社会组织辞退员工与其哪些就业能力欠缺相关

(12)电力、燃气及水的生产和供应业。该行业类型中有46.67%的被调查者认为其员工因欠缺沟通能力和正直、诚实而被辞退的可能性最大,其次是40%的被调查者认为其员工会因欠缺自我管理能力而被辞退(参见图2－240)。

(13)建筑业。该行业中50%的单位和企业认为员工欠缺问题解决和决策能力是其被辞退的第一重要的原因,其次有42.86%的被调查者认为其员工欠缺沟通能力和学习能力也是其被辞退的比较重要的因素。这3项能力是该行业类型认为的其员工因欠缺而可能被辞退的重要能力(参见图2－241)。

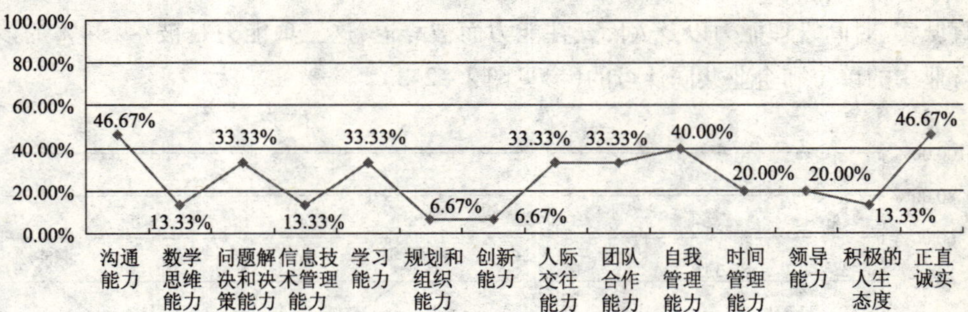

图 2-240 电力、燃气及水的生产和供应业辞退员工与其哪些就业能力欠缺相关

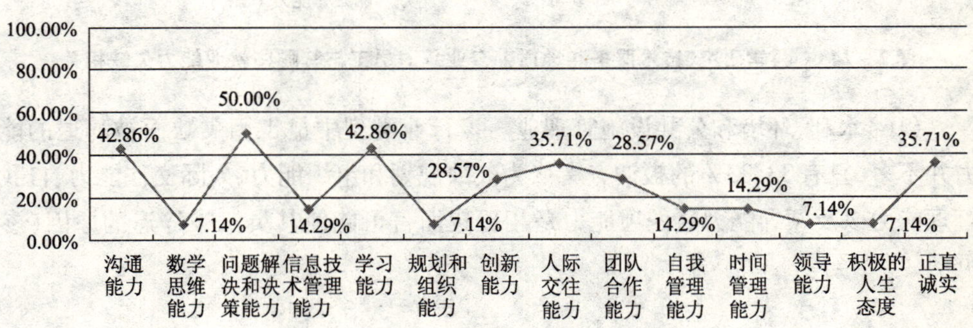

图 2-241 建筑业辞退员工与其哪些就业能力欠缺相关

(14)文化、体育和娱乐业。该行业类型中有 58.33% 的被调查者认为其员工因欠缺问题解决和决策能力而被辞退的可能性最大,其次是 50% 的被调查者认为欠缺正直、诚实的品格也是其员工被辞退的比较重要的因素,这两项能力是该行业认为的其员工因欠缺而被辞退的最重要的两项能力(参见图 2-242)。

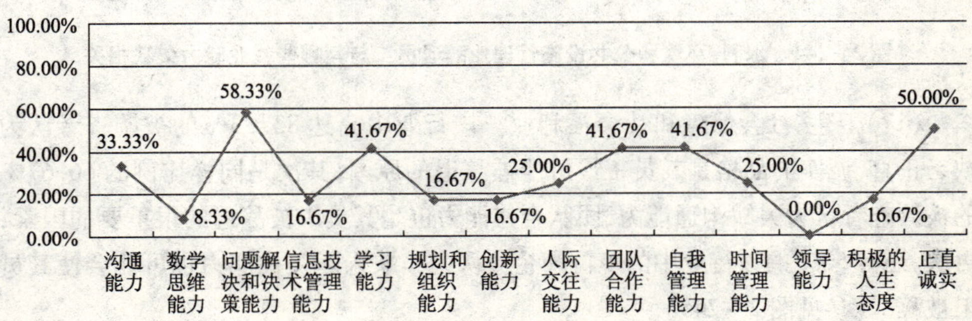

图 2-242 文化、体育和娱乐业辞退员工与其哪些就业能力欠缺相关

(15)科学研究、技术服务和地质勘查业。该行业认为其员工最可能因欠缺正直诚实、时间管理能力以及人际交往能力而被辞退,这三项能力是被44.44%的该行业中的单位和企业共同认可的(参见图2-243)。

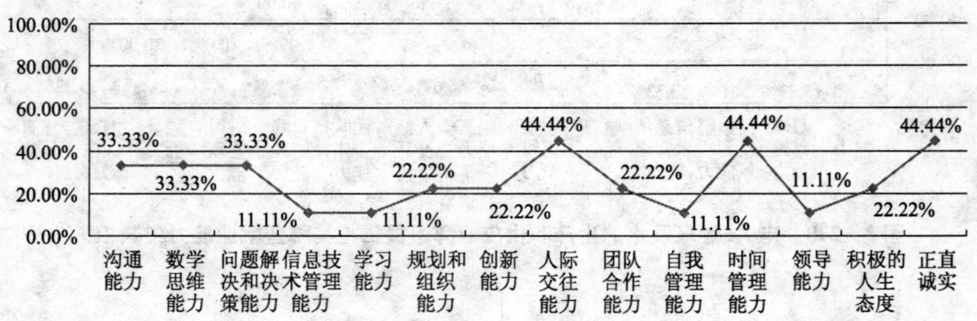

图2-243　科学研究、技术服务和地质勘查业辞退员工与其哪些就业能力欠缺相关

(16)水利、环境和公共设施管理业。该行业类型中员工因欠缺而被辞退的能力并不多,只有33.33%的被调查者认为欠缺规划和组织能力、人际交往能力、自我管理能力以及领导能力这四项能力是相比较而言可能使其员工被辞退的原因(参见图2-244)。

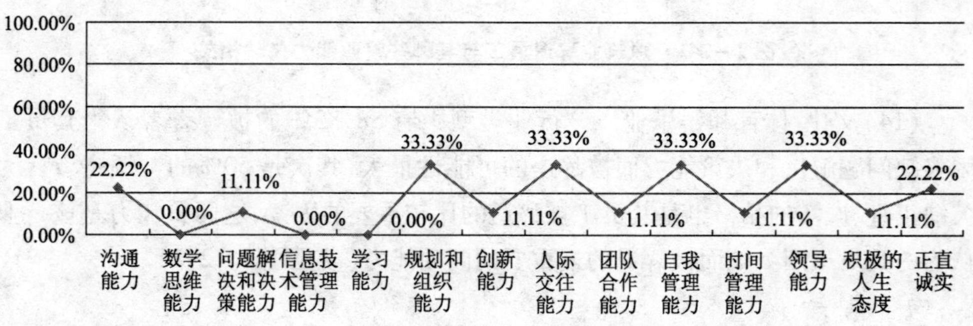

图2-244　水利、环境和公共设施管理业辞退员工与其哪些就业能力欠缺相关

(17)卫生、社会保障和社会福利业。该行业中高达83.33%的被调查者认为缺乏正直、诚实的品格是其员工最可能被辞退的原因,其次是同样比例的66.67%的被调查者认为欠缺沟通能力、团队合作能力也是其员工被辞退的很重要的因素,再次,还有50%的该行业中的单位和企业认为欠缺人际交往能力也可能会使其员工被辞退(参见图2-245)。

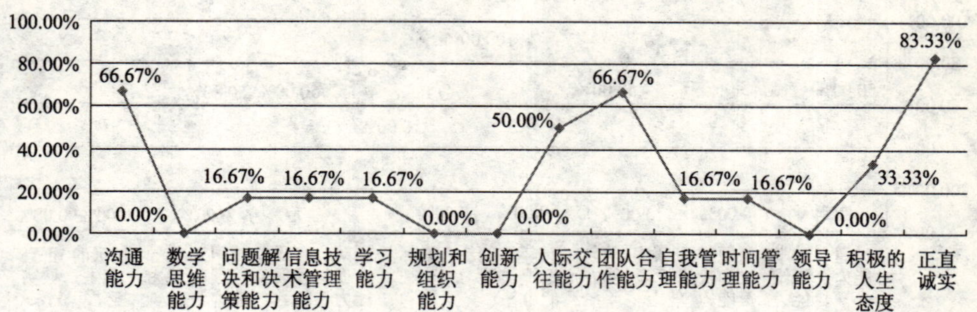

图 2-245 卫生、社会保障和社会福利业辞退员工与其哪些就业能力欠缺相关

(18)租赁和商务服务业。该行业中66.67%的被调查者认为欠缺自我管理能力是其员工被辞退的最重要因素,其次是同样占50%的被调查者认为员工欠缺学习能力、人际交往能力、时间管理能力以及积极的人生态度也是其可能被辞退的重要因素(参见图2-246)。

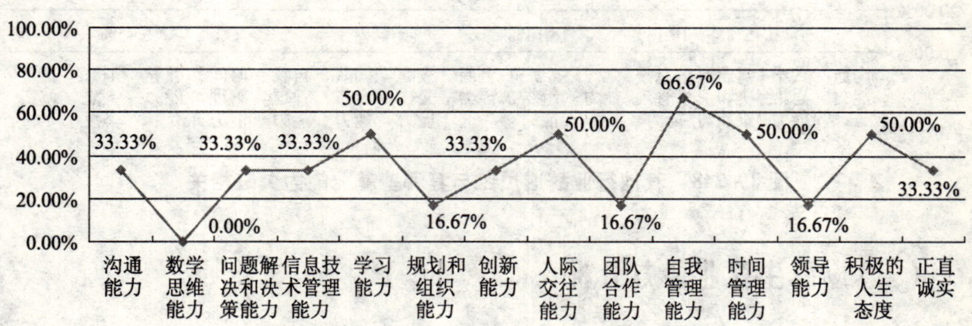

图 2-246 租赁和商务服务业辞退员工与其哪些就业能力欠缺相关

(19)采矿业。该行业中所有的被调查者都认为欠缺人际交往能力是其员工被辞退的第一重要的因素,其次还有50%的被调查者认为欠缺沟通能力、学习能力、团队合作能力、自我管理能力以及时间管理能力,也是其员工可能被辞退的重要因素(参见图2-247)。

(20)其他。其他行业类型中的单位或企业认为其员工因缺乏团队合作能力而被辞退的可能性最大,其次是正直、诚实的品格,以及自我管理能力,这两项能力的欠缺也在很大程度上会使员工被辞退(参见图2-248)。

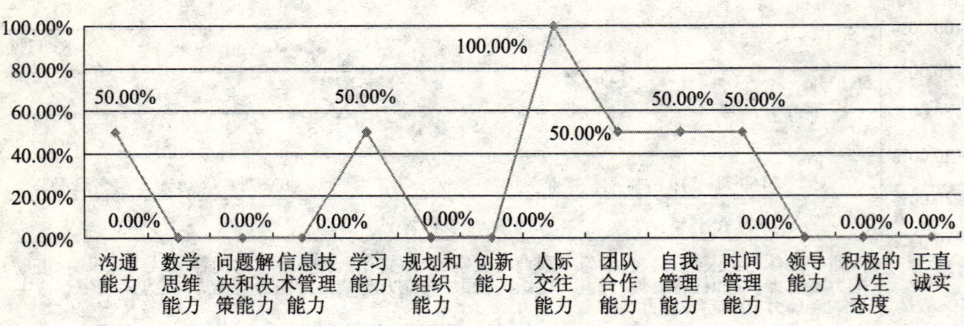

图 2－247　采矿业辞退员工与其哪些就业能力欠缺相关

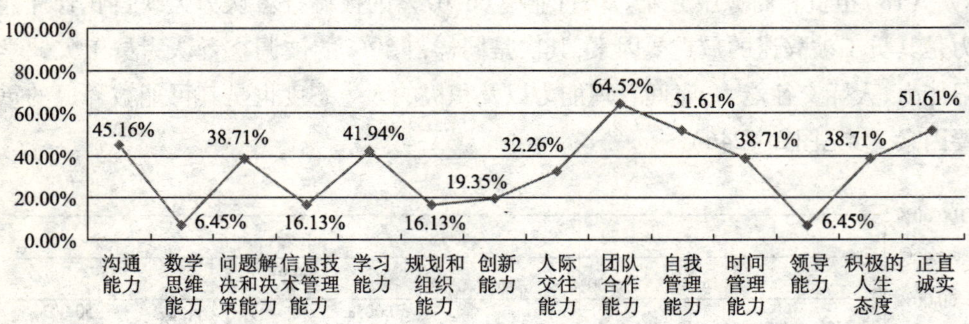

图 2－248　其他行业辞退员工与其哪些就业能力欠缺相关

（二）应届生就业能力分析

1. 是否招聘应届毕业生

不同行业类型的单位和企业都表示他们会招聘应届毕业生，特别是农、林、牧、渔业、制造业、信息传输、计算机服务和软件业、批发和零售业、居民服务和其他服务业以及其他类型的行业，只有少部分行业中的单位或企业表示他们不会招聘应届毕业生（参见图 2－249）。

2. 招聘初次就业的应届毕业生时对其就业能力的重视程度

经过调查可以发现，大部分行业的单位和企业表示他们在招聘应届生时比较重视就业能力，不重视和最重视的所占的比例较少，可见就业能力对于应届毕业生来说应该是需要重视培养的，这对他们的应聘成功与否是十分重要的（参见图 2－250）。

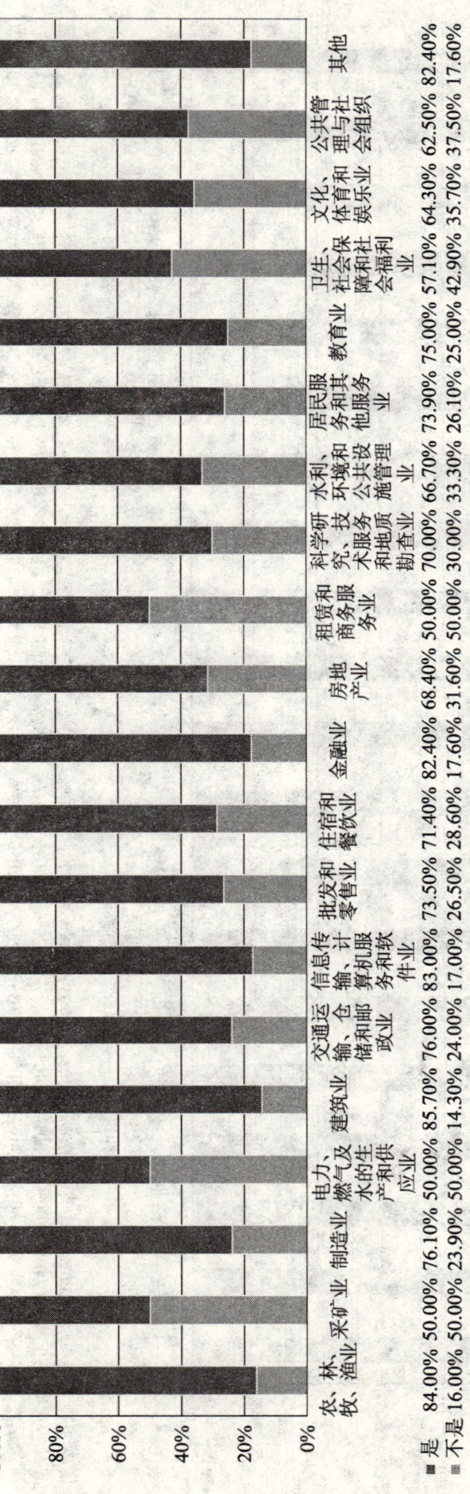

图 2－249 不同行业类型是否招聘应届毕业生

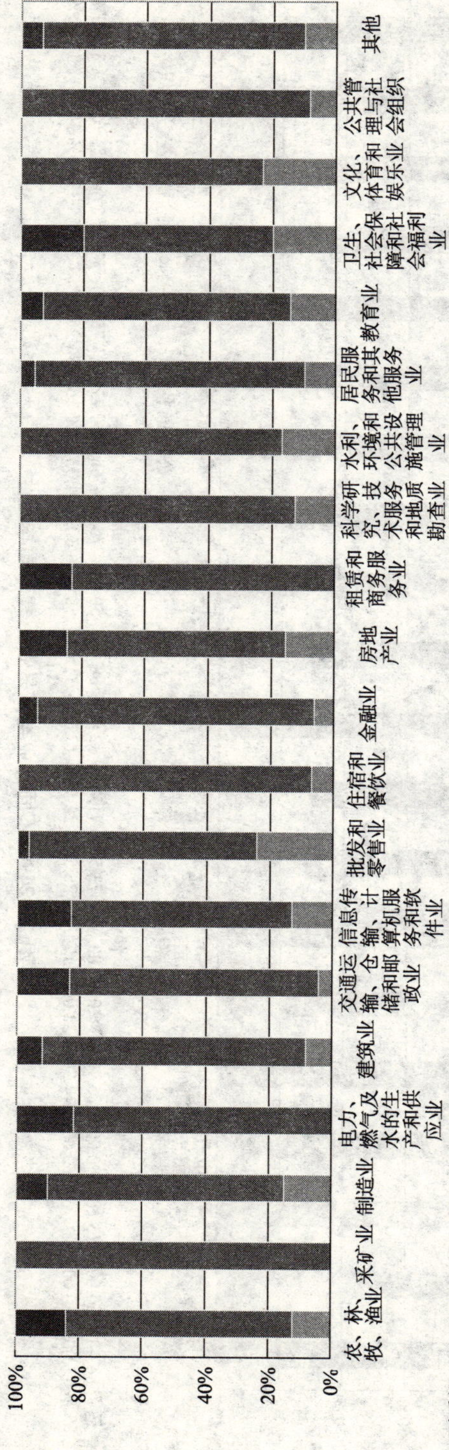

	农、林、牧、渔业	采矿业	制造业	电力、燃气及水的生产和供应业	建筑业	交通运输、仓储和邮政业	信息传输、计算机服务和软件业	批发和零售业	住宿和餐饮业	金融业	房地产业	租赁和商务服务业	科学研究、技术服务和地质勘查业	水利、环境和公共设施管理业	居民服务和其他服务业	教育业	卫生、社会保障和社会福利业	文化、体育和娱乐业	公共管理与社会组织	其他
■ 不重视	16.00%	0.00%	10.00%	18.20%	8.30%	16.70%	17.00%	3.40%	0.00%	5.90%	15.40%	16.70%	0.00%	0.00%	4.80%	7.10%	20.00%	0.00%	0.00%	6.70%
■ 比较重视	72.00%	100.00%	75.00%	81.80%	83.40%	79.20%	70.20%	72.40%	93.30%	88.20%	69.20%	83.30%	87.50%	83.30%	85.70%	78.60%	60.00%	76.90%	91.70%	83.30%
■ 最重视	12.00%	0.00%	15.00%	0.00%	8.30%	4.20%	12.80%	24.20%	6.70%	5.90%	15.40%	0.00%	12.50%	16.70%	9.50%	14.30%	20.00%	23.10%	8.30%	10.00%

图 2－250　不同行业类型招聘应届生时是否重视就业能力

3. 应届毕业生总体就业能力评价

本次调查采用了简单的五分制评价体系，每个就业能力分成五个程度，分别是"很强"、"强"、"一般"、"差"和"很差"，在进行数据统计和分析时我们把"很强"计算为5分，"强"计算为4分，"一般"计算为3分，"差"计算为2分，"很差"计算为1分。经过调查显示，不同企业和单位对应届毕业生的能力有不同的评价，我们的调查结果如下。

(1)信息传输、计算机服务和软件业。从总体情况来看，该行业认为应届生的总体就业能力是在2和4之间的，即在差、一般和强之间，因此我们可以看出此行业认为应届生的就业能力情况是比较一般的，而其认为的应届生最好的能力是学习能力，其次是积极的人生态度，再次是数学思维能力，而最差的能力是领导能力(参见图2－251)。

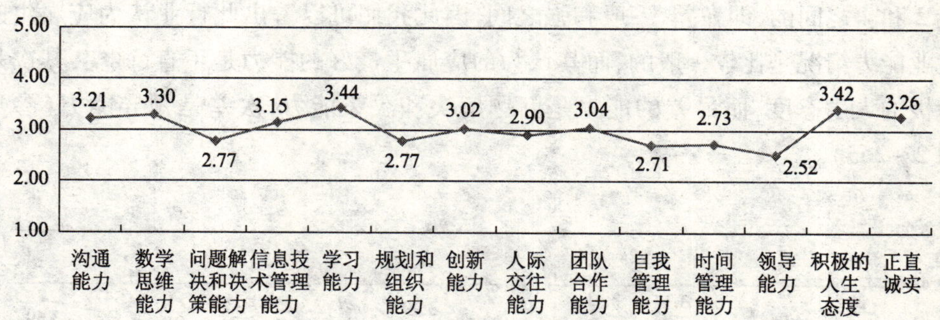

图2－251 信息传输、计算机服务和软件业对应届毕业生总体就业能力的评价

与前面分析的该行业对其员工目前的就业能力情况的评价相对比，我们还是可以发现一定差异的，普通员工较强的能力是沟通能力和人际交往能力，因此应届生在保持自己的优势的同时也需要朝这两项能力强的方向努力。

(2)制造业。从总体情况来看，该行业认为应届生的总体就业能力是在2和4之间的，即在差、一般和强之间，因此我们可以看出此行业认为应届生的就业能力情况是比较一般的，而其认为的应届生最好的能力是学习能力，其次是积极的人生态度，再次是正直、诚实，而最差的能力是领导能力，次差是规划和组织能力，这两项能力都是在一般水平之下的。

与前面分析的该行业对其员工目前的就业能力情况的评价相对比，我们发现正直、诚实以及积极的人生态度同是普通员工和应届生比较好的能力，而普通员工较强的能力还有沟通能力和人际交往能力，因此应届生在保持自己优势的同时也需要朝这两项能力强的方向努力。

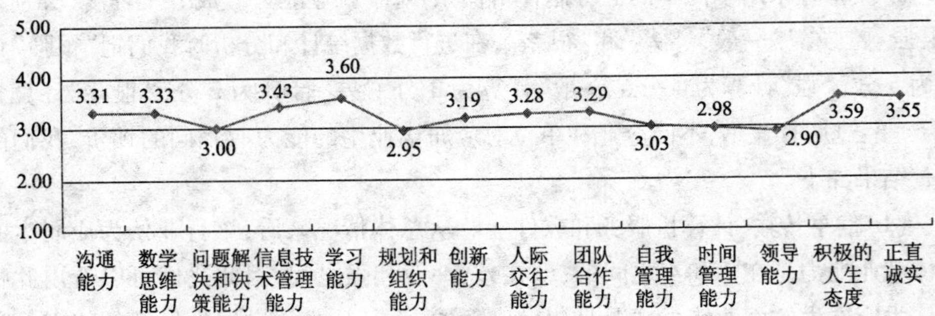

图 2-252 制造业对应届毕业生总体就业能力的评价

(3)批发和零售业。从总体情况来看,该行业认为应届生的总体就业能力是在2和4之间的,即在差、一般和强之间,因此我们可以看出此行业认为应届生的就业能力情况是比较一般的,而其认为的应届生最好的能力是正直、诚实,其次是积极的人生态度,而最差的能力是问题解决和决策能力,次差是领导能力(参见图2-253)。

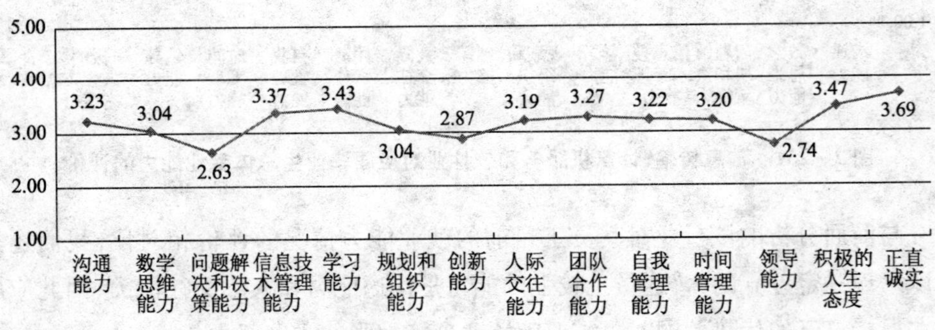

图 2-253 批发和零售业对应届毕业生总体就业能力的评价

与前面分析的该行业对其员工目前的就业能力情况的评价相对比,我们发现正直、诚实以及积极的人生态度同是普通员工和应届生比较好的能力。

(4)农、林、牧、渔业。从总体情况来看,该行业认为应届生的总体就业能力是在2和4之间的,即在差、一般和强之间,因此我们可以看出此行业认为应届生的就业能力情况是比较一般的,而其认为的应届生最好的能力是学习能力,其次分别是沟通能力、人际交往能力和正直、诚实,而最差的能力是领导能力,它已经降到了一般水平之下,几乎是接近差这个水平的(参见图2-254)。

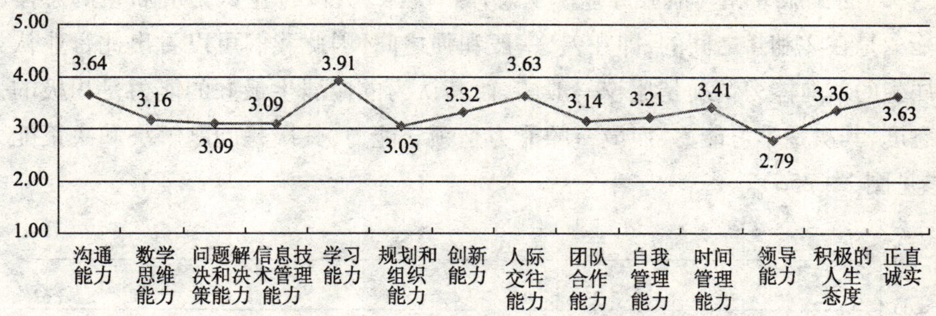

图 2-254 农、林、牧、渔业对应届毕业生总体就业能力的评价

与前面分析的该行业对其员工目前的就业能力情况的评价相对比,我们发现学习能力同是普通员工和应届生比较好的能力,而普通员工较强的能力还有创新能力,这项能力对于应届生来说还是比较欠缺的,因而也是需要提高的。

(5)交通运输、仓储和邮政业。从总体情况来看,该行业认为应届生的总体就业能力是在 3 和 5 之间的,即在一般、强和很强之间,因此我们可以看出此行业认为应届生的就业能力情况是比较好的,其认为的应届生最好的能力是积极的人生态度,并且这项已经接近于很强这个标准了,即在这个方面该行业认为应届生表现得很优秀,其次是非常接近于强这个水平的学习能力,此外其他能力都是比较一般的(参见图 2-255)。

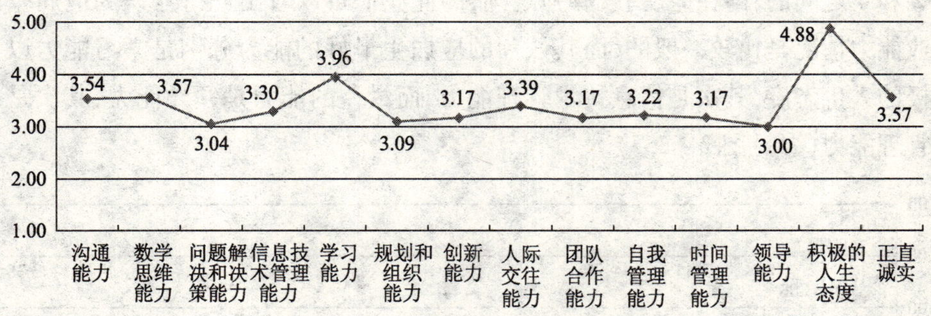

图 2-255 交通运输、仓储和邮政业对应届毕业生总体就业能力的评价

与前面分析的该行业对其员工目前的就业能力情况的评价相对比,我们发现积极的人生态度同是普通员工和应届生比较好的能力,而普通员工较强的能力还有人际交往能力,因此应届生在保持自己的优势的同时也需要朝这项能力强的方向努力。

(6)居民服务和其他服务业。从总体情况来看,该行业认为应届生的总体就业能力是在2和4之间的,即在差、一般和强之间,因此我们可以看出此行业认为应届生的就业能力情况是比较一般的,而其认为的应届生最好的能力是积极的人生态度,其次是学习能力,而最差的能力是领导能力,其次是问题解决和决策能力(参见图2-256)。

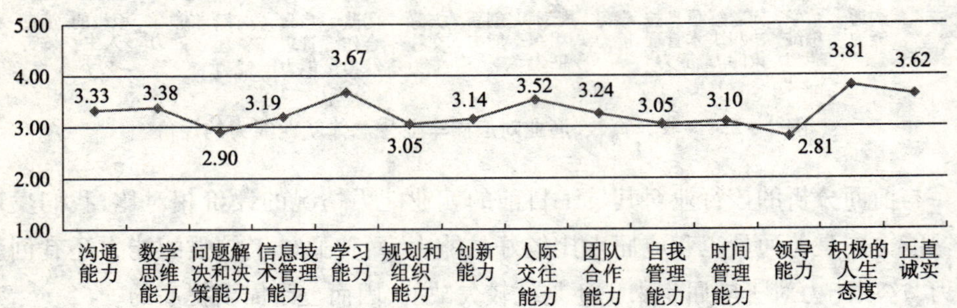

图2-256 居民服务和其他服务业对应届毕业生总体就业能力的评价

与前面分析的该行业对其员工目前的就业能力情况的评价相对比,我们发现还是存在一定的差异的,普通员工较强的能力是人际交往能力和沟通能力,而应届生在这两项上恰恰比较弱,因此还需要进一步的提高。

(7)住宿和餐饮业。从总体情况来看,该行业认为应届生的总体就业能力是在2和4之间的,即在差、一般和强之间,因此我们可以看出此行业认为应届生的就业能力情况是比较一般的,而其认为的应届生最好的能力分别是学习能力以及积极的人生态度,其次是信息技术管理能力,而最差的能力是领导能力,其次是自我管理能力(参见图2-257)。

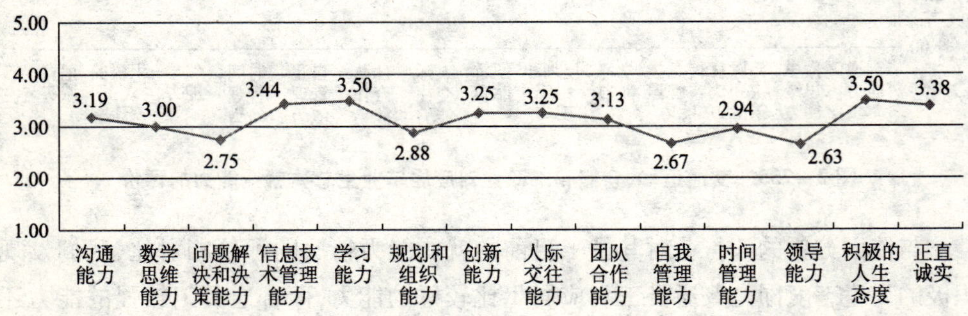

图2-257 住宿和餐饮业对应届毕业生总体就业能力的评价

与前面分析的该行业对其员工目前的就业能力情况的评价相对比，我们发现积极的人生态度同是普通员工和应届生比较好的能力，而普通员工较强的能力还有人际交往能力和沟通能力，因此应届生在保持自己的优势的同时也需要朝这两项能力强的方向努力。

（8）金融业。从总体情况来看，该行业认为应届生的总体就业能力是在2和4之间的，即在差、一般和强之间，因此我们可以看出此行业认为应届生的就业能力情况是比较一般的，而其认为的应届生最好的能力是正直、诚实，其次是沟通能力、学习能力和积极的人生态度，而最差的能力是领导能力（参见图2－258）。

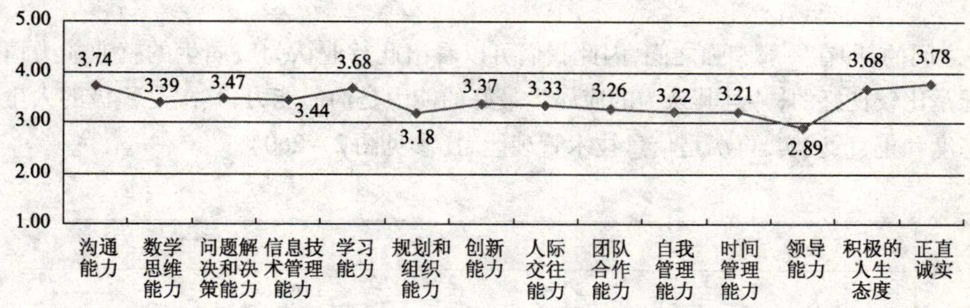

图2－258 金融业对应届毕业生总体就业能力的评价

与前面分析的该行业对其员工目前的就业能力情况的评价相对比，我们发现还是存在一定差异的，普通员工较强的能力有人际交往能力，而这项恰是应届生比较弱的方面，因此在步入职场前注重这方面能力的培养是十分重要的。

（9）房地产业。从总体情况来看，该行业认为应届生的总体就业能力是在2和4之间的，即在差、一般和强之间，因此我们可以看出此行业认为应届生的就业能力情况是比较一般的，而其认为的应届生最好的能力是具有正直、诚实的品德，其次是信息技术管理能力，而最差的能力是领导能力和规划和组织能力，其次是团队合作能力、自我管理能力和时间管理能力，这几项都是该行业认为的比较差的能力。可见，该行业认为应届生的总体就业能力情况并不乐观，比较差的能力还是很多的（参见图2－259）。

与前面分析的该行业对其员工目前的就业能力情况的评价相对比，我们发现还是存在一定差距的，普通员工较强的能力是人际交往能力，而应届生在此方面相比而言比较弱，因此需要应届生在保持自己的优势的同时也重视这项能力的培养。

（10）教育业。从总体情况来看，该行业认为应届生的总体就业能力是在3和

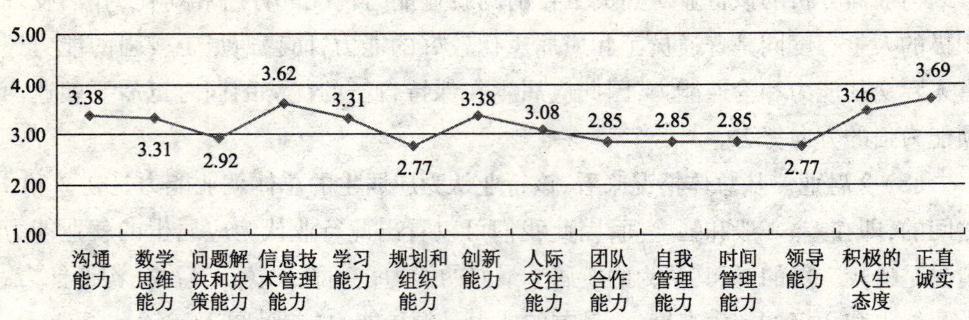

图 2－259　房地产业对应届毕业生总体就业能力的评价

4 之间的，即在一般和强之间，因此我们可以看出此行业认为应届生的就业能力情况是比较良好的，并且其认为的应届生最好的能力是沟通能力，其次是积极的人生态度和正直、诚实，再次是信息技术管理能力（参见图 2－260）。

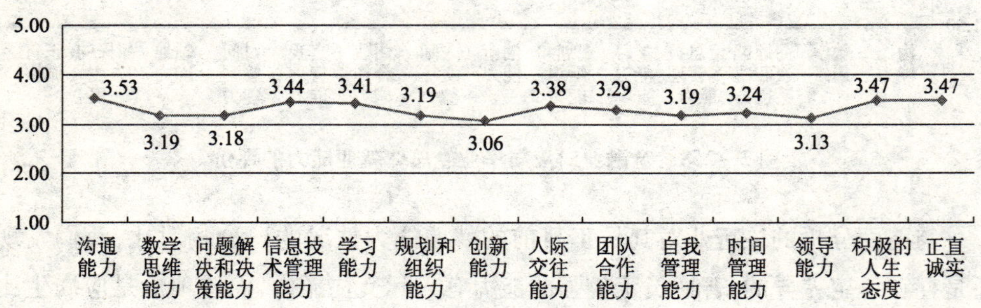

图 2－260　教育业对应届毕业生总体就业能力的评价

与前面分析的该行业对其员工目前的就业能力情况的评价相对比，我们发现沟通能力同是普通员工和应届生比较好的能力，而普通员工较强的能力还有人际交往能力，因此应届生在保持自己优势的同时也需要朝这项能力强的方向努力。

（11）公共管理与社会组织。从总体情况来看，该行业认为应届生的总体就业能力是在 2 和 4 之间的，即在差、一般和强之间，因此我们可以看出此行业认为应届生的就业能力情况是比较一般的，而其认为的应届生最好的能力是学习能力以及正直、诚实，而最差的能力是领导能力，它已经降到了一般水平之下（参见图 2－261）。

与前面分析的该行业对其员工目前的就业能力情况的评价相对比，我们发现还是存在一定差异的，普通员工较强的能力有人际交往能力、沟通能力以及问题解决和决策能力，因此应届生在保持自己优势的同时也需要朝这三项能力强的方向努力。

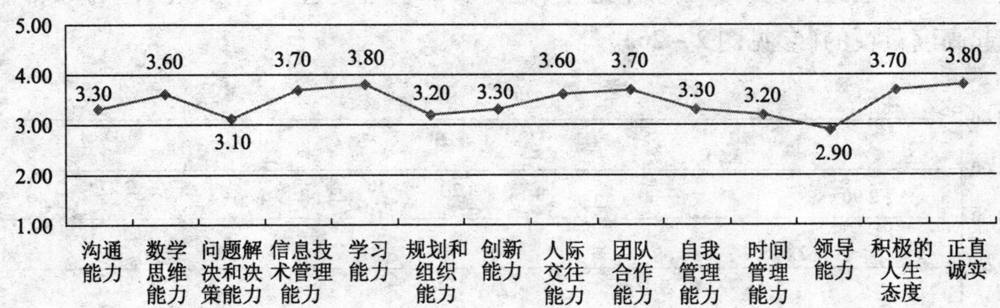

图 2－261 公共管理与社会组织对应届毕业生总体就业能力的评价

（12）电力、燃气及水的生产和供应业。从总体情况来看，该行业认为应届生的总体就业能力是在 2 和 4 之间的，即在差、一般和强之间，因此我们可以看出此行业认为应届生的就业能力情况是比较一般的，而其认为的应届生最好的能力是积极的人生态度，其次是数学思维能力和学习能力，而最差的能力是领导能力，其次是问题解决和决策能力，这两项都已经降到了一般水平之下（参见图 2－262）。

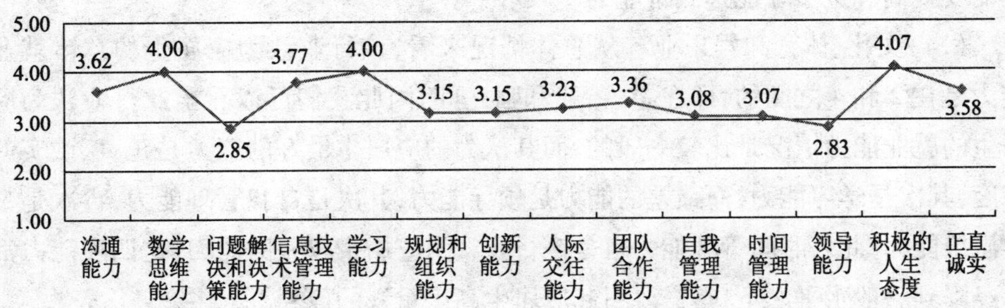

图 2－262 电力、燃气及水的生产和供应业对应届毕业生总体就业能力的评价

与前面分析的该行业对其员工目前的就业能力情况的评价相对比，我们发现该行业认为其普通员工的所有能力都比较一般，较强的是正直、诚实，从这点上来说和应届生还是存在一定差距的。然而，对于那些应届生比较差的能力，他们还需要提高和进步才能达到行业的一般水平。

（13）建筑业。从总体情况来看，该行业认为应届生的总体就业能力是在 2 和 4 之间的，即在差、一般和强之间，因此我们可以看出此行业认为应届生的就业能力情况是比较一般的，而其认为的应届生最好的能力是信息技术管理能力，其次是

团队合作能力，而最差的能力是领导能力，其次是问题解决和决策能力，再次是沟通能力，此外还有规划和组织能力、教学思维能力以及正直诚实也是比较差的，这五项能力都已经降到了一般水平之下，是需要那些希望进入该行业工作的应届生引起高度重视的(参见图2－263)。

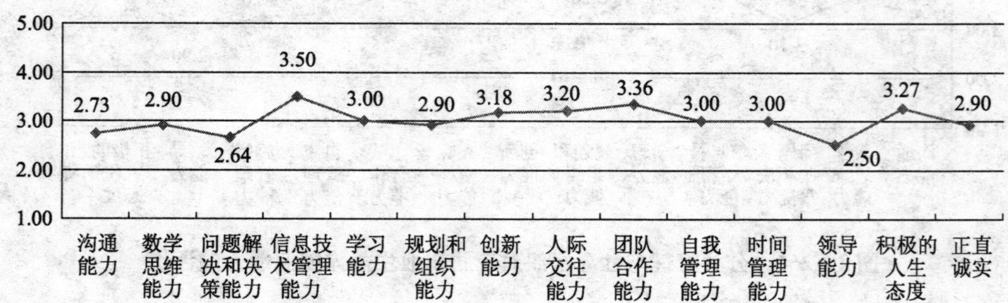

图2－263　建筑业对应届毕业生总体就业能力的评价

与前面分析的该行业对其员工目前的就业能力情况的评价相对比，我们发现该行业认为其普通员工的所有能力都比较一遍，较强的是积极的人生态度，从这点上来说和应届生还是存在一定差距的。然而，对于那些应届生比较差的能力，他们还需要提高和进步才能达到行业的一般水平。

(14)文化、体育和娱乐业。从总体情况来看，该行业认为应届生的总体就业能力是在2和4之间的，即在差、一般和强之间，因此我们可以看出此行业认为应届生的就业能力情况是比较一般的，而其认为的应届生最好的能力是正直、诚实的态度，其次是学习能力，而最差的能力是领导能力，其次是自我管理能力，再次是数学思维能力，此外时间管理能力也是该行业认为应届生较差的能力，这四项能力都已经降到一般水平之下，是需要引起应届生高度重视的(参见图2－264)。

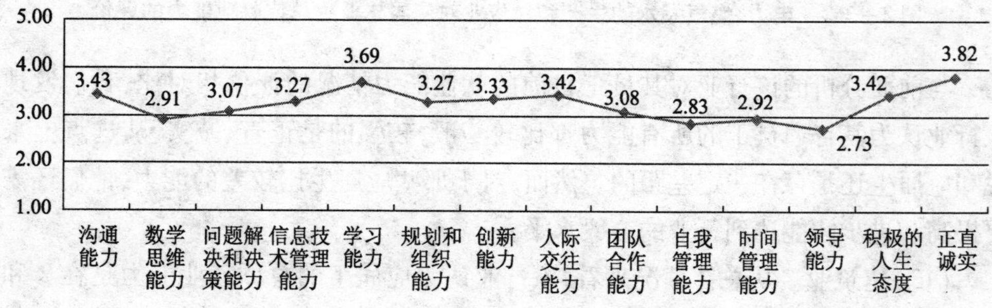

图2－264　文化、体育和娱乐业对应届毕业生总体就业能力的评价

与前面分析的该行业对其员工目前的就业能力情况的评价相对比，我们发现正直、诚实同是普通员工和应届生比较好的能力，而普通员工较强的能力还有积极的人生态度、沟通能力以及人际交往能力，因此应届生在保持自己的优势的同时也需要朝这些能力强的方向努力。

(15)科学研究、技术服务和地质勘查业。从总体情况来看，该行业认为应届生的总体就业能力是在2和4之间的，即在差、一般和强之间，因此我们可以看出此行业认为应届生的就业能力情况是比较一般的，而其认为的应届生最好的能力是学习能力，其次是正直、诚实，再次是信息技术管理能力，而最差的能力是自我管理能力，它是该行业认为的唯一降到一般水平之下的能力(参见图2－265)。

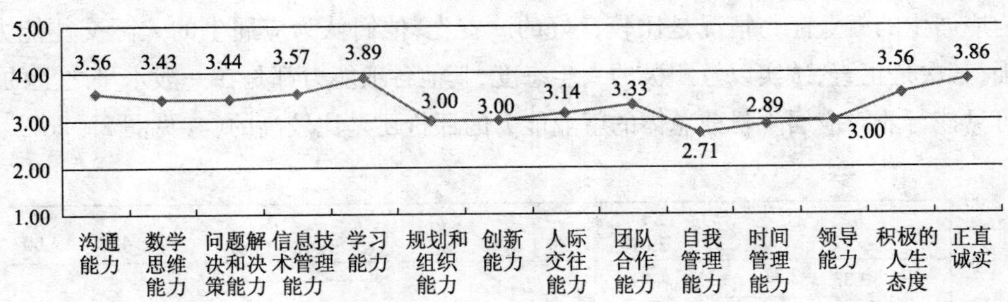

图2－265 科学研究、技术服务和地质勘查业对应届毕业生总体就业能力的评价

与前面分析的该行业对其员工目前的就业能力情况的评价相对比，我们发现正直、诚实同是普通员工和应届生比较好的能力，而普通员工较强的能力还有团队合作能力、人际交往能力，因此应届生在保持自己的优势的同时也需要朝这两项能力强的方向努力。

(16)水利、环境和公共设施管理业。从总体情况来看，该行业认为应届生的总体就业能力是在2和4之间的，即在差、一般和强之间，因此我们可以看出此行业认为应届生的就业能力情况是比较一般的，而其认为的应届生最好的能力是问题解决和决策能力，其次是人际交往能力，而最差的能力是领导能力，它是该行业认为的唯一降到一般水平之下的能力(参见图2－266)。

与前面分析的该行业对其员工目前的就业能力情况的评价相对比，我们发现该行业认为其普通员工的所有能力都比较一般，较强的是沟通能力，从这点上来说和应届生还是存在一定差距的。然而，对于应届生比较差的能力，他们仍需要提高和进步才能达到行业的一般水平。

(17)卫生、社会保障和社会福利业。从总体情况来看，该行业认为应届生的

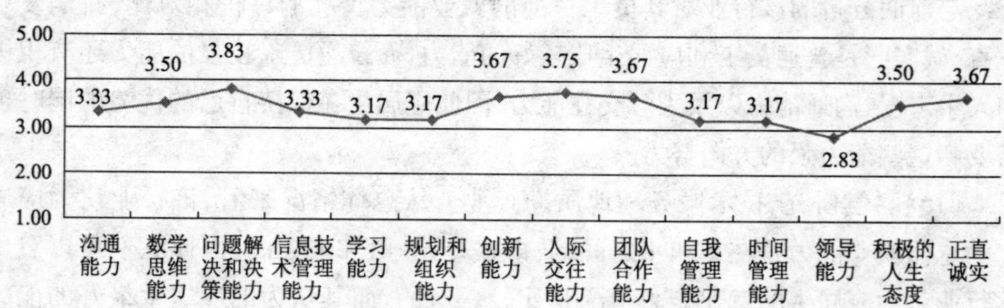

图 2－266　水利、环境和公共设施管理业对应届毕业生总体就业能力的评价

总体就业能力是在 3 和 4 之间的，即在一般和强之间，因此我们可以看出此行业认为应届生的就业能力情况是比较良好的。首先，他们认为应届生的人际交往能力强，其次是正直、诚实以及积极的人生态度，其他各项能力都是在一般水平之上的。可见该行业对应届生目前总体的就业能力的评价还是比较高的（参见图 2－267）。

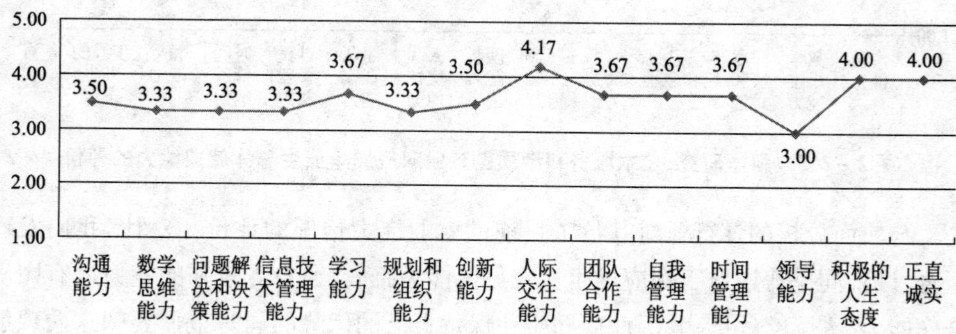

图 2－267　卫生、社会保障和社会福利业对应届毕业生总体就业能力的评价

与前面分析的该行业对其员工目前的就业能力情况的评价相对比，我们发现人际交往能力以及正直、诚实同是普通员工和应届生比较好的能力，而普通员工较强的能力还有沟通能力以及团队合作能力，因此应届生在保持自己的优势的同时也需要朝这些能力强的方向努力。

（18）租赁和商务服务业。从总体情况来看，该行业认为应届生的总体就业能力是在 3 和 4 之间的，即在一般和强之间，因此我们可以看出此行业认为应届生的就业能力情况是比较良好的。首先，他们认为应届生的学习能力强，其次是积极的人生态度以及创新能力，其他各项能力都是在一般水平之上的。可见该行业对应届生目前总体的就业能力的评价还是比较好的（参见图 2－268）。

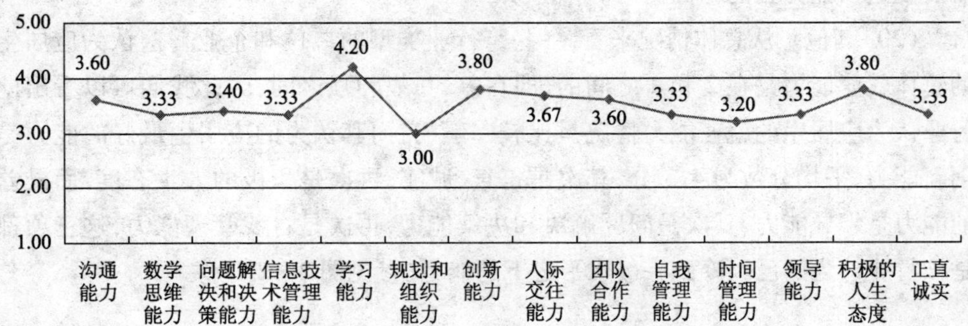

图 2－268　租赁和商务服务业对应届毕业生总体就业能力的评价

与前面分析的该行业对其员工目前的就业能力情况的评价相对比，我们发现还是存在一定差异的。普通员工较强的能力还有沟通能力以及人际交往能力，而应届生在这两方面都比较弱，因此应届生在保持自己优势的同时也需要朝这些能力强的方向努力。

(19)采矿业。从总体情况来看，该行业认为应届生的总体就业能力是在 2 和 4 之间的，即在差、一般和强之间，因此我们可以看出此行业认为应届生的就业能力情况波动是比较大的，他们认为的应届生比较强的能力有：沟通能力、问题解决和决策能力、团队合作能力、时间管理能力以及积极的人生态度，而最差的能力是位于差这个水平的创新能力（参见图 2－269）。

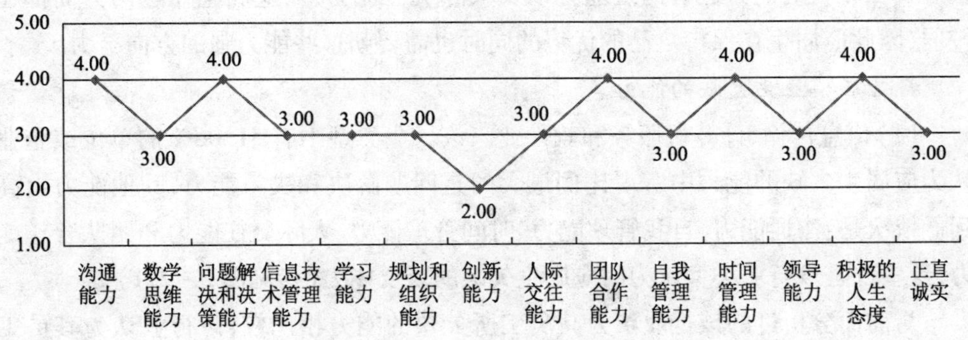

图 2－269　采矿业对应届毕业生总体就业能力的评价

与前面分析的该行业对其员工目前的就业能力情况的评价相对比，我们发现沟通能力、问题解决和决策能力、积极的人生态度同是普通员工和应届生比较好的能力，而普通员工较强的能力还有学习能力，因此应届生在保持自己优势的同时也需要朝这项能力强的方向努力。

(20)其他。从总体情况来看,一些跨行业类型的单位和企业普遍认为应届生的总体就业能力是在2和4之间的,即在差、一般和强之间,因此我们可以看出此行业认为应届生的就业能力情况是比较一般的,而其认为的应届生最好的能力是创新能力,平均分数为4.3分,其次是正直、诚实,再次是积极的人生态度,而最差的能力是领导能力,其次是问题解决和决策能力,再次是自我管理能力,这三项都是该行业认为的已经降到一般水平之下的能力(参见图2-270)。

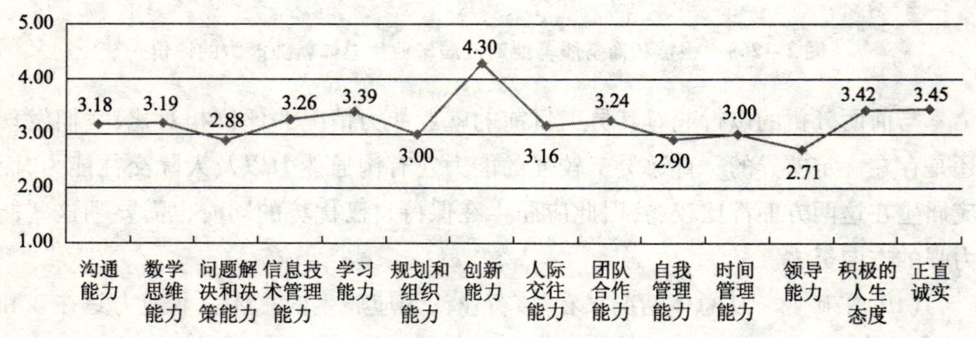

图2-270 其他行业对应届毕业生总体就业能力的评价

与前面分析的该行业对其员工目前的就业能力情况的评价相对比,我们可以发现在正直、诚实方面还是存在相似性的,普通员工和应届生在这方面都比较强。普通员工较强的能力还有沟通能力以及人际交往能力,而应届生在这两方面都比较弱,因此应届生在保持自己的优势的同时也需要朝这些能力强的方向努力。

4. 应届毕业生欠缺的能力

(1)信息传输、计算机服务和软件业。该行业类型中有51.06%的单位或企业认为应届生欠缺的能力中所占比例最大的是问题解决和决策能力,其他能力由高到低依次是:沟通能力、自我管理能力、时间管理能力、人际交往能力和团队合作能力,这些都是该行业类型认为的应届生欠缺的重要能力(参见图2-271)。

与前面分析过的该行业认为其员工所欠缺的能力相比较,该行业认为其员工最缺乏的是创新能力,而对于应届生并没有认为其很欠缺此项能力,反而更注重的是其欠缺的问题解决和决策能力。

(2)制造业。该行业类型中有51.226%的被调查者认为应届生欠缺问题解决和决策能力,其次是43.90%的被调查者认为应届生欠缺的是沟通能力,再次是41.46%的被调查者认为应届生还欠缺团队合作能力,这是该行业认为的应届生欠

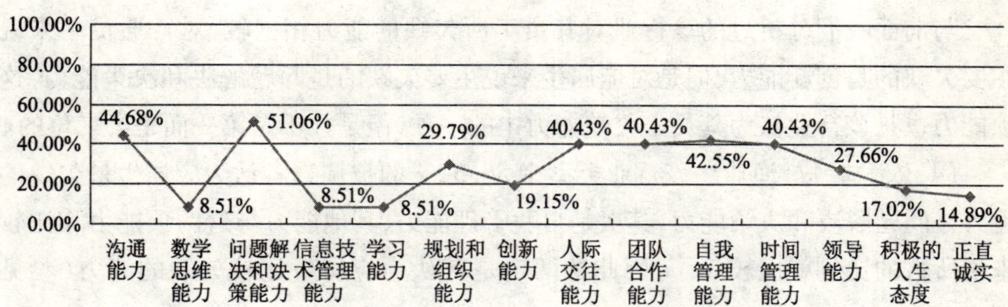

图 2－271 信息传输、计算机服务和软件业单位认为应届毕业生欠缺的能力

缺的能力中排名前三位的能力参见图 2－272。

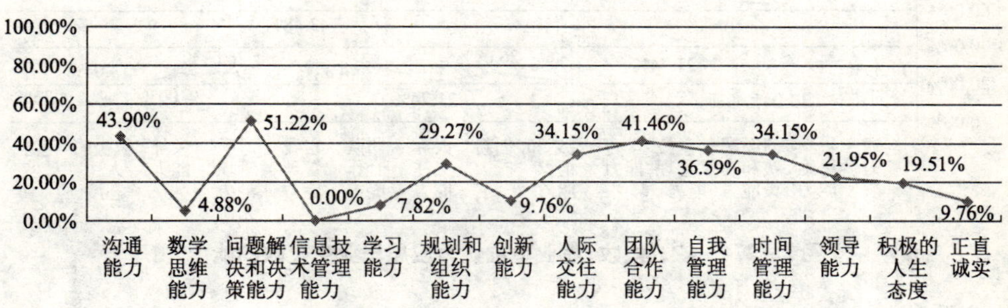

图 2－272 制造业单位认为应届毕业生欠缺的能力

与前面我们分析过的该行业类型对其普通员工所欠缺的能力相比较，对于普通员工来说该行业认为其最欠缺的是创新能力，其次是数学思维能力，而应届生欠缺的所占比例最大的是问题解决和决策能力，从其中我们还是能看到企业对普通员工和应届生的要求还是存在差异的。

（3）批发和零售业。此行业类型中 50% 的被调查者认为应届生最欠缺的是问题解决和决策能力，其次由大到小依次为人际交往能力、自我管理能力以及领导能力（参见图 2－273）。

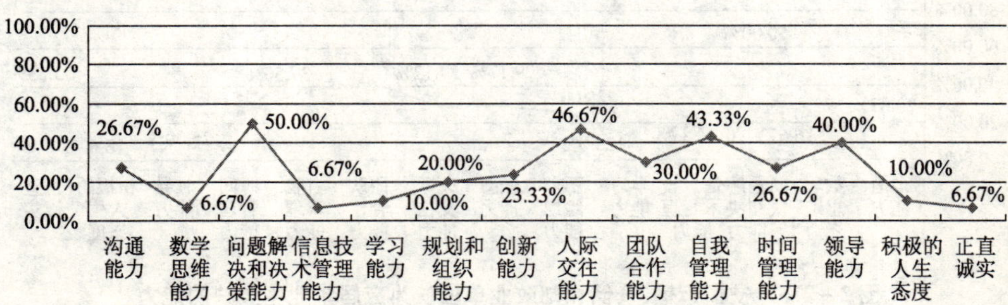

图 2－273 批发和零售业单位认为应届毕业生欠缺的能力

与前面我们分析过的该行业对其员工所欠缺的能力相比较，对普通员工来说主要欠缺的是创新能力，但是对应届生来说主要欠缺的是问题解决和决策能力，这项能力也是该行业认为其员工欠缺能力中的一项，但是并不是第一而是第二位的。

（4）农、林、牧、渔业。该行业类型中56.52%的被调查者认为应届生最欠缺的能力是问题解决和决策能力，其次是自我管理能力，其他能力与这两项能力相比较来说所占的比例就比较小了，因此这两项是其认为应届生比较欠缺的能力（参见图2－274）。

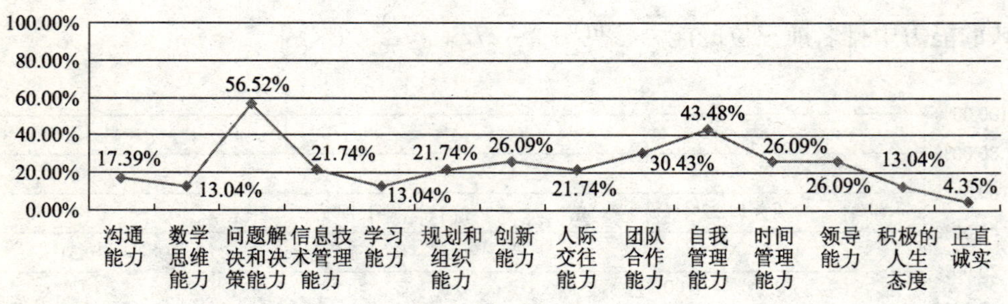

图2－274　农、林、牧、渔业单位认为应届毕业生欠缺的能力

与前面我们分析过的该行业对其员工欠缺的能力的评价相比较，其认为员工最欠缺的是数学思维能力，而这项恰恰是其认为应届生不太缺乏的能力，而第二位的问题解决和决策能力同样是应届生欠缺的。

（5）交通运输、仓储和邮政业。该行业类型中有50%的单位和企业认为应届生最欠缺的是问题解决和决策能力，其次有41.67%的被调查者认为应届生欠缺团队合作能力，这两项是所占比例较大的两项，因此需要引起应届生的重视（参见图2－275）。

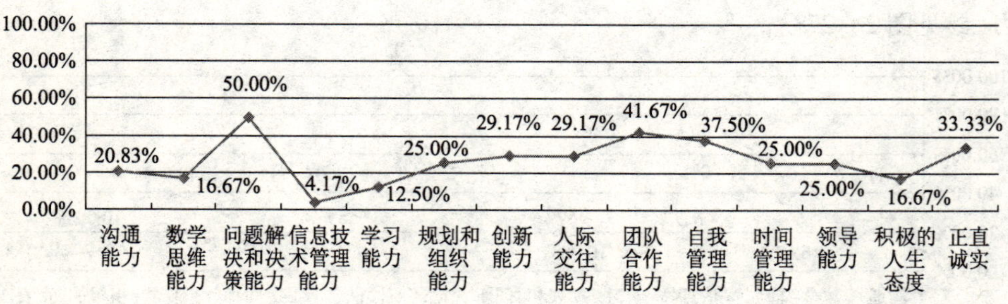

图2－275　交通运输、仓储和邮政业单位认为应届毕业生欠缺的能力

与前面我们分析过的该行业对其员工所欠缺的能力的评价相比较还是存在差异的。其认为员工最欠缺的是创新能力，却并不认为应届生也同样欠缺此能力，反而应届生欠缺的是问题解决和决策能力。

(6)居民服务和其他服务业。该行业中有61.9%的被调查者选择了问题解决和决策能力是应届生目前最欠缺的能力，其次各有57.14%的被调查者认为应届生欠缺的是时间管理能力和团队合作能力(参见图2－276)。

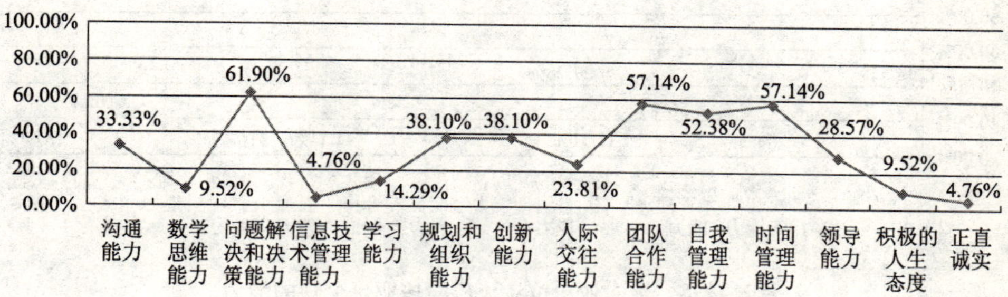

图2－276　居民服务和其他服务业单位认为应届毕业生欠缺的能力

与前面分析过的该行业认为其员工所欠缺的能力相比较差异还是比较大的。对于普通员工来说，该行业认为其最欠缺的是数学思维能力以及自我管理能力，而数学思维能力恰是其认为应届生不欠缺的能力，而自我管理能力对于应届生来说也是比较欠缺的能力，因此应届生在进入工作岗位后也需要培养自己的这项能力。

(7)住宿和餐饮业。该行业类型中有41.18%的被调查者认为应届生欠缺自我管理能力，其次有35.29%的被调查者认为应届生欠缺团队合作能力，这两项能力是该行业认为的与其他能力相比较应届生最欠缺的(参见图2－277)。

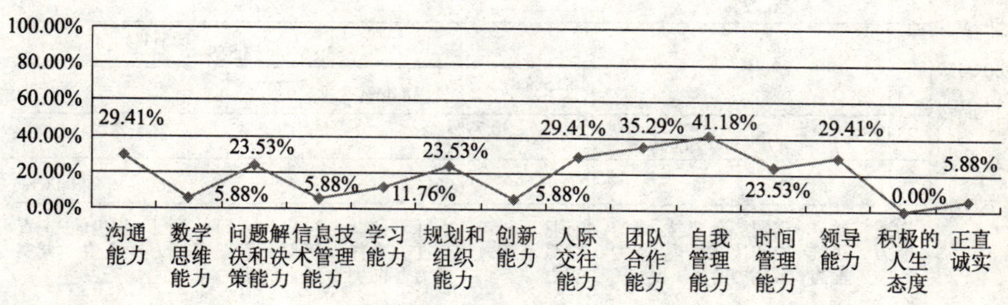

图2－277　住宿和餐饮业单位认为应届毕业生欠缺的能力

与前面分析过的该行业认为其员工所欠缺的能力相比较，其认为员工最缺乏的是创新能力，其次是数学思维能力，而这两项对于应届生来说都是比较强的，并不存在缺乏的情况，因此需要应届生注意的是在工作中巩固和提高这两项能力。

（8）金融业。该行业类型中有44.44%的被调查者认为应届生欠缺的能力有：问题解决和决策能力、人际交往能力以及自我管理能力，这三项能力并列为应届生第一欠缺的能力（参见图2－278）。

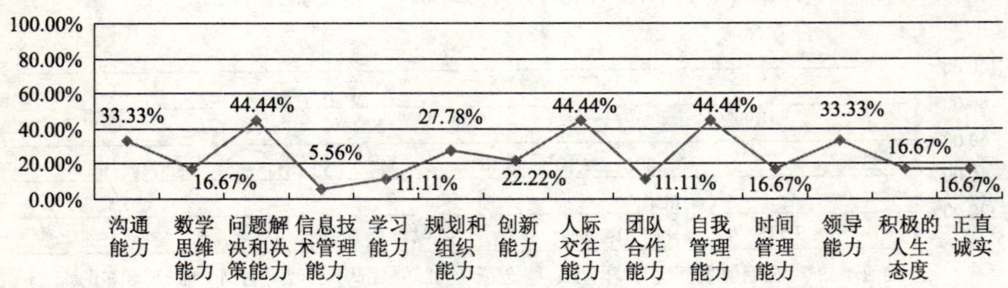

图2－278　金融业单位认为应届毕业生欠缺的能力

与前面我们分析过的该行业对普通员工所欠缺的能力的评价相比较，其认为普通员工最欠缺的创新能力，其次是学习能力，而这两项能力都不是其认为应届生欠缺的能力，可见两者之间存在的差异。

（9）房地产业。该行业类型中有高达76.92%的被调查者认为应届生欠缺的主要能力是问题解决和决策能力，其次是61.54%的被调查者认为应届生还欠缺领导能力，再次，53.85%的被调查者还认为应届生欠缺自我管理能力和时间管理能力（参见图2－279）。

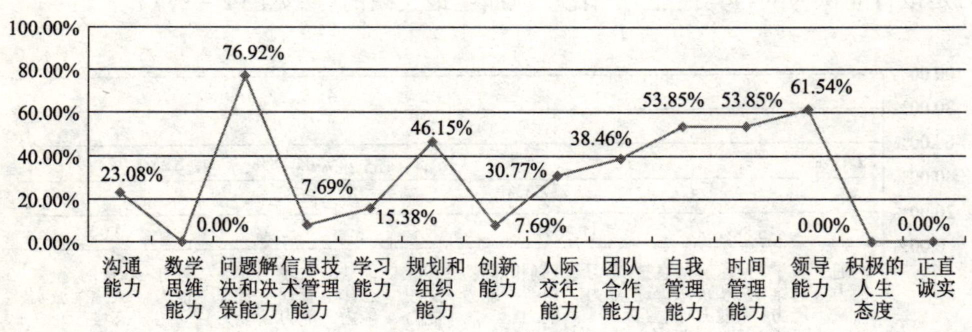

图2－279　房地产业单位认为应届毕业生欠缺的能力

（10）教育业。该行业中各有47.06%的被调查者认为应届生欠缺问题解决和决策能力以及自我管理能力，其次是41.18%的认为应届生欠缺的是团队合作能力（参见图2－280）。

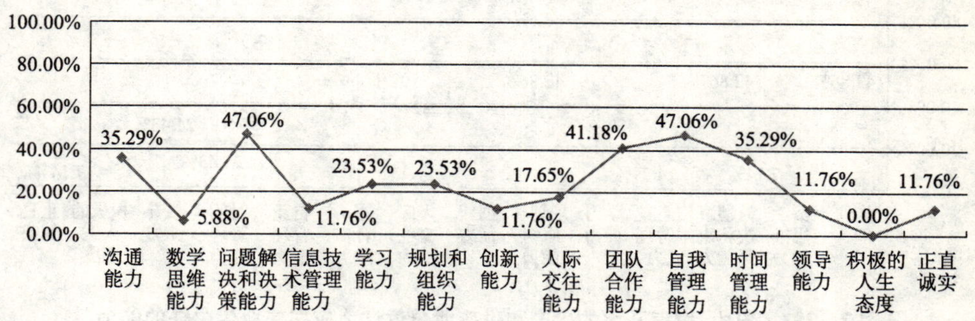

图2－280 教育业单位认为应届毕业生欠缺的能力

与前面分析过的该行业认为其员工所欠缺的能力相比较，两者有共同处，即自我管理能力和团队合作能力都是比较欠缺的重要能力，因此这两项能力对于应届生和普通员工来说都是需要大力提高的。

（11）公共管理与社会组织。该行业类型中有54.55%的被调查者认为应届生欠缺的能力中最主要的是问题解决和决策能力，其次是45.45%的规划和组织能力以及领导能力（参见图2－281）。

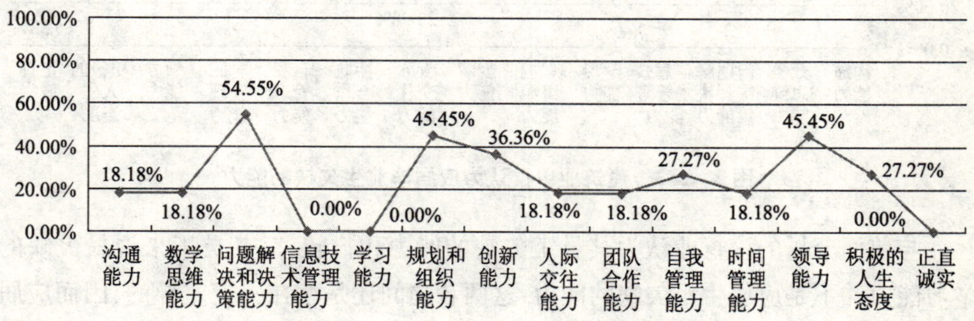

图2－281 公共管理与社会组织单位认为应届毕业生欠缺的能力

（12）电力、燃气及水的生产和供应业。该行业中42.86%的被调查者认为应届生欠缺沟通能力、问题解决和决策能力、规划和组织能力以及团队合作能力，这四项能力并列为应届生最欠缺的能力（参见图2－282）。

与前面分析的该行业认为其员工欠缺的能力相比较，其认为的员工最欠缺的创新能力并不是应届生所欠缺的能力，而问题解决和决策能力以及规划和组织能力是普通员工和应届生都共性欠缺的重要能力，因此需要引起足够的重视。

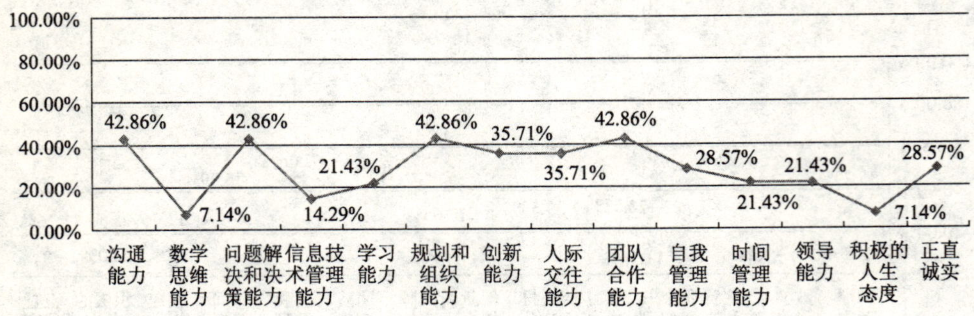

图 2－282　电力、燃气及水的生产和供应业单位认为应届毕业生欠缺的能力

(13)建筑业。该行业中有 61.54% 的被调查者认为应届生最欠缺问题解决和决策能力，其次是同为 46.15% 的被调查者认为应届生还很欠缺规划和组织能力、自我管理能力以及领导能力(参见图 2－283)。

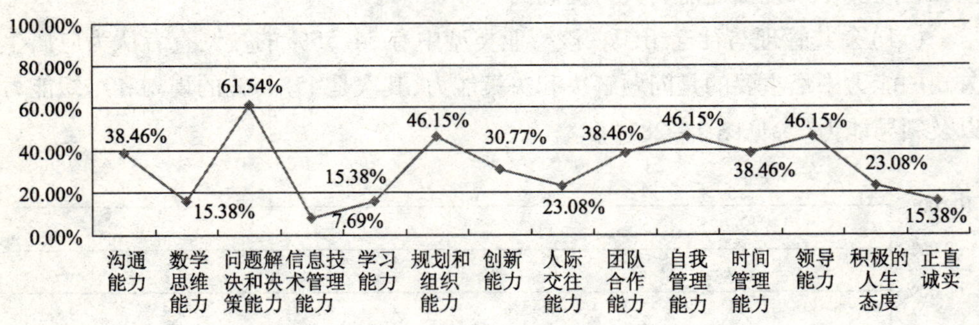

图 2－283　建筑业单位认为应届毕业生欠缺的能力

与前面分析的该行业认为其员工欠缺的能力相比较，对其员工来说最欠缺的学习能力并不是应届生也欠缺的能力，这两者之间还是存在一定差异的，因而应届生应聘成功后还应该在管理工作中重视这两项能力的培养和表现，以期在工作上的精彩表现。

(14)文化、体育和娱乐业。该行业中高达 75% 的单位和企业认为应届生欠缺的是问题解决和决策能力，其次是 58.33% 的被调查者认为欠缺的是时间管理能力，再次是 50% 的被调查者认为应届生欠缺的是人际交往能力(参见图 2－284)。

与前面分析的该行业认为员工欠缺的能力相比较，员工最欠缺的是数学思维能力，其次是问题解决和决策能力，而应届生在数学思维能力方面并不是最欠缺的，反而是问题解决和决策能力是其最欠缺的。

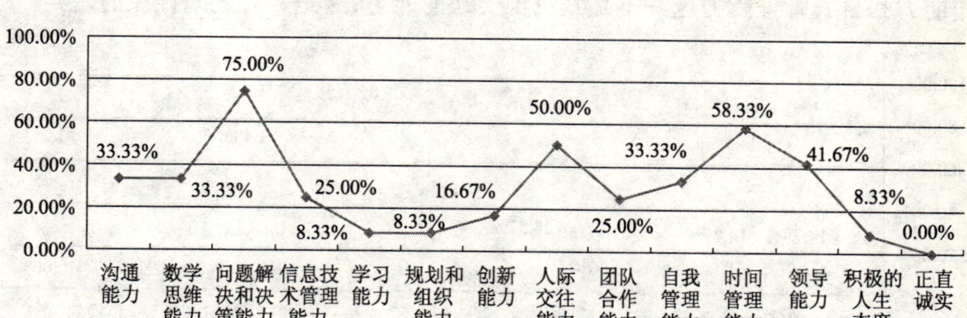

图 2－284　文化、体育和娱乐业单位认为应届毕业生欠缺的能力

（15）科学研究、技术服务和地质勘查业。该行业类型中的单位和企业认为应届生欠缺的能力有问题解决和决策能力、规划和组织能力以及团队合作能力，这三项能力是其认为应届生最欠缺的能力，并且所占比重都为 44.44%（参见图 2－285）。

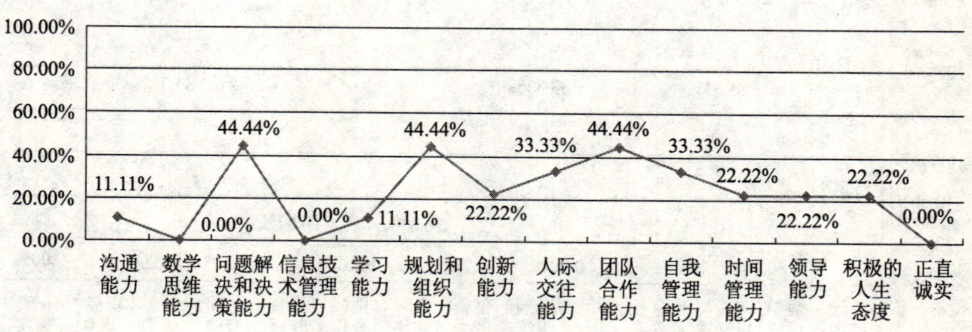

图 2－285　科学研究、技术服务和地质勘查业单位认为应届毕业生欠缺的能力

与前面分析的该行业认为其员工欠缺的能力相比较，员工最欠缺的创新能力是应届生不欠缺的能力，而员工第二欠缺的自我管理能力也是应届生比较欠缺的能力，可见应届生在应聘成功后应注重该项能力的提高，以使自己立于就业能力较强的员工中。

（16）水利、环境和公共设施管理业。该行业中高达 85.71% 的被调查者认为应届生最欠缺的是团队合作能力，其次是 71.43% 的被调查者认为应届生特别欠缺的还有自我管理能力，这两项能力的欠缺得到了该行业中大部分单位和企业的认可，因此是应届生特别需要引起重视的（参见图 2－286）。

与已经分析了的该行业认为员工欠缺的能力相比较，其员工欠缺的学习能力和规划与组织能力都是其认为应届生不欠缺的能力，而应届生非常欠缺的团队合作能力和自我管理能力也并不是其员工欠缺的能力，这是两者之间存在的差异。

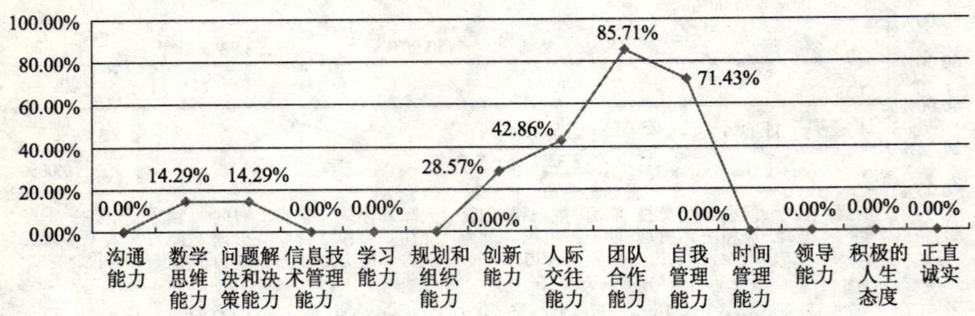

图 2－286　水利、环境和公共设施管理业单位认为应届毕业生欠缺的能力

(17)卫生、社会保障和社会福利业。该行业中高达 83.33% 的被调查者都认为应届生最欠缺的能力是问题解决和决策能力、规划和组织能力以及领导能力这三项(参见图 2－287)。

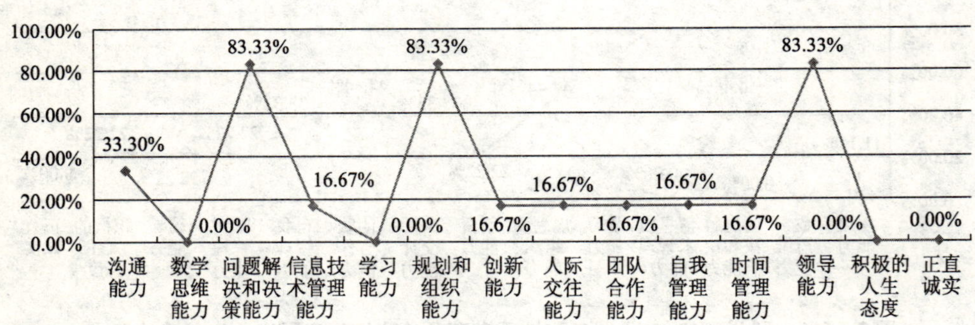

图 2－287　卫生、社会保障和社会福利业单位认为应届毕业生欠缺的能力

与前面分析的该行业认为其员工所欠缺的能力相比，差异还是比较大的。其认为普通员工最欠缺的是创新能力，而此项能力应届生并不是特别欠缺，且认为员工第二欠缺的数学思维能力、信息技术管理能力都是应届生较擅长的方面。这种差异是由应届生本身的特点决定的，而存在这种差异也是必然的。

(18)租赁和商务服务业。该行业中 66.67% 的被调查者认为应届生最欠缺的是团队合作能力，其次 50% 的被调查者认为应届生也很欠缺规划和组织能力(参见图 2－288)。

与前面分析的该行业认为员工欠缺的能力相比较，还是存在一定差异的：其认为员工特别欠缺的数学思维能力并不是应届生所欠缺的能力，反而是较强的方面；其次，员工所欠缺的信息技术管理能力也同样是应届生所擅长的，而应届生欠缺的团队合作能力和规划和组织能力只是员工比较欠缺的能力。

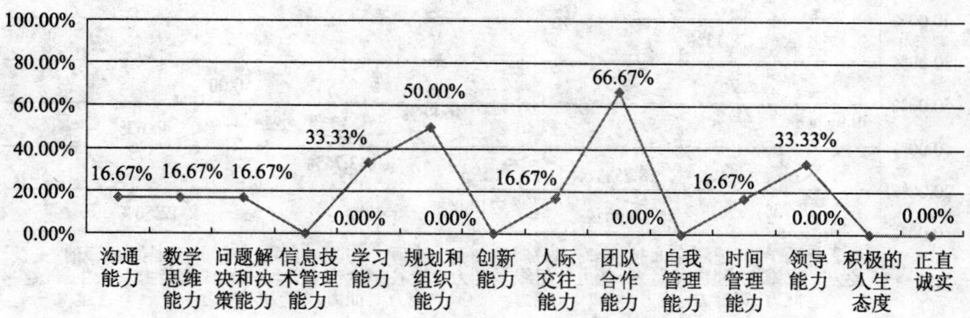

图 2－288 租赁和商务服务业单位认为应届毕业生欠缺的能力

(19)采矿业。该行业类型中所有的单位和企业都认为学习能力、领导能力是应届生最欠缺的两项能力(参见图 2－289)。

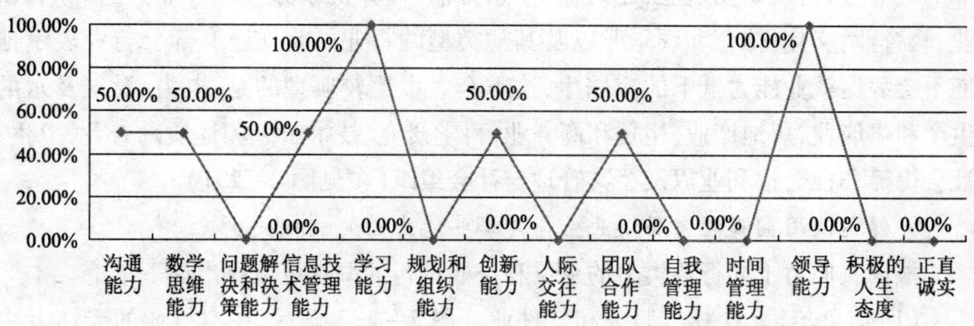

图 2－289 采矿业单位认为应届毕业生欠缺的能力

对比前面分析的该行业认为其员工所欠缺的能力我们可以看到：信息技术管理能力和领导能力是普通员工所欠缺的能力，由图中所示这两项能力同样也是应届生所欠缺的能力。

(20)其他。在一些跨行业的单位和企业中，有 78.13% 的被调查者认为应届生最欠缺的是问题解决和决策能力，其次是占 50% 的被调查者认为应届生欠缺的是时间管理能力，再次 46.88% 的被调查者还认为应届生欠缺自我管理能力和人际交往能力(参见图 2－290)。

对比前面分析的其他行业类型的单位或企业认为其员工所欠缺的能力还是有

一定差异的。普通员工最欠缺的是创新能力,其次是领导能力,而这两项并不是应届生最欠缺的前两项能力,特别是创新能力;问题解决和决策能力反而是应届生最欠缺的能力,因此,在步入工作岗位后,应届生应注重这项能力的形成和培养。

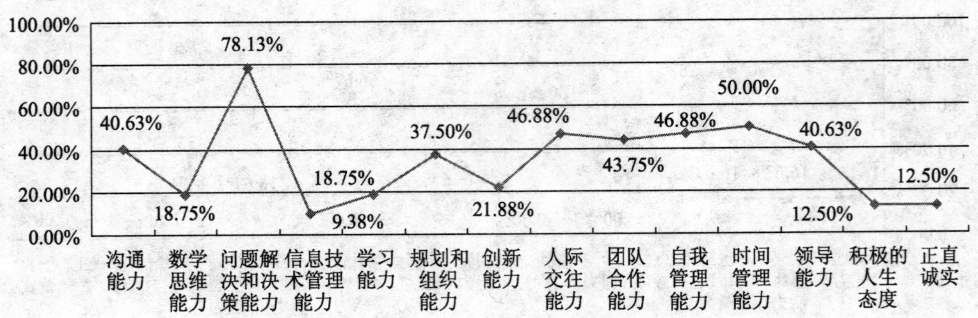

图 2-290　其他行业单位认为应届毕业生欠缺的能力

5. 签订雇用合同并且试用期满后,因应届毕业生能力低下而辞退的可能性

经过调查我们可以得出的结论是:大部分行业都表示他们会辞退就业能力低下的应届生,特别是制造业,建筑业,信息传输、计算机服务和软件业,住宿和餐饮业、教育业,文化、体育和娱乐业以及其他类型的行业。此外还有部分行业表示他们不会辞退就业能力低下的应届生,这类企业中比较典型的是:电力、燃气及水的生产和供应业,房地产业,租赁和商务业,科学研究、技术服务和地质勘查业,卫生、社会保障和社会福利业以及公共管理与社会组织(参见图 2-291)。

6. 辞退试用期满的应届毕业生与其哪些能力的欠缺相关

根据我们对不同行业类型的单位和企业进行的调查可以得出如下结论。

(1)信息传输、计算机服务和软件业。图 2-292 显示,在本行业的受访者中有超过 50% 的人在调查本行业辞退应届毕业生的原因时认为沟通能力影响较大,其他能力影响一般。而其中信息技术管理能力的影响程度最低,由此可见,此能力为本行业从业者的必备能力。而沟通能力对应届毕业生在工作中有重要影响。

与前面分析过的该行业认为其员工被辞退相关的能力相比较,差异还是比较大的,该行业类型中的单位或企业认为员工因欠缺而被辞退的能力中最可能的是团队合作能力、沟通能力和问题解决和决策能力。由此可见这三项能力的欠缺是其员工被辞退的重要因素,不论是员工还是应届毕业生都应加强此能力。

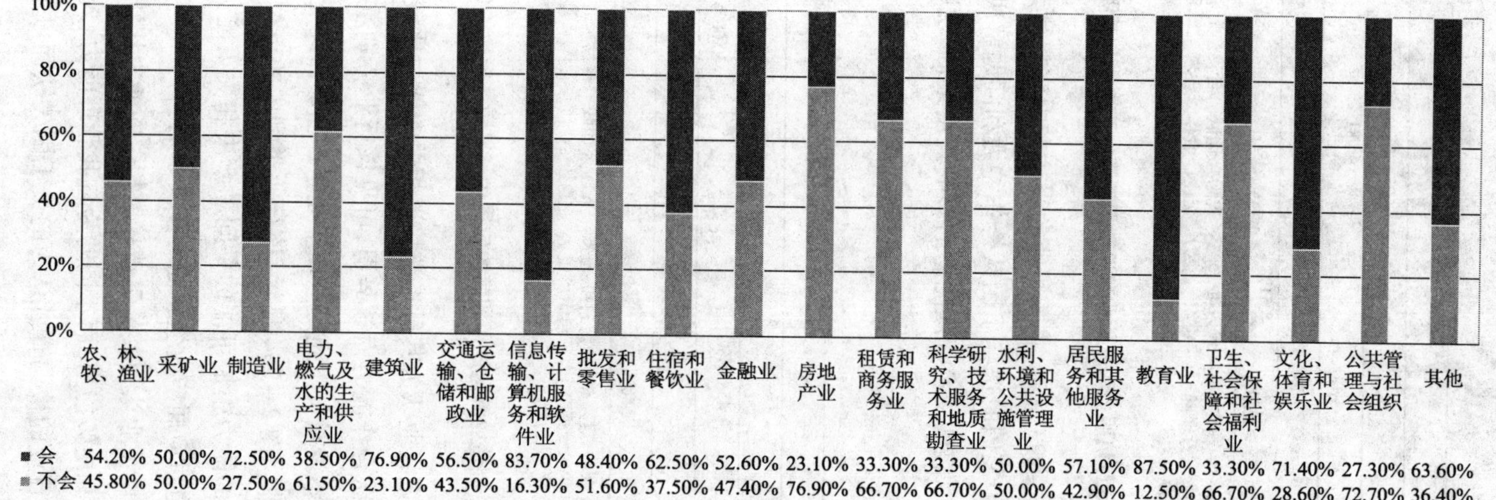

图 2-291 不同行业类型是否辞退缺乏就业能力的应届生

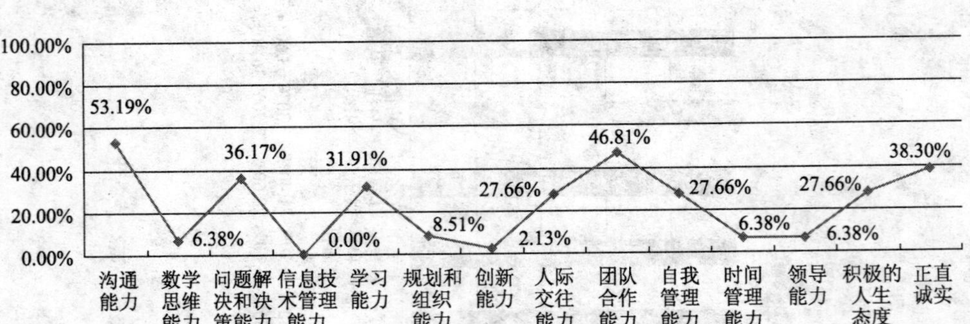

图 2-292　信息传输、计算机服务和软件业辞退试用期满的应届生与其哪些能力的欠缺相关

(2)制造业。图 2-293 显示,在本行业的受访者中有超过 50% 的人在调查本行业辞退应届毕业生的原因时选择了团队合作能力和问题解决和决策能力,其他能力影响一般。而其中信息技术管理能力的影响程度最低,说明此能力对本行业就业者影响不大。

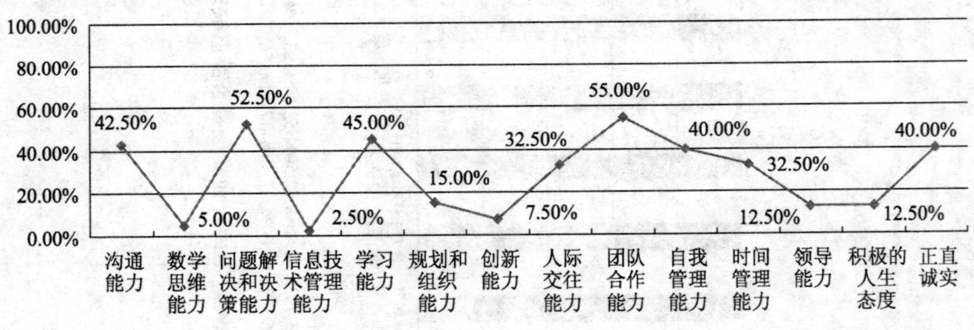

图 2-293　制造业辞退试用期满的应届生与其哪些能力的欠缺相关

与前面分析过的该行业认为其员工被辞退相关的能力比较,差异还是较大的,员工多是由于欠缺团队合作能力而被辞退,可见该行业特别重视员工此项能力在平时的培养和表现。不论是员工还是应届毕业生都应加强此能力。

(3)批发和零售业。图 2-294 显示,该行业类型中的单位或企业认为应届毕业生因欠缺而被辞退的能力中最可能的是问题解决和决策能力和团队合作能力。由此可见,此两项能力对应届毕业生就业有重要影响。

与前面分析过的该行业认为其员工被辞退相关的能力比较,差异不大,其中相同的能力为问题解决和决策能力,而不同的为自我管理能力、人际交往能力以及正直、诚实,这些都是该行业的被调查者认为的员工因欠缺而可能被辞退的能力,不论是员工还是应届毕业生都应加强这些能力。

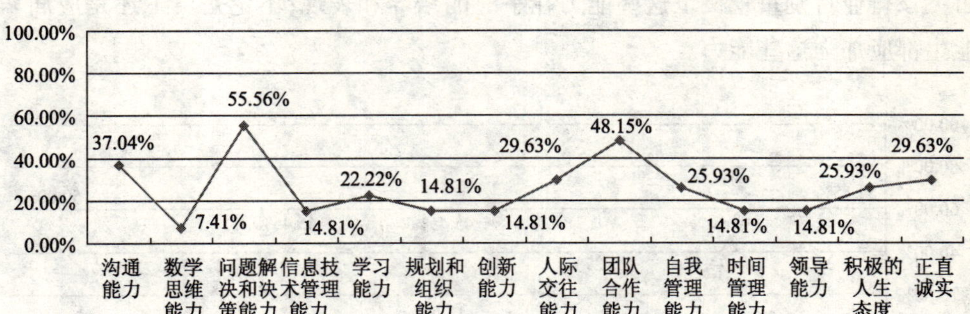

图 2－294　批发和零售业辞退试用期满的应届生与其哪些能力的欠缺相关

(4)农、林、牧、渔业。由图 2－295 所示,有 57.14% 的受访者认为应届毕业生会因欠缺自我管理能力而被辞退,而 42.86% 的受访者认为他们会因学习能力、人际交往能力和团队合作能力的欠缺而被辞退。因此该行业中的应届毕业生应特别重视这 4 项能力在平时的培养和表现。

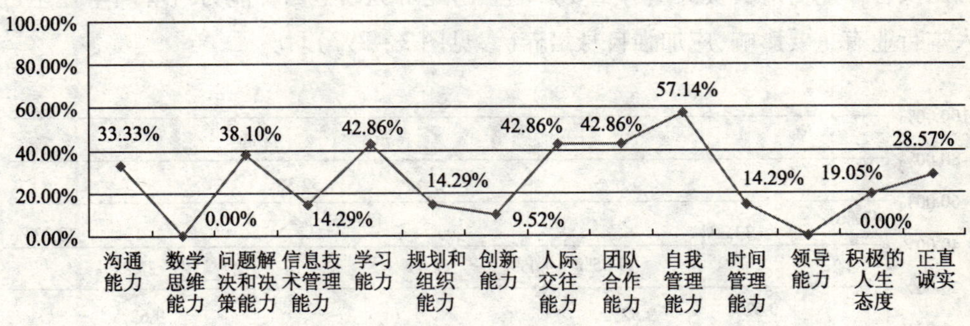

图 2－295　农、林、牧、渔业辞退试用期满的应届生与其哪些能力的欠缺相关

与前面分析过的该行业认为其员工被辞退相关的能力比较,差异并不大。其中相同的能力为团队合作能力,而不同的是员工会因欠缺正直、诚实的品德被辞退。这些都是该行业的被调查者认为的员工因欠缺而可能被辞退的能力,不论是员工还是应届毕业生都应加强此能力。

(5)交通运输、仓储和邮政业。图 2－296 显示,在本行业的受访者中有超过 50% 的人在调查本行业辞退应届毕业生的原因时选择了沟通能力和正直诚实。由此可见以上两种能力对应届毕业生进入本行业有重要影响,应加强自身培养。

与前面分析过的该行业认为其员工被辞退相关的能力比较,差异还是较大的。

员工被辞退的原因多是由于欠缺问题解决和决策能力、沟通能力和自我管理能力。可见该行业特别重视员工这些能力在平时的培养和表现;不论是员工还是应届毕业生都应加强这些能力。

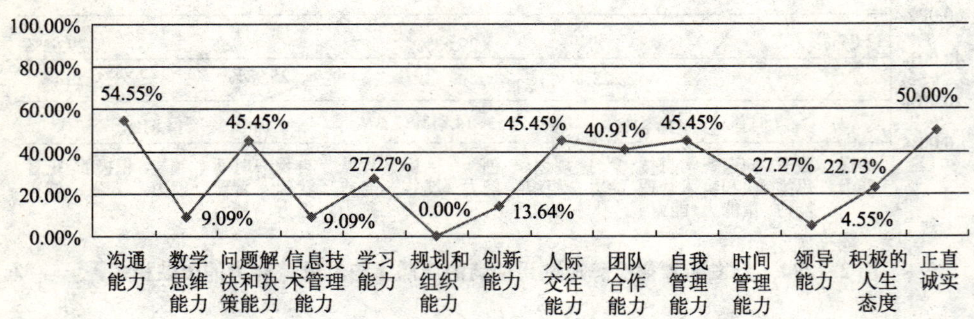

图 2-296　交通运输、仓储和邮政业辞退试用期满的应届生与其哪些能力的欠缺相关

(6)居民服务和其他服务业。52.38%的受访者认为缺乏人际交往能力和自我管理能力对应届毕业生被辞退有重要影响。42.86%的受访者认为缺乏沟通能力和团队合作能力对其被辞退有重要影响。由此可见以上四种能力对应届毕业生进入本行业有重要影响,应加强自身培养(参见图 2-297)。

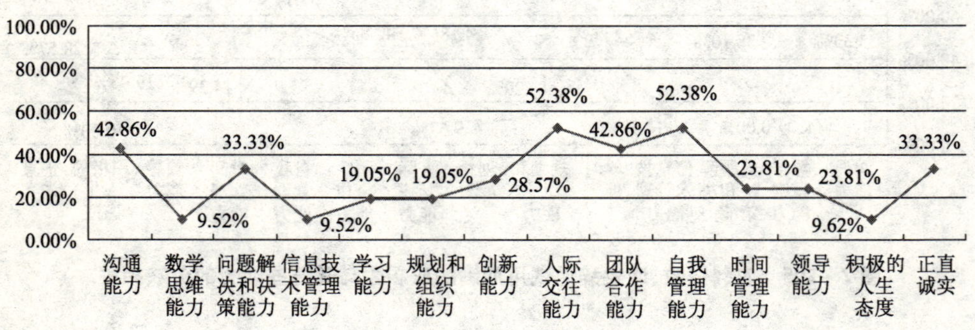

图 2-297　居民服务和其他服务业辞退试用期满的应届生与其哪些能力的欠缺相关

与前面分析过的该行业认为其员工被辞退相关的能力比较,差异并不大。其中相同的能力为团队合作能力和人际交往能力,而不同的是员工还欠缺沟通能力。这些都是该行业的被调查者认为的员工因欠缺而可能被辞退的能力,不论是员工还是应届毕业生都应加强此能力。

(7)住宿和餐饮业。影响就业毕业生被辞退因素的前面 4 项分别为正直诚实、人际交往能力、问题解决和决策能力和自我管理能力。由此可见以上能力对应届毕业生在本行业从业有重要影响,应加强自身培养(参见图2-298)。

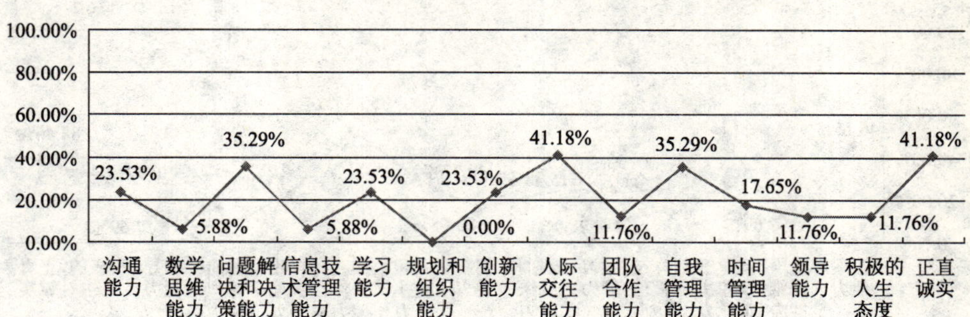

图2-298 住宿和餐饮业辞退试用期满的应届生与其哪些能力的欠缺相关

与前面分析过的该行业认为其员工被辞退相关的能力比较,差异不大,其中相同的能力为问题解决和决策能力,而不同的影响因素为自我管理能力。因此,不论是员工还是应届毕业生都应加强这些能力。

(8)金融业。图2-299显示,在本行业的受访者中有超过50%的人在调查本行业辞退应届生的原因时认为是沟通能力、团队合作能力、问题解决和决策能力、正直诚实和自我管理能力。由此可见,沟通能力为本行业从业者的必备能力,对应届毕业生在工作中有重要影响。

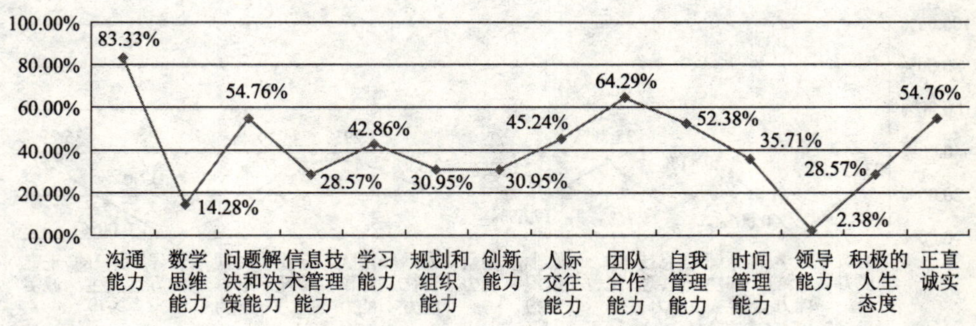

图2-299 金融业辞退试用期满的应届生与其哪些能力的欠缺相关

与前面分析过的该行业认为其员工被辞退相关的能力比较,影响较大的因素是一样的,均为团队合作能力、自我管理能力和正直、诚实。因此,不论是员工还是应届毕业生都应加强此能力。

(9)房地产业。图2-300显示,影响就业毕业生被辞退因素的前三项分别为团队合作能力、沟通能力和问题解决和决策能力。由此可见,此三项能力对应届毕业生就业有重要影响。

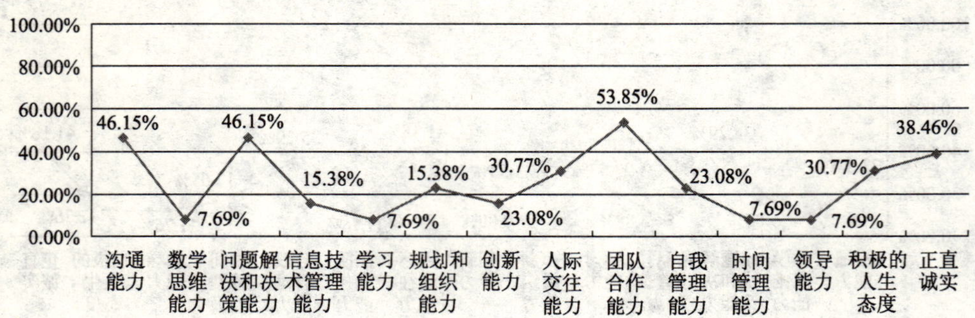

图 2－300　房地产业辞退试用期满的应届生与其哪些能力的欠缺相关

与前面分析过的该行业认为其员工被辞退相关的能力比较，差异不大，其中相同的能力为沟通能力，而员工如果欠缺了正直、诚实的品德、积极的人生态度和人际交往能力很容易被辞退。由此可见，以上三项能力无论是对员工还是应届毕业生都很重要，应该加强。

（10）教育业。由图 2－301 所示，该行业中有 35.29% 的被调查者都认为欠缺学习能力、团队合作能力、自我管理能力以及正直、诚实的品德是应届生因欠缺而可能被辞退的最主要的原因，而其他能力对此的影响都不太大。

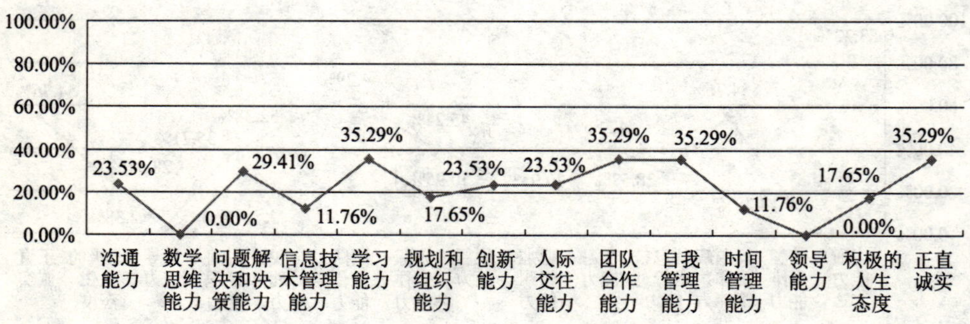

图 2－301　教育业辞退试用期满的应届生与其哪些能力的欠缺相关

与前面分析的该行业认为其员工被辞退相关的能力比较，差异不大，其中相同的能力为正直、诚实，而员工如果欠缺了沟通能力是很容易被辞退的。由此可见，此两项能力无论是对员工还是应届毕业生来说都很重要，应该加强。

（11）公共管理与社会组织。由图 2－302 可知，该行业中高达 60% 的被调查者都认为应届生欠缺团队合作能力其被辞退的可能性最大，其次有 50% 的被调查者认为欠缺人际交往能力、自我管理能力和正直、诚实也很可能导致其被辞退。

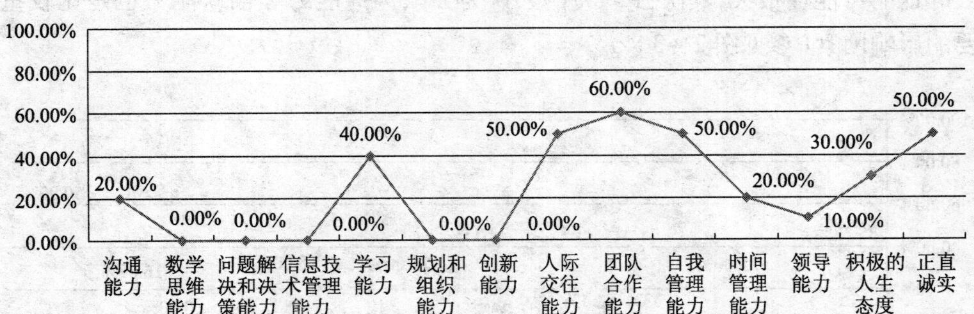

图 2－302 公共管理与社会组织辞退试用期满的应届生与其哪些能力的欠缺相关

与前面分析过的该行业认为其员工被辞退相关的能力比较，还是有一定的差异的，其中相同的只有正直、诚实，而员工如果欠缺了学习能力是很可能被辞退的。由此可见，对应届生来说其因欠缺而被辞退的能力是比较多的，因此需要引起足够的重视，在步入工作岗位之前就注重这些能力的培养和表现。

(12)电力、燃气及水的生产和供应业。该行业中 42.86% 的被调查者认为应届生因欠缺自我管理能力而被辞退的可能性最大，其次是占 35.71% 的被调查者认为欠缺问题解决和决策能力、学习能力、人际交往能力以及正直、诚实也是其被辞退的可能性因素(参见图 2－303)。

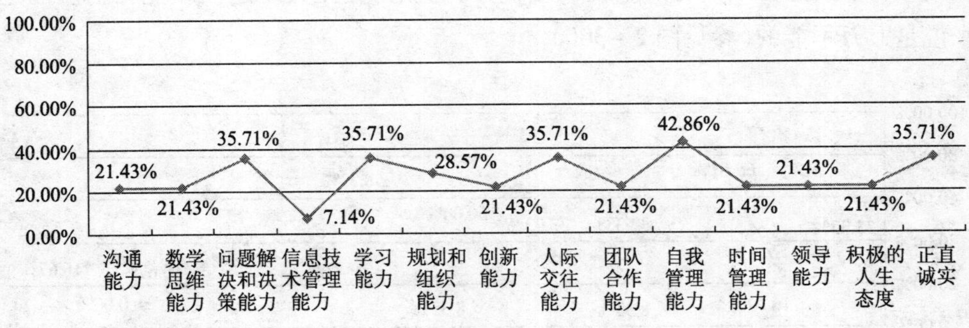

图 2－303 电力、燃气及水的生产和供应业辞退试用期满的应届生与其哪些能力的欠缺相关

与前面分析过的该行业认为其员工被辞退相关的能力比较，差异并不大，其中沟通能力和正直诚实是员工欠缺了就会被辞退的最重要的因素，对于应届生来说这也是影响比较大的两项能力，而对应届生来说影响最大的自我管理能力的欠缺同样也是普通员工因欠缺就会被辞退的第二重要的能力。

(13)建筑业。该行业中多达50%的被调查者都认为应届生欠缺正直、诚实会被辞退的可能性很大,其次占33%的人认为欠缺沟通能力和创新能力也是比较重要的影响因素(参见图2－304)。

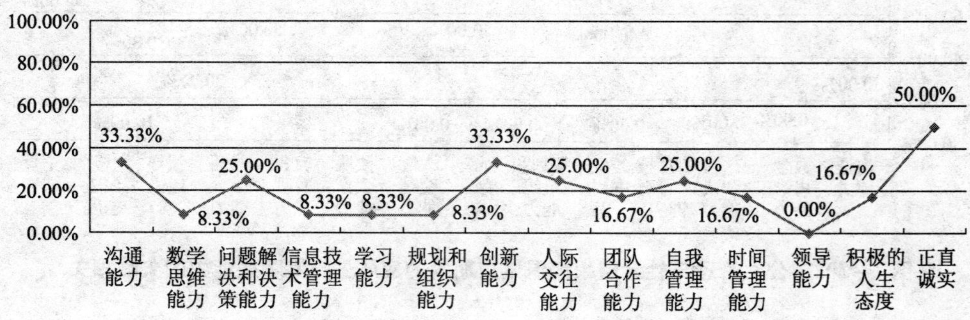

图2－304　建筑业辞退试用期满的应届生与其哪些能力的欠缺相关

与前面分析过的该行业认为其员工被辞退相关的能力比较,还是有一定差异的,其中沟通能力同是对两者来说第二重要的能力,而员工如果欠缺了问题解决和决策能力才是最可能被辞退的,而这项对应届生来说影响并不大。

(14)文化、体育和娱乐业。该行业中有高达66.67%的被调查者认为问题解决和决策能力的欠缺是应届生最可能被辞退的原因,其次,58.33%的被调查者选择了团队合作能力,再次是50%的被调查者选择了人际交往能力。由此我们可以看到该行业对这三项能力的重视程度,与其他能力相比欠缺这三项能力对应届生来说是万万不能的(参见图2－305)。

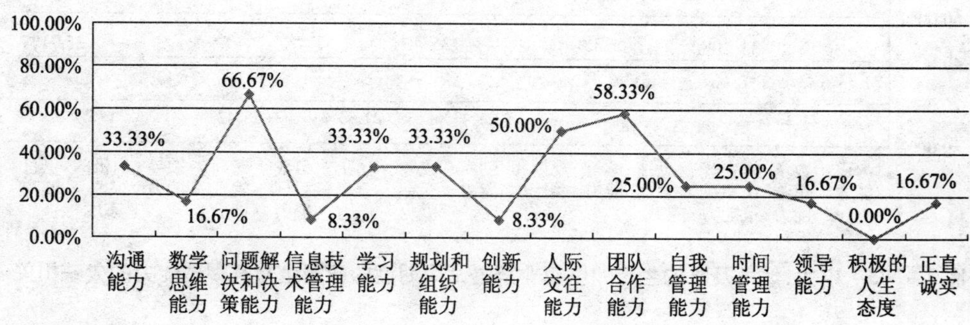

图2－305　文化、体育和娱乐业辞退试用期满的应届生与其哪些能力的欠缺相关

与前面分析过的该行业认为其员工被辞退相关的能力比较,差异不大。欠缺问题解决和决策能力同样是被辞退的最可能的因素,由此可见,此行业类型对此项能力的重视程度，这需要引起该行业中的员工以及想要到该行业中工作的应届生的高度重视。

(15)科学研究、技术服务和地质勘查业。该行业中50%的被调查者都认为应届生欠缺时间管理能力是导致其被辞退的最重要的因素，可见，缺乏时间观念是在该行业中最忌讳的。其次是占37.5%的被调查者选择了数学思维能力和自我管理能力(参见图2-306)。

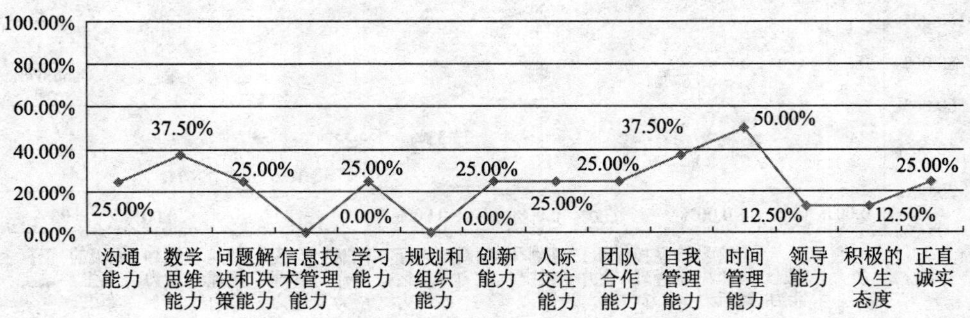

图2-306 科学研究、技术服务和地质勘查业辞退试用期满的应届生与其哪些能力的欠缺相关

与前面分析过的该行业认为其员工被辞退相关的能力比较，差异不大。其中相同的是时间管理能力，即如果欠缺时间观念，则无论是应届生还是普通员工都会被辞退，这是和该行业的特点密切相关的。

(16)水利、环境和公共设施管理业。该行业中有多达66.67%的被调查者认为欠缺团队合作能力是应届生最可能被辞退的因素，其次有50%的被调查者认为欠缺领导能力也是导致应届生被辞退的重要因素(参见图2-307)。

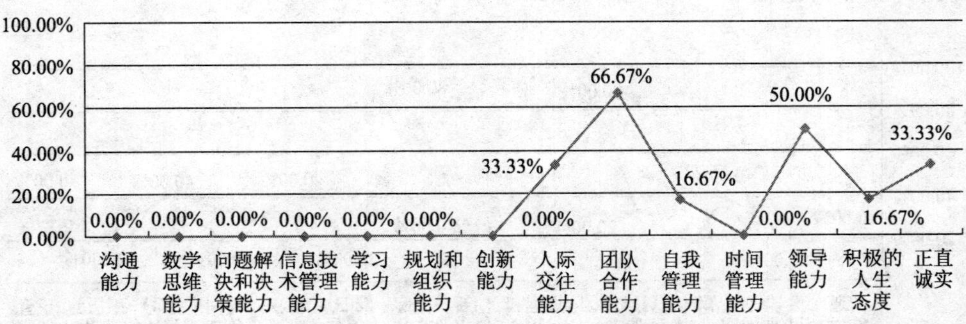

图2-307 水利、环境和公共设施管理业辞退试用期满的应届生与其哪些能力的欠缺相关

与前面分析过的该行业认为其员工被辞退相关的能力比较，还是有一定的差异的。该行业对于应届生的要求是比较高的，对于普通员工因欠缺而被辞退的能力所占比例都是比较小的，对应届生团队合作能力的高要求也没有在对待普通员工时有所体现。

(17)卫生、社会保障和社会福利业。该行业中有多达66.67%的被调查者都认为应届生欠缺问题解决和决策能力以及正直、诚实是其被辞退的最可能的因素，其他的能力与这两项相比所占比例都不算高(参见图2-308)。

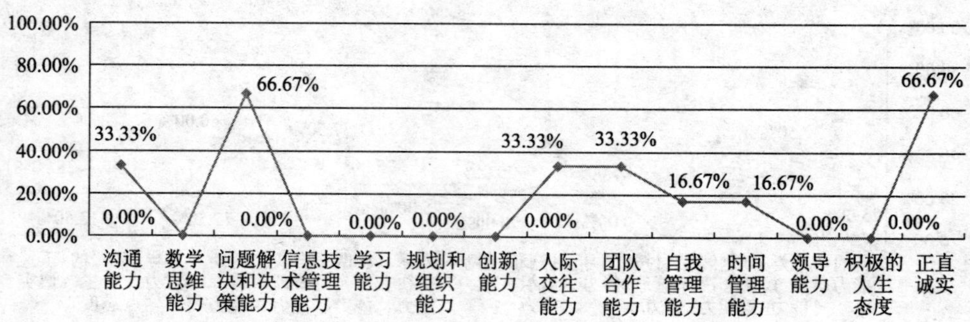

图2-308　卫生、社会保障和社会福利业辞退试用期满的应届生与其哪些能力的欠缺相关

与前面分析过的该行业认为其员工被辞退相关的能力比较，还是有一定差异的。其中相同的只有正直、诚实，而员工如果像应届生一样欠缺了问题解决和决策能力，被辞退的可能性并不高，相反，欠缺团队合作能力和沟通能力才是普通员工因欠缺而被辞退的重要能力。

(18)租赁和商务服务业。该行业中有多达80%的被调查者认为应届生欠缺学习能力和人际交往能力是其被辞退的最可能因素，其他能力与这两项相比所占的比例就显得比较小了(参见图2-309)。

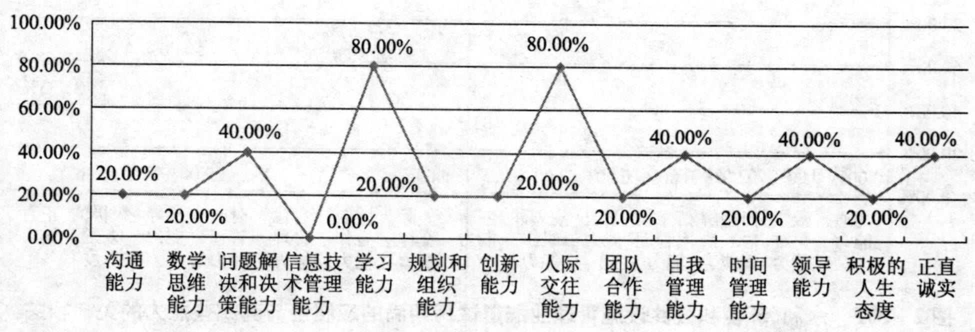

图2-309　租赁和商务服务业辞退试用期满的应届生与其哪些能力的欠缺相关

与前面分析过的该行业认为其员工被辞退相关的能力比较，差异不大，应届生因欠缺而遭辞退的这两项能力恰好也是普通员工因欠缺而被辞退的可能性因素中排第二位的，可见该行业对这两项能力的要求还是比较高的。

(19)采矿业。该行业中50%的被调查者认为应届生欠缺沟通能力、数学思维能力、信息技术管理能力、学习能力、规划和组织能力、人际交往能力、团队合作能力、时间管理能力、领导能力以及正直、诚实，这些都是其可能被辞退的重要因素(参见图2－310)。

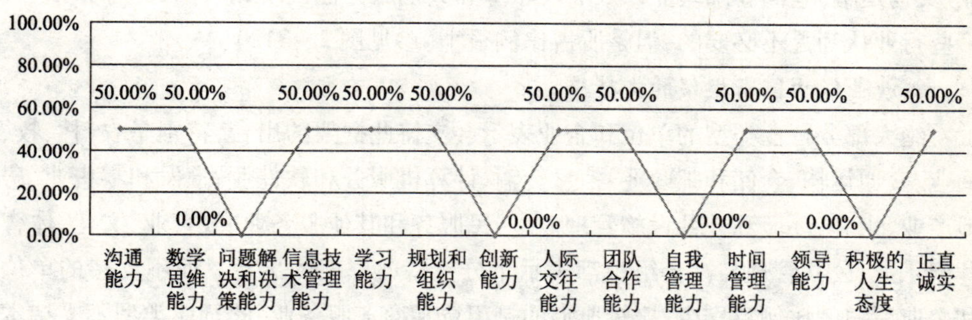

图2－310 采矿业辞退试用期满的应届生与其哪些能力的欠缺相关

与前面分析过的该行业认为其员工被辞退相关的能力比较，差异不大，其中相同的有沟通能力、学习能力、团队合作能力以及时间管理能力，欠缺这些能力无论对普通员工而言还是对应届生而言都是影响其被辞退的重要因素。

(20)其他。在一些跨行业的企业中，有60.71%的被调查者认为应届生欠缺团队合作能力是最可能导致其被辞退的原因，其次是占57.14%的被调查者选择了问题解决和决策能力以及自我管理能力，这两项能力也是比较重要的影响因素(参见图2－311)。

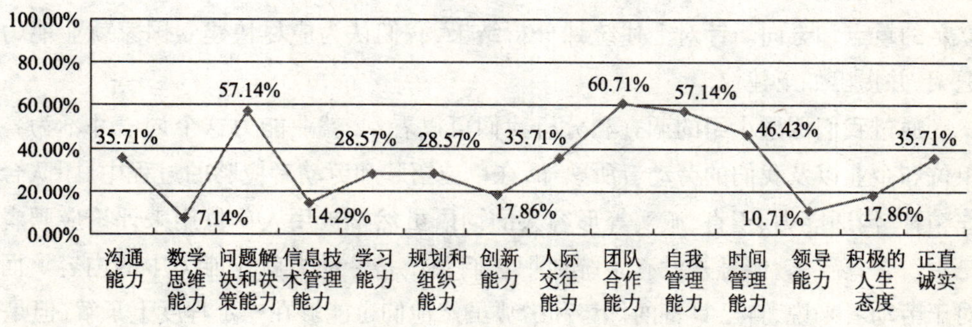

图2－311 其他行业辞退试用期满的应届生与其哪些能力的欠缺相关

与前面分析过的该行业认为其员工被辞退相关的能力比较，差异不大，欠缺团队合作能力对于应届生和普通员工来说都是决定其是否会被辞退的第一重要的因素，可见，该行业对此项能力的要求是比较高的。

7. 就业能力国家框架的可行性

被调查者中认为制定此国家就业能力框架有必要的占大部分，典型的行业有：农、林、牧、渔业，制造业，信息传输、计算机服务和软件业，房地产业，水利、环境和公共设施管理业以及教育业。其次是认为很有必要构建此框架的行业，其中采矿业、交通运输、仓储和邮政业以及居民服务和其他服务业表现比较明显。同时还有一些行业认为是不必要的，但是所占比例很小（参见图2－312）。

8. 就业能力国家框架的支持率

绝大部分行业类型的单位和企业表示会支持此框架的出台，特别是农、林、牧、渔业、交通运输、仓储和邮政业、信息传输、计算机服务和软件业、批发和零售业、房地产业、水利、环境和公共设施管理业、居民服务和其他服务业、教育业、文化、体育和娱乐业、公共管理与社会组织都表示十分支持此框架的出台。而不支持的单位和企业所占的比例特别少，比较典型的是租赁和商务服务业，此行业类型不支持本框架出台的所占的比例远大于支持的，但是我们的框架还是得到了大多数行业的支持，可见就业能力的重要性（参见图2－313）。

六、结论与建议

通过此次调查，我们发现了许多令人满意的结果，同时也看到了一些问题，通过对普通员工和应届毕业生就业能力的分析，我们不仅可以了解到不同单位和行业对于目前我国劳动力就业能力的关注程度，同时也明确了我们下一步工作所应立足的重点和方向。针对上述统计分析结果，我们认为应尽快建立国家就业能力框架，并提出如下建议。

通过我们课题小组的调查和分析我们可以看到，就业能力这个词语并不为各单位和企业以及我们的劳动者所熟知，在单位招聘和劳动者应聘的过程中，团队合作精神、沟通能力、正直、诚实等形容人的词语虽然常被用人单位用来评论应聘者是否符合其要求，但是并没有系统地把它们看做是劳动力就业能力中的内容。而对于劳动者来说，自己具备的优势和劣势虽然他们也能够在一定程度上了解，但是

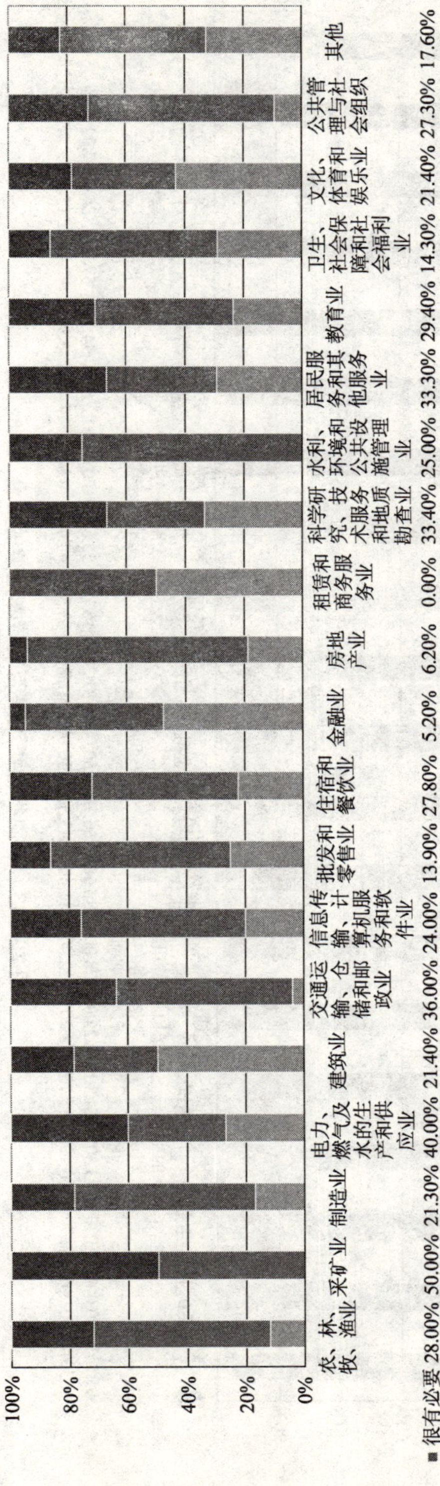

行业	很有必要	有必要	不必
农、林、牧、渔业	28.00%	60.00%	12.00%
采矿业	50.00%	50.00%	0.00%
制造业	21.30%	61.70%	17.00%
电力、燃气及水的生产和供应业	40.00%	33.30%	26.70%
建筑业	21.40%	28.60%	50.00%
交通运输、仓储和邮政业	36.00%	60.00%	4.00%
信息传输、计算机服务和软件业	24.00%	56.00%	20.00%
批发和零售业	13.90%	61.10%	25.00%
住宿和餐饮业	27.80%	50.00%	22.20%
金融业	5.20%	47.40%	47.40%
房地产业	6.20%	75.00%	18.80%
租赁和商务服务业	0.00%	50.00%	50.00%
科学研究、技术服务和地质勘查业	33.40%	33.30%	33.30%
水利、环境和公共设施管理业	25.00%	75.00%	0.00%
居民服务和其他服务业	33.30%	37.50%	29.20%
教育业	29.40%	47.10%	23.50%
卫生、社会保障和社会福利业	14.30%	57.10%	28.60%
文化、体育和娱乐业	21.40%	35.70%	42.90%
公共管理与社会组织	27.30%	63.60%	9.10%
其他	17.60%	50.00%	32.40%

图2－312 不同行业类型认为是否有必要制定国家就业能力框架

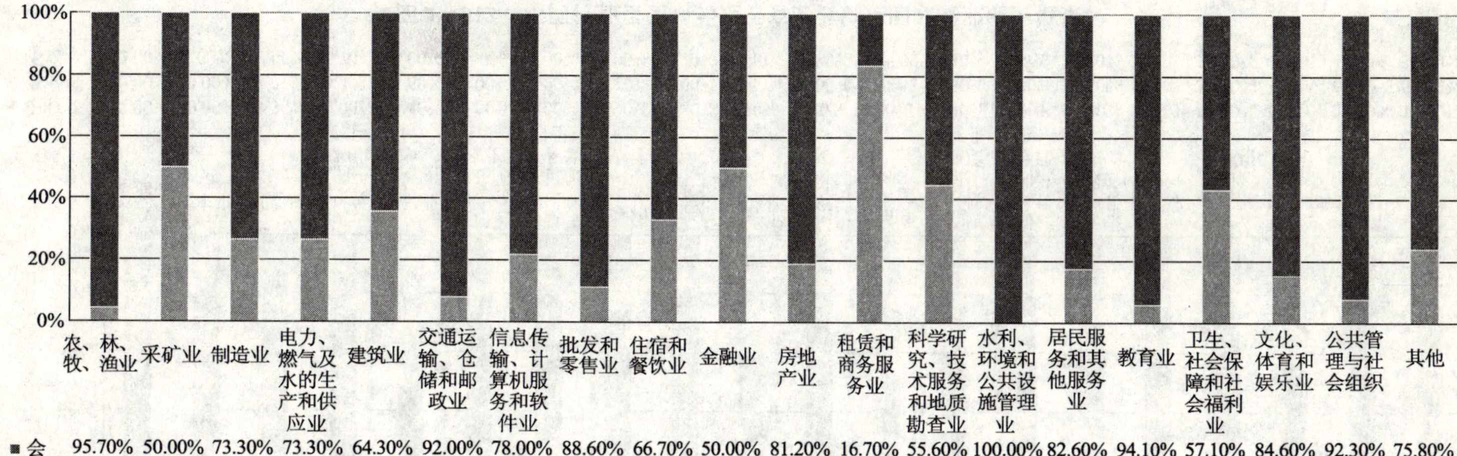

图 2－313　不同行业类型是否支持本框架的出台

也没有把这些自己具备或不具备的条件看做是自己的就业能力,从而我们一直以来没有一个系统的评价劳动力就业水平以及单位和企业用人水平的标准,从这个意义上来说,建立国家就业能力框架是十分迫切,也是十分有必要的。

再从我们的调研分析结果来看,54.05%的被调查者都认为有必要建立国家就业能力框架,同时还有22.6%的被调查者认为是很有必要构建此框架的,并且在所有的调查者中还有77.72%的单位和企业都支持我们国家就业能力框架的出台,从而通过由国家出面制定包含14项就业能力的就业能力框架,强制性地要求就业人群参加就业能力培训,从而提高国民整体就业能力水平。

首先,目前劳动者的整体就业能力情况一般,急需进一步提高。我们通过调研,发现与受教育背景和工作经验相比,大部分单位和企业都把就业能力看做是其招聘员工时第一重视的条件,因此劳动者进入工作岗位的门槛就是是否具有用人单位所需要的就业能力,而目前,我国劳动者的整体就业能力的情况在我们所调查的单位和企业看来并不容乐观,特别是对于那些正在找工作的劳动者来说,他们其实并不知道自己为何没有被录用,或者也不知道自己为何被录用了也会遭到辞退,而我们的调查显示,这些原因大多与劳动者是否具有较强的就业能力水平密切相关。而目前用人单位和企业认为其大部分员工都欠缺创新能力、数学思维能力、自我管理能力、问题解决与决策能力等就业能力,这些能力大部分都需要通过后天的培养以及劳动者在工作中自己摸索,许多劳动者往往是在没有对自己进行正确评价的情况下就被用人单位否定了,或者是开始了前途迷茫的职业生涯,以致对自己的人生定位出现了问题。我们所倡导的国家就业能力框架,就是希望通过由国家出台相关政策来帮助劳动者具备或者提高其就业能力水平,这个帮助可以是进行相关的培训,也可以是与基础教育相联系的教育改革等,但目的是为了使每个劳动者都能拥有一个成功的职业生涯。

其次,把提高应届大学毕业生的就业能力水平作为重点工作。应届大学毕业生的就业问题是我们国家、社会、家庭以及个人都高度关注的一个话题,它关系到国家的稳定、青年人的前途、祖国的未来,因而国家每年都会颁布相关政策来帮助和促进应届毕业生实现就业。特别是最近两年,由于高等教育的扩招,应届毕业生的人数连年创新高,再加上金融问题的影响,整个市场环境的萎缩,都使应届生就业难的问题显得尤其突出。虽然有这样的情况,但是许多用人单位和企业还是出现了招不到符合其要求的应届毕业生的现象,在这个问题上就凸显出了我们重视的就业能力的问题。

我们的调查结果显示,在招聘应届毕业生时有78.69%的用人单位重视应届生的就业能力，还有11.93%的用人单位表示他们最重视的就是应届生的就业能力水平。但是，应届毕业生目前的就业能力水平得到了用人单位和企业比较低的评价，大部分的被调查单位和企业都认为目前应届毕业生很欠缺问题解决和决策能力、自我管理能力、团队合作能力等，这是由其独生子女的特点决定的，也是由我国应试教育体制影响的，同时也是其缺乏社会实践经验的结果。学生是需要教育和提高的，这是我们国家的责任。因此，我们需要在其毕业前通过培训的形式提高其实际就业能力，而不是学习那些书本上的知识，利用真正使培训与用人单位的需求联系起来的教育方式，帮助应届生成为具有一定就业能力、用人单位真正需要的员工。

就业能力从应届毕业生抓起对于提高我国全民的就业能力来说是最关键也是最基本的，这不仅仅是解决应届毕业生就业的问题，更是关系国家前途命运的关键。

最后，重视全民就业能力的培训与提高。目前世界上的许多发达国家都表示，国民就业能力已经被其当做仅次于GDP的衡量一国发展水平的指标，许多国家也已经或者正在建立自己国家的国民就业能力框架，从而从提高劳动者就业能力的角度提高国民和国家的总体竞争力。

在我国，就业的问题一直是社会热点话题，但就业能力的问题并没有得到更多的关注，我们倡导的提高全民就业能力的水平就是希望也从“人”做起，增强综合国力，同时增强我国的国际竞争力。具体的做法我们也给出如下几点建议：

(1)把就业能力的培训和教育与我国的高等教育联系起来，推动高等教育制度的改革。目前的高等教育还是以培养知识型人才为主的，而应用型人才的培养虽然呼声很高，但并未真正施行，因此从就业能力培训开始，使我国的高等教育体制朝培养应用型人才转变是可行的，也是十分必要的。当然，这其中需要国家政策的支持，才能真正把用人单位和高校联系起来，更好地对大学生进行培训和教育，从而使大学生在毕业时成为具有良好就业能力水平的合格的社会劳动者。

(2)对在职员工的就业能力培训需要加强。每个单位和企业都有专项资金用于单位员工的培训，但是这些资金并没有用到实处，没有达到真正提高其员工的业务水平的目的，很多资金被挪作他用，或者成为员工福利的情况都是存在的。我们希望国家给予政策支持帮助单位和企业做好人员的确实培训，使单位培训不只针对新员工，更需要为那些已工作熟练、但是缺乏危机意识和竞争意识的老员工提供，以使单位和企业能够长久地保持企业竞争力和活力。

(3)整顿目前已经存在的各种培训学校及培训企业和单位，根据国家出台的就业能力框架制定其学校和企业运行的标准，在一定程度上也能够规范该行业秩序，同时又达到专业为全民提供培训的目的。

附录 就业能力概念统计

个体研究者的观点：

1. 厄沃顿（Overtoon，1998，2000）认为可就业能力不是一种特定的工作能力，而是在横切面上与所有行业相关，在纵向上与所有职位相关的能力。

2. 海勒治和波拉德（Hillage & Pollard，1998）认为可雇佣性是获得最初就业、维持就业和必要时获取新的就业所需要的能力。

3. 米特切尔（Ayse G. Mitchell，1998）认为，能够强化可就业能力的知识、技能和态度包括智力能力、社会和人际交往能力、经营和创业能力、多元技术技能。

4. 福格特（M. Fuguate，2001）认为可就业能力指的是个体在其在职期间确认和实现在组织内部和外部职业机会的能力。

5. 李·哈维（Lee Harvey，2003）则进一步将可就业能力定义为：一种展现某种特质的倾向，而这种特质被雇主认为在提升其组织未来的效能方面是必须的。

6. 布朗（Brown，2001）认为，可就业能力是找到并保持不同就业的相对机会。

7. 利特尔（Little，2003）的观点属于个人的必要特点视角，认为可雇佣性是促使个人更可能获得就业和成功地选择职业的一系列的成就、理解力和个人属性。该定义认为可雇佣性建设与传统的学术价值观，如个人品德建设和一般教育承诺等方面能够一致，但可能会对高等教育的其他价值观形成挑战。

8. 奈特和约克（Knight & York，2003）认为可雇佣性概念是个人品质、各种技能和学科理解的有机结合。其中学科理解主要是指开发、分析、探索和挑战知识体系，是知识和技能的交互理解；技能包括具体技能（如沟通）和一般技能（如解决问题）；个人品质中包括自我效能（如自我理论、学习中的乐观）和其他个人特性，并认为自我效能在决定模式的其他方面中起核心作用，可雇佣性是这些过程相互作用的产物。该模式强调了个人自我效能的关键作用，重视持续变革的世界中智力开发的重要性。

9. 彼得（Urs Peter Ruf，2007）认为可就业能力是参与经济和社会生活的能力。

政府机构、国际组织、学术研究机构的界定：

1. 国际劳工组织（ILO）将可就业能力定义为个体获得和保持工作，在工作中进步，以及应对工作生活中出现的变化的能力。

2. HM Treasury(1997)认为可就业能力是确保个体在未来的经济生活中得到和保持工作的能力,强调个体的态度和行为,如诚信、适应性和技术等。

3. 欧盟的概念是确保和维持就业的能力(Commission of EU, Brussels,2000)。

4. 英国工业联盟(Confederation of British Industry,CBI)将可就业能力界定为是个体为适应雇主或顾客的变化的需要而具备的资格或竞争能力,以及在工作中释放激情和潜力的能力(CBI,1998)。

参考文献

[1] Mansfield Malcolm. Flying to the moon: Reconsidering the British labor exchange system in the early twentieth century[J]. Labor History Review, 2001, 66, 1.

[2] Bernston Erik. Employability Perceptions: Nature, determinants, and implications for health and well-being. Stockholm University[OL]. http://www.divaportal.org/diva/getDocument? urn_nbn_se_su_diva-7520-2__fulltext.pdf, 2008-12-12.

[3] Beveridge William. Unemployment, a problem of industry[M]. London: Longmans, Green and Co., 1909.

[4] Hillage J, Pollard E. Employability: developing a framework for policy analysis, Summary of Research Report RR85, Department for Education and Employment[OL]. http://www.employment-studies.co.uk/summary/summary.php? id=emplblty, 2005-01-01.

[5] AC Nielson Research Services 2000. Employer satisfaction with graduate skills. Research report[D]. Canberra: Commonwealth of Australia. Department of Education, Training and Youth Affairs, 2000.

[6] Glynn M John. Industrial Employer's Perceptions about Technological Literacy as an Employability Skill for New Employees in Marathon County Wisconsin, unpublished MA research paper, University of Wisconsin[OL]. http://www.uwstout.edu/lib/thesis/2003/2003glynnj.pdf, 2005-06-12.

[7] The Allen Consulting Group. Training to Compete: A Report for the Australian Industry Group[D]. 2000.

[8] Bhaerman R, Spill R. "A Dialogue on Employability Skills: How Can They Be

Taught?"ϑουρναλοφ Χαρεερ Δεωελοπμευτ15/1 (1988): 41 -52.

[9] Byrne S M, Constant A, Moore G. Making transitions from school to work[J]. Educational Leadership, 1992, 49:23 -26.

[10] Kazis R, Barton P E. Ιμπροωιυγ ιηε Τραυσιτιου φρομ ∑ χηοολ το Ωορκ ιυ τηε Υυιτεδ ∑ τατεσ. Washington, DC: American Youth Policy Forum, Competitiveness Policy Council, and Jobs for the Future, 1993.

[11] Rosove B. Employability Assessment: Its importance and one method of doing it[J]. Journal of Employment Counseling, 1982, 19:113, 123.

[12] Wentling R M. Teaching Employability Skills in Vocational Education. ϑουρναλ οφ ∑τυδιεσ ιν Τεχηυιχαλ Χαρεερσ9/4, 351 -360.

[13] SCANS. Identifying and Describing the Skills Required by Work, Employment & Training Administration, US Department of Labor[OL]. http://wdr.doleta.gov/SCANS/idsrw, 2007 -02 -08.

[14] Charner I. Employability credentials: a key to successful youth transition to work[J]. Journal of Career Development, 1988 15, 1:30 -40.

[15] Curtis D, McKenzie P. Employability Skills for Australian Industry[D]. Business Council of Australia, 2001.

[16] Sherer M, Eadie R. Employability skills: key to success[J]. Thrust, 1987, 17, 2:16 -17.

[17] Lundy C M. Women's Career Development in Trade Unions: The Need for a Holistic Approach. //Bierema Laura Ed. New Directions for Adult and Continuing Education [M]. San Francisco CA: Josses-Bass Publishers, 1988: 73 -81.

[18] Australian Chamber of Commerce and Industry. Skills for a Nation: A Blue print for improving education and training[D]. ACCI, 2007.

[19] Australian Chamber of Commerce and Industry . Employability Skills-an employers' perspective[D]. ACCI, 2000.

[20] Lord Leitch. Prosperity for All in the Global Economy: World Class Skills, HMSO, 2006.

[21] European Round Table of Industrialists. Education for Europeans: Towards the learning society[D]. Brussels: European Round Table of Industrialist, 1995.

[22] European Round Table of Industrialists. Investing in Knowledge: the integra-

tion of technology in European education[D]. Brussels: European Round Table of Industrialist, 1997.

[23] European Round Table of Industrialists. Job Creation and Competitiveness through Innovation [D]. Brussels: European Round Table of Industrialist, 1998.

[24] The Union of Industrial and Employers' Confederations of Europe. UNICE's Seven Priorities for Education and Training Policies Which Foster Competitiveness and Employment[D]. Brussels: UNICE, 2000.

[25] The Union of Industrial and Employers' Confederations of Europe. The Renewed Economy: Business for a Dynamic Europe[D], The UNICE Benchmarking Report for 2001. Brussels: UNICE, 2001.

[26] ILO. World Employment Report, 1998 – 99: Employability in the Global Economy: How Training Matters, ILO[OL]. http://www.ilo.org/public/english/employment/empframe/practice/, 2007 – 01 – 02.

[27] ILO. Fifth item on the agenda: Human resources training and development: Vocational guidance and vocational training, ILO[OL]. http://www.ilo.org/public/english/employment/empframe/practice/, 2007 – 01 – 02.

[28] ILO. Towards a new Recommendation on Human Resources Training and Development, ILO[OL]. http://www.ilo.org/public/english/employment/empframe/practice/, 2007 – 01 – 02.

[29] OECD. Lifelong Learning to Maintain Employability[D]. General Distribution Paris, 1997.

[30] OECD Key Employment Policy Challenges Faced by OECD Counties. OECD Submission to the G. 8 Growth, Employability and Inclusion Conference-London, 1998 – 02: 21 – 22.

[31] OECD. OECD Employment Outlook, OECD, 1999.

[32] OECD. OECD Employment Outlook, OECD, 2000.

[33] OECD. OECD Employment Outlook, OECD, 2003.

[34] OECD. OECD Employment Outlook, OECD, 2005.

[35] DfES, UK. Employability: Reporting Progress. 2006: 14.

[36] Common Wealth of Australia Employability for the Future, Canberra: AusInfo, 2002.

[37] Conference Board of Canada, CBC (2000) Employability Skills 2000 +, Conference Board of Canada [OL]. http://sso. conferenceboard. ca/Libraries/EDUC_PUBLIC/esp2000. sflb, 2006 - 01 - 02.

[38] Conference Board of Canada, CBC (2000) Employability Skills Toolkit. 2000, Conference Board of Canada [OL]. http://sso. conferenceboard. ca/topics/education/learning-tools/toolkit. aspx, 2006 - 01 - 02.

[39] Allison M P Employability in Canada: Preparing for the future, report of the Standing Committee on Human Resources, Social Development and the Status of Persons with Disabilities, House of Commons, Canada, 2008.

[40] 人保部中国劳动力市场信息网监测中心. 2007 年第四季度部分城市劳动力市场供求状况分析[OL]. http://w1. mohrss. gov. cn/gb/zwxx/2008-01/22/content_222087. htm, 2008 - 12 - 03.

[41] 国务院新闻办公室. 2008 年 11 月 20 日国新办就人力资源和社会保障制度建设进展等情况举行发布会[OL]. 中国网.

[42] 中国社会科学院. 1999 年社会蓝皮书. 北京:社会科学文献出版社, 2000.

[43] 李莉. 2011 年大学毕业生人数将达到峰值[OL]. http://edu. people. com. cn/BIG5/8254412. html, 2008 - 12 - 03.

[44] 范泽瑛, 谢超. 关于 2006 就业力问题及其培养模式的探索[J]. 中山大学学报论丛, 2006(8).

[45] 丁肇文. 北京市大学生就业暨重点产业人才分析报告[N]. 北京晚报, 2008 - 12 - 02.